AF783369

DER UNBEUGSAME

Selbstporträt von Julius Brumsack im Geschäft der Gebrüder Schragenheim
in Sehnde (1931)

Elfriede Brumsack

DER UNBEUGSAME

Ein Leben zwischen Verfolgung und „Wiedergutmachung“

HENTRICH & HENTRICH

INHALT

PROLOG

Am Heiligen Abend gab es ein Ritual, das wir über viele Jahre bis zu Julius' Tod beibehielten: Nach dem Abendessen versammelte sich die Familie im kleinen Wohnzimmer um den Kamin und hörte Opa Juli zu, so nannten unsere Kinder den Großvater. Seine Geschichten gehörten zum Heiligen Abend wie der Weihnachtsbaum und die Krippe. Mit Maria, Josef, dem Jesuskind und dem Stern von Bethlehem über dem Stall.

Julius' Weihnachtsgeschichten verkündeten mehr Schrecken als Freude, sie handelten von Bobbie, dem Familienhund, der nicht ermordet worden war, im Gegensatz zu seinen Besitzern. Sie erzählten von der Reichspogromnacht in Hannover, in der Julius, im Gegensatz zu seinem Cousin Hans Leo, der Deportation ins KZ entkommen war, und sie berichteten vom Überleben in Schützengräben in Nordfrankreich.

Eine dieser Geschichten hieß Denunziation.

Es geschah an einem Vormittag im Jahre 1936, Julius lebte damals schon seit mehr als sieben Jahren bei seinen Verwandten in Sehnde. Plötzlich seien mehrere Polizeibeamte in ihrem Geschäft aufgetaucht, so erzählte er, die Angestellten wurden nach Hause geschickt und Tante und Onkel in ihr Schlafzimmer getrieben, der Schlüssel von außen umgedreht, das Geschäft geschlossen, das Haus vom Keller bis zum Dachboden durchsucht. Die Razzia galt ihm.

Julius' Leica-Kleinbildkamera wurde beschlagnahmt, außerdem sämtliche Briefe und Fotos. Die Beamten führten ihn ins Gemeindebüro zum Verhör. Dort wartete bereits der Denunziant auf ihn, ein ortsbekannter SS-Mann, ebenso zwei Gestapo-Leute. Der Vorwurf: Spionage für die Russen.

Julius musste lachen, in seiner Stimme lag Spott, wenn er die Fortsetzung erzählte.

„Spionage? Für die Russen?“, fragte unser Sohn Moritz ungläubig.

„Ja, genau.“

Im Sommer habe er eine Zugreise nach Jugoslawien gemacht, einen Freund und ehemaligen Arbeitskollegen dort besucht, der bereits 1934 emigriert war. Was man ihm vorwarf? Er solle sich dort mit Russen getroffen und ihnen Fotografien über Sehnder Anlagen (Kanalschleuse, Industriewerke) sowie weitere Informationen übergeben haben. Und die Beweise für seine Spionage? Sein regelmäßiger internationaler Briefverkehr! Dabei sei er doch nur ein leidenschaftlicher Briefmarkensammler gewesen, fügte Julius hinzu. Man habe rein gar nichts gefunden, nur ein Fotoalbum mit schönen Aufnahmen und Reisebeschreibungen.

Die beiden Ledermäntel seien frustriert gewesen, sie versuchten es abwechselnd mit Prügeln. Die Nase fing an zu bluten, sein einziges Taschentuch reichte für die Menge nicht aus, ein Wischlappen wurde geholt. „Jetzt wollen wir doch mal sehen, wie schön du putzen kannst." Der SS-Mann hatte es sich währenddessen in einem Sessel gemütlich gemacht, rauchte eine Havanna aus Onkel Sallis beschlagnahmter Zigarrenkiste und schwieg. Aber was sollte Julius gestehen?

Nach sechs Wochen konnte er seine Leica wieder abholen. Zum Abschied Fußtritte, dabei fiel er die Treppe hinunter. Er war am Knöchel verletzt und blutete, seine Brille war zerbrochen, aber seine Kamera hatte er fest im Griff behalten. In den folgenden Monaten wurde er unter Kontrolle gestellt, alle vierzehn Tage hatte er sich bei der Gestapo zu melden, um Post und Prügel abzuholen.

Vom Ausgang der Denunziationsgeschichte zeigten sich seine Enkelkinder enttäuscht. Ihr Opa Juli, doch kein Spion? Ob irgendeiner der beteiligten Männer nach dem Krieg bestraft worden sei?

Nein, er habe alles versucht, aber es sei zwecklos gewesen. Das Gegenteil sei der Fall gewesen, niemand war belangt worden. Alles halb so schlimm, habe man ihm gesagt, schließlich sei er ja noch am Leben. Und die anderen, die nicht mehr am Leben waren? Auch alles halb so schlimm? Dafür habe man keine Verantwortung zu tragen, sagte der Bürgermeister, der noch derselbe war wie vor dem Krieg.

Eine lange Zeit war vergangen, unsere Kinder längst aus dem Haus, und Julius lebte inzwischen in einem Pflegeheim in Oldenburg, unserem Wohnort. Aber am Heiligen Abend saßen wir alle zusammen, das Weihnachtsritual wiederholte sich, Jahr für Jahr, bis zu seinem Tode.

Am 22. Oktober 2011 kam der Anruf. Julius Brumsack war in den frühen Morgenstunden gestorben. 96 Jahre wurde er alt.

Mein Schwiegervater. 45 Jahre zuvor hatte ich ihn kennengelernt. Da war ich sechzehn und die Freundin seines Sohnes Hans.

In den Tagen nach seinem Tod tauchten wir ein in die Erinnerungen an Julius, holten die Alben und Schuhkartons hervor und betrachteten die Fotos, blätterten in seinen Tagebüchern und lasen uns gegenseitig aus seinen Briefen vor.

Nachdenken über Julius.

Über seine Vergangenheit, sagte Hans, habe sein Vater viel zu lange geschwiegen, immer nur Bruchstücke von dem erzählt, was ihm widerfahren war, was ihn jahrzehntelang umgetrieben hatte. Seine Schwester und er seien in diese Geschichte hineingeboren, mit ihr aufgewachsen. Aber es sei lange Zeit nur eine Ahnung gewesen, dass etwas in ihrer Familie anders war. Das Wissen darüber, was es mit diesem Anderssein auf sich hatte, folgte erst sehr viel später.

All diese Fragen habe er sich lange nicht getraut zu stellen: Warum sie nur eine Großmutter und einen Großvater hatten, warum Tante Annelise in England lebte und sie sich immer nur in Ostende trafen. Warum sie in Beverstedt nur wenige Freunde hatten und der Vater nie dabei war, wenn sie zu Schützenfesten und Faschingsfeiern gingen. Warum es strengstens verboten war, bei dem Bäcker in der Poststraße einzukaufen, obwohl es dort das leckerste Eis des ganzen Ortes gab. Hans hatte es eines Tages trotzdem getan und dafür von seinem Vater die erste und einzige Ohrfeige seines Lebens erhalten. Er gab keine Begründung. Aber der Sohn ahnte, wofür er geschlagen wurde. Er hatte seinen Vater für fünf Minuten Eisvergnügen verraten.

Die Kinder spürten die Last, die ihn manchmal zu erdrücken schien, sie spürten, dass es einen Grund geben musste für sein Schweigen.

Hans' Erinnerungen an den Vater seiner Kindheit: Lebensfreude, Energie, Enthusiasmus. Er hatte alles, was ein Mensch für sein Lebensglück braucht. Fast alles. Aber da waren auch die anderen Bilder, die Phasen, in denen er sich immer wieder zurückzog und nur zu den Mahlzeiten aus seinem Büro kam. Emmi, ihre Mutter, sagte dann: „Papa geht's nicht so gut." Und die Kinder fragten: „Ist Papa wieder traurig?", was eher eine Feststellung als eine Frage war. Die Mutter schwieg dazu. Den Namen für das, was mit ihm war, lernten sie erst später kennen. Trauma. Das Trauma des Überlebens.

Die Nazis, die Vertreibung der Verwandten, ihre Ermordung. Davon erfuhren sie irgendwann. Altersgemäß, behutsam, in homöopathischen Dosen. Aber es war lange ein abstraktes Wissen geblieben. Wie etwas, das man in der Schule lernte. Es schien, dass es wenig mit ihnen selbst zu tun hatte.

Manchmal jedoch nahm das, was sie nur ahnten, aber nicht begreifen und fühlen konnten, Gestalt an. Das geschah, wenn die ganze Familie Freunde von Julius besuchte, in der Schweiz, in Österreich, in England, ganz selten in Deutschland. Ein kleiner Club der Davongekommenen. Geflüchtete, KZ-Entkommene, Erdloch-Überlebende. Und so waren auch ihre Gespräche.

Hans erinnerte sich daran – er muss damals ein kleiner Junge gewesen sein, sieben oder acht –, wie er über viele Wochen nachts aufgewacht war und immer wieder dieselben Bilder in seinem Kopf herumspukten, nachdem ihm Onkel Martin, Annelises Mann, bei einem ihrer Treffen in Ostende eine Gutenachtgeschichte erzählt hatte. Es war die Geschichte seiner Schwester. Dass Frieda, so hieß sie, ein junges Mädchen, fast zwei Jahre in einem ausgehobenen Erdloch in Berlin überlebt hatte. Zwei Sommer lang, einen ganzen und einen halben Winter. Unter dem doppelten Fußboden des Gartenhauses einer befreundeten Familie ihrer Eltern. Ihn schauderte, wenn er sich vorstellte, wie sie in dieser Höhle gehaust haben musste, in Dunkelheit, in schrecklicher Kälte. Immer in der Furcht, dass man sie vergessen, dass sie verhungern würde. Und in ständiger Angst vor ihrer Entdeckung und der ihrer Retter. Manchmal ein paar Schritte in den Garten, unter Lebensgefahr. Ein Blick nach oben, das Blau, die Wolken. Vogelgezwitscher. Im Winter 1944/45 wurde es so bitterkalt, dass sie ihr Verlies verlassen durfte. Der Verschlag auf dem Dachboden des Haupthauses hatte sogar einen Ofen. Es war das Paradies.

Immer und immer wieder habe er danach seinen Vater gefragt, wollte Genaueres wissen. Wo waren Friedas Eltern? Ob die Geschichte von Frieda auch solch ein glückliches Ende genommen habe wie in dem Märchen von Rapunzel, ob sie auch aus ihrem Verlies befreit worden sei? Ja, sie war befreit worden, nicht von einem Märchenprinzen, sondern von Russen, das war die gute Nachricht gewesen. Die schlechte war, dass sie an ihrer Gefangenschaft fast zugrunde gegangen war, körperlich, von ihrer Seele ganz zu schweigen. Aber davon erzählte der Vater nicht.

Viele Jahre später, als Annelises Tochter Sylvia in London heiratete, stand Tante Frieda aus der Onkel-Martin-Geschichte plötzlich vor ihm. Auf ihrem Körper die Spuren ihrer Gefangenschaft. Er war ihr Gedächtnis geworden. Starkes chronisches Rheuma. Folgen von Nässe. Erfrierungen. Ein Mensch mit Behinderung, oder, wie man damals sagte, ein Krüppel. Ein Krüppel auf zwei Krückstöcken.

Überhaupt diese Hochzeit. Gespenstische Erinnerungen. Die Hochzeitsgäste vonseiten der Brauteltern, eine Gemeinschaft von Schicksalsverschworenen, sie kannten sich aus dem Internierungslager, der britischen Armee, den Kindertransporten, den Vernichtungslagern.

Hochzeit (1973) von Sylvia Stone, Annelises Tochter. Personen von links nach rechts: Martin und Annelise Stone, Frieda Seelig, Charles und Lilly Woolton (früher: van der Walde), Julius und Emmi Brumsack

Sie tauschten sich aus, wie andere ihre Kriegserlebnisse, bloß eben mit umgekehrten Vorzeichen. Und trugen ihre Brandzeichen wie eine Überlebenstrophäe auf der Haut ihrer Arme. „Aha, du warst auch in Auschwitz? Und du? Ach so, in Bergen-Belsen."

Auch daran konnten sich Hans und seine Schwester Sabina erinnern, als sie Kinder waren: an das Klappern der alten Olympia-Schreibmaschine am Abend. Wie der Vater energisch auf die Tasten schlug, an das helle Pling des Wagenrücklaufs. Wie Emmi allabendlich rief: „Juli, nun komm doch endlich, das Abendbrot ist fertig!" Nur an den Freitagabenden gab es eine Pause. Erst viel später erfuhren sie, worüber ihr Vater geschrieben hatte.

Aber auch diese Bilder gehörten zu Hans' Erinnerungen: Er mochte wohl fünf oder sechs Jahre alt gewesen sein, als sein Vater mit ihm an den Wochenenden auf dem Grundstück seines Elternhauses auf Schatzsuche gegangen war, der Junge mit seiner kleinen grünen Kinderschaufel, der Vater mit einem großen Spaten. Stundenlang wurde gebuddelt, Quadratmeter um Quadratmeter des Gartens durchgeackert.

Die Suchaktionen nach dem Schatz erschienen ihm seltsam und sinnlos, aber die Erinnerungen daran waren schön. Am Ende setzten sie sich auf den mächtigen Findling am Teich, dann gab es für Hans zur Belohnung eine Schleckmuschel oder Brausepulver und manchmal sogar Limonade. Der Vater habe dabei gedankenverloren in die dichte Baumkrone der riesigen Linde geschaut. Sie bewachte das Grundstück seit über hundert Jahren. Sie hatte alles gesehen.

Den erhofften Schatz fanden sie nie. Nur eine neben dem Komposthaufen vergrabene Wehrmachtsuniform, mit abgerissenen Schulterklappen und Kragen, dazu eine Mütze in halb vermodertem Zustand. Der Vater nagelte zwei Holzstangen zu einem Kreuz zusammen, stülpte Hose und Jacke und Mütze darüber und hängte sie zum Trocknen im Schuppen auf. Dort baumelte sie wochenlang wie eine vor Schmutz erstarrte Vogelscheuche von der Decke. Emmi erschrak jedes Mal aufs Neue, wenn sie den Stall betrat. Die Vogelscheuche fand schließlich ihr Ende auf einem Scheiterhaufen, dafür hatte Hans tagelang gemeinsam mit Kindern aus der Nachbarschaft alle brennbaren Hölzer der näheren Umgebung zusammengetragen. Zum Abschluss gab es an der glühenden Holzkohle gegrillte Marshmallows am Spieß, von Tante Annelise aus London geschickt.

Es hatte viele Jahre gedauert, bis Julius akzeptierte, dass seine Familie ausgelöscht worden war, ohne die geringste Spur zu hinterlassen, ohne die kleinste Botschaft, ohne ein letztes Lebenszeichen. „Aber was hätten sie denn auch schreiben sollen“, hatte Emmi ihn dann gefragt. „Wir werden in den Osten verschickt?“

Und auch an den netten Herrn Lachotzki aus London, den sie Onkel nannten, obwohl er in Wirklichkeit nicht ihr Onkel war, erinnerten sich Hans und Sabina, an diesen groß gewachsenen, weißhaarigen, schlanken Mann, der in regelmäßigen Abständen zu Besuch kam und Cadbury-Schokolade mitbrachte, ehe er mit dem Vater im Büro verschwand.

Nur zu den Mahlzeiten erschienen sie in der kleinen Stube, um sich danach wieder, wie es hieß, „an die Arbeit“ zu machen. Einzig Emmi durfte zu ihnen hinein, zum Servieren von Kaffee und Butterkuchen.

Obwohl es strengstens verboten war, spielten sie auf dem langen Flur, bis die Mutter, einen Zeigefinger an die Lippen gelegt, mit einem langgedehnten „Pssst“ zur Ruhe ermahnte. Was Hans und Sabina nicht daran hinderte, an der Bürotür zu verharren. Um dem Klang der erregten Stimme ihres Vaters zu lauschen und den besänftigenden Worten von Herrn Lachotzki. Die Bedeutung der Worte verstanden sie nicht.

Die frühen Jahre auf der Volksschule in Beverstedt in den fünfziger Jahren. Während Hans' Klassenkameraden mit Ohrfeigen, Stockschlägen, An-den-Ohren-und-Haaren-Ziehen, Aufstehen-Setzen-Aufstehen, und das zehnmal hintereinander, gezüchtigt wurden, galt für ihn eine andere Strafe, sie war exklusiv und hieß Missachtung. Aber Hans wollte zur Klassengemeinschaft gehören. Doch so sehr er auch um die Aufmerksamkeit seines Lehrers bettelte: Alle Provokationen liefen ins Leere.

Eines Tages konnte Hans bei der morgendlichen Kontrolle die schmutzigsten Fingernägel der ganzen Klasse vorzeigen. Und zwar mit Abstand. Und mit Absicht. Er war sich sicher, der Lehrer würde den Köder schlucken. Hans legte seine flachen Hände aufs Pult, bereit, Schläge zu kassieren, schaute ihm hoffnungsvoll ins Gesicht, aber es passierte nichts, absolut gar nichts. Der Lehrer schaute durch ihn hindurch.

Nach der Schule gab es manchmal Prügeleien mit seinen Mitschülern. „Du Jude, du!", und: „Ihr habt Jesus ans Kreuz genagelt!", schrien sie Hans an. „Selber Jude!", schrie er zurück. Er verstand den Sinn des Wortes noch nicht, ahnte nur, dass es nichts Gutes bedeuten konnte. Und Jesus ans Kreuz genagelt? Er kannte ihn doch gar nicht. „Überhaupt, Brumsack, wie kann man nur so heißen? So ein blöder Name!" Ja, sie hatten recht, so ein blöder Name. Er hätte gerne einen anderen gehabt.

Nach einigen Wochen berichtete er seinen Eltern von den Schmähungen, es gab ein Gespräch mit dem Schulleiter, der Lehrer verschwand von der Bildfläche und wurde von einem jungen Kollegen abgelöst.

Auch daran erinnerte sich Hans: Mitte der fünfziger Jahre kam der erste Fernseher ins Haus. Samstagabends Frankenfeld, Kulenkampff oder Lou van Burg. An Wochentagen erste Dokumentationen über den Massenmord an den Juden. Dann verkroch sich Hans heimlich unter den Tisch und schaute mit gespreizter Hand vor den Augen die Schreckensbilder an, während sein Vater, im Sessel versunken, still in sich hinein weinte.

Trotz der Erklärungsversuche seiner Mutter verstand er nicht wirklich, was die Tränen seines Vaters mit den Bildern von kahl rasierten Menschen in grau gestreiften Pyjamas, was die Berge von steifen toten Körpern mit seiner Oma, seiner Tante, seinem Onkel, seinen Großonkeln und Großtanten zu tun haben sollten.

Erst viele Jahre später lösten sich die Rätsel seiner Kindheit langsam.

Mit dem Ausräumen von Julius' Zimmer im Pflegeheim sanken wir in die Tiefen seiner Vergangenheit ein.

Wir nahmen die Fotos von der Wand, legten jedes einzelne nebeneinander. Das Fotografieren war Julius' Leidenschaft gewesen. Vom Lohn seiner ersten Lehrjahre kaufte er sich eine Rolleiflex, der Onkel zahlte die Hälfte dazu. Später begleitete ihn eine Leica auf seinen letzten Jahren in Deutschland bis zur Flucht nach England. Selbst aus dem Schützengraben in Nordfrankreich schoss er Fotos.

Über fünfzig Jahre lang hingen die Bilder, ehe sie mit Julius ins Pflegeheim umzogen, im Büro seines Hauses in Beverstedt. Die Tür stand immer offen, mit Ausnahme der Freitagabende, der Zeit vor dem Abendessen.

Wenn er nach einer halben Stunde wieder aus dem Zimmer herauskam, trug er noch seine Kippa. Sein Büro war der Ort, an dem er betete. Eine Synagoge besuchte er nach dem Krieg nur noch selten. Seit 1938 gab es in seiner Gegend keine mehr. Erst im Jahr 2000 wurde in Bremerhaven wieder eine jüdische Gemeinde gegründet, aber die junge Generation war ihm fremd.

Auf der linken Seite seines Arbeitszimmers befand sich eine Schrankwand, so lang wie das Zimmer, mit drei Schiebetüren. Manchmal vergaß Julius, sie zu schließen, dann wurde das dahinter Verborgene sichtbar: Schuhkartons mit Briefmarken und Briefmarkenalben, unzählige Diakästen, eine Vielzahl von vergilbten Leitz-Ordnern mit Aufschriften wie „Emigration“, „England“, „Divorce“, „Sehnde“, „Rückkehr“, weitere fünf mit dem Aufkleber „Wiedergutmachung“, in Anführungszeichen gesetzt, mit fortlaufenden römischen Zahlen von I bis V nummeriert. Der Aktenordner mit der „Julius und Emmi“-Korrespondenz. Dazu in Bündeln zusammengeschnürte Briefe, Fotoalben, Tagebücher und Notizhefte in unterschiedlichen Größen.

In der hinteren rechten Ecke des Raumes gab es einen besonderen Ort: zwei versetzte Wandregale, auf der unteren Ablage eine siebenarmige Menora, ein Kerzenständer mit einem einzigen Licht, eine kleine, von seiner Schwester Grete, als sie noch Kind war, getöpferte Vase. Sie war selbst im Winter mit Zweigen aus seinem Garten gefüllt. Darüber Urkunden zur Erinnerung an den „Wald der Märtyrer“ in der Nähe von Jerusalem. Er ließ dort Gedenkbäume pflanzen.

Weiterhin eine kleine Bronzefigur, ein zusammengesunkener Mensch, der an einen Pfahl gekettet ist, und eine hebräische Bibel, ein Geschenk zur Bar Mizwa im Jahre 1928 von seinem „Mudderle", so ist im Inneren des Buchdeckels zu lesen. Auf dem anderen Regal liegt ein beschriftetes Schneckengehäuse, das einer Meeresschnecke, handflächengroß. Ein kleines Stück ihres Gehäuses ist herausgebrochen, just die Jahreszahl fehlt, doch trotz der Spuren ihres Alters ist die Aufschrift noch gut leserlich: „Sandwich. Kitchener Camp." Aber es war nicht das Souvenir einer freiwilligen Reise. Es muss das Jahr 1940 gewesen sein. So steht es in seinem Tagebuch.

An diesem Ort trauerte Julius um die Toten, um jeden Einzelnen der Ermordeten, um seine Mutter, um seine Schwester. Als sie von den Nazis ermordet wurden, waren sie 63 und 32 Jahre alt. Und er trauerte um Hans Leo, seinen Cousin, der nur neun Tage älter war als er, sie waren wie Brüder aufgewachsen. Und um die Tanten und die Onkel.

Das Regal mit den Fotos an der Wand war Julius' Familienaltar. Hier entzündete er für jeden Einzelnen von ihnen an jedem Freitagabend eine Kerze.

Im Nachtschrank seines Zimmers im Pflegeheim hatte Julius eine Kopie seiner Lebenserinnerungen aufbewahrt. 43 Seiten. Wenn wir ihn ermuntern wollten, mehr zu hinterlassen als diese schmale Niederschrift, sagte er: „Das könnt ihr doch auch im Original lesen, steht alles in den Akten." Die blaue Mappe trägt den handschriftlichen Titel: „Aufzeichnungen eines Heimkehrers."[1] Er hatte sie auf seiner olivgrauen Olympia-Schreibmaschine Ende der siebziger Jahre begonnen und immer weiter ergänzt. Darin, gewissermaßen als Anhang, der Brief „An die Einwohner von Beverstedt und Umgebung",[2] verfasst nach Julius' Rückkehr aus England.

Die Geschichte von Julius und seiner Familie war lange Zeit wie ein Puzzle, in dem beträchtliche Teile fehlten. Vierzehn oder fünfzehn sei er schon gewesen, so erzählte Hans, da hätten sich die Einzelteile allmählich zu einem Ganzen gefügt. Zumindest halbwegs. Das Schicksal seiner Familie hatte jahrzehntelang das Leben ihres Vaters beherrscht, ihn fast besiegt. Sein Schweigen sollte seine Kinder davor bewahren.

Julius' Geschichte. Sie muss erzählt werden.

EINS

Selbst jetzt, wo ich mich mühe, mich zu erinnern, [...] löst sich das Dunkel nicht auf, sondern verdichtet sich bei dem Gedanken, wie wenig wir festhalten können, was alles und wieviel ständig in Vergessenheit gerät, mit jedem ausgelöschten Leben, wie die Welt sich sozusagen von selber ausleert, indem die Geschichten, die an den ungezählten Orten und Gegenständen haften, welche selbst keine Fähigkeit zur Erinnerung haben, von niemandem je gehört, aufgezeichnet oder weitererzählt werden [...].

W. G. Sebald, Austerlitz[3]

1 Die ANDEREN, das waren WIR!

„Strammer Junge angekommen. Emma und Kind wohl.“[4] So lautete das Telegramm, das Siegmund an die Verwandten in Sehnde geschickt hatte. Der stramme Junge hieß Julius, er war am 19. Januar 1915 geboren worden. Markus, sein Vater, konnte die Geburt seines Sohnes nicht verkünden, er war bereits im September 1914 in den Großen Krieg gezogen und kämpfte als freiwilliger jüdischer Frontsoldat in Frankreich.

Es war eine sehr spezielle Familienkonstellation bei den Brumsacks. Ihre verwandtschaftlichen Beziehungen bewegten sich zwischen zwei geografischen Polen: Beverstedt, im nördlichen Niedersachsen zwischen Weser- und Elbemündung, vor dem Krieg ein Flecken von knapp tausend Einwohnern. Sehnde, im Nordosten von Hannover, damals eine Kleinstadt von ca. 2500 Einwohnern.

In Beverstedt lebten die vier Geschwister Markus, Siegmund, Arnold und Rosa Brumsack, in Sehnde die vier Geschwister Paula, Emma, Elise und Salli Schragenheim.

Hochzeitsfoto von Emma und Markus Brumsack

Die beiden Brüder Markus und Siegmund Brumsack heirateten die beiden Schwestern Emma und Elise Schragenheim. Die Geschwister Arnold und Rosa blieben unverheiratet.

Als Julius geboren wurde, hatte er bereits eine fünf Jahre ältere Schwester, sie hieß Grete. Hans Leo war der Sohn von Siegmund und Elise, er wurde im selben Jahr wie Julius geboren, zwei Jahre nach seiner Schwester Annelise.

In seiner Fotogalerie hatte Julius sie alle versammelt.

Auf einem Porträtbild sieht man seine Schwester Grete, sie ist da knapp 28 Jahre alt, das dunkle lockige Haar trägt sie im modernen Kurzhaarschnitt der dreißiger Jahre. Es ist ein übermütiges, trotziges Lachen, das sie dem Betrachter entgegenwirft, eine demonstrative Lebenslust, die ansteckt. Zum Zeitpunkt der Aufnahme hatte der Tod sie bereits im Visier.

Im Zentrum der Sammlung steht das Foto mit Emma, Julius' Mutter, um den Mund ein schwach angedeutetes Lächeln, ihr glattes, weiches Gesicht ist von beinahe jugendlicher Schönheit. Auf dem Foto ist sie 59 Jahre alt, ihr Blick ins Weite gerichtet, sie schaut gleichsam durch den Fotografen hindurch. Und Julius' Onkel Siegmund und Ar-

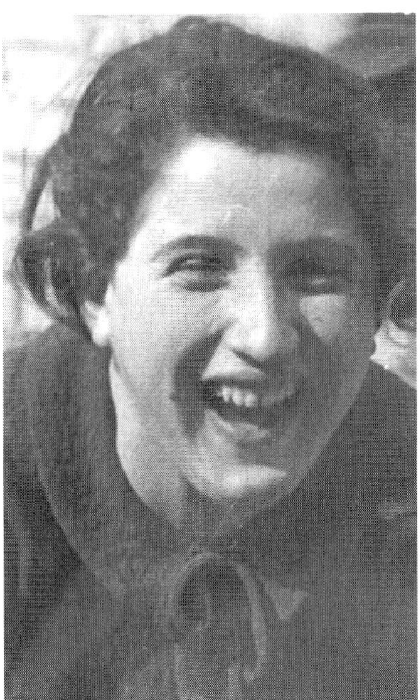

Grete Brumsack

Emma Brumsack

nold in unbeholfener Steifheit, mit ernsten Gesichtern, im allerbesten Sonntagsstaat. Sie tragen fein gemusterte Krawatten und Anzüge mit dezenten Nadelstreifen. Die zierliche Tante Rosa, strenger, durchdringender Blick hinter Nickelbrille mit dunkler Fassung. Ihr graumeliertes Haar ist zu einem straffen Knoten gedreht.

Rosa Brumsack

Ein weiteres Foto zeigt Hans Leo, Zeitung lesend, 22 Jahre alt, dunkelblond, helläugig, groß gewachsen, streng gescheiteltes glattes Haar, einem Vorzeige-„Arier“ ähnlich, wie einem Anschauungsbuch über die nationalsozialistische Rassenlehre entsprungen. So könnte man denken.

Und dann das Foto mit den vier Frauen. Die Aufnahme ist vermutlich im Garten des Hauses von Siegmund und Elise in Beverstedt aufgenommen worden, im Hintergrund eine Wand aus einer üppig

Hans Leo Brumsack in Sehnde (1937)

Siegmund Brumsack

Arnold Brumsack

wachsenden Buchenhecke. Der erste Blick fällt auf Annelise, sie bildet das Zentrum des Bildes. Eine schöne und große Frau, ungefähr Mitte zwanzig, in einem weißen, schmal geschnittenen Sommerkleid, die kräftigen dunklen Haare zu einer luftigen Hochsteckfrisur geformt. Mit dem rechten Arm hält sie ihre Mutter Elise und ihre Tante Rosa fest umschlossen, der linke Arm ruht auf den Schultern von Gertrud Moll, der langjährigen Freundin der Familie, auch sie war jüdischen Glaubens, auch sie lebte in Beverstedt.

Davor, auf dem Rasen, zu Füßen der vier Frauen, liegt Siegmund, ihr Vater, anders als auf dem Porträtfoto in fast jungenhafter, legerer Haltung, die Ärmel seines weißen Hemdes aufgekrempelt, den rechten Ellenbogen auf dem Boden abgestützt, eine Pfeife im Mundwinkel, den anderen Arm um den Dackel Bobbie gelegt. Und auch er ist im Besitz des Familienmarkenzeichens aller männlichen Mitglieder, der abstehenden Ohren.

Auf der Rückseite des Bildes steht eine Jahreszahl: 1938. Es war ein Jahr vor Annelises Flucht. Sie sollte keine der hier fotografierten Personen danach jemals wiedersehen.

Auf fast allen Fotos sind auf den Rückseiten die Daten der Aufnahmen vermerkt, entstanden zwischen 1933 und Anfang 1939.

Vier Frauen und Siegmund mit Bobbie (1938)

Die beiden Familien und die Geschwister lebten in Beverstedt in zwei Häusern, in der Poststraße 21 und der Meyerhofstraße 2, ein paar hundert Meter voneinander entfernt. Ihre vier Kinder wuchsen wie Geschwister auf.

Sie alle – die Großeltern von Julius, die Eltern, die Brüder seines Vaters – hatten seit Generationen mit dem Viehhandel und der Schlachterei ihren Lebensunterhalt verdient. Die Geschäfte hatten sie nicht reich gemacht, aber sie konnten gut davon leben. So gut, dass Markus und Emma im Jahre 1909, kurz vor der Geburt ihrer Toch-

Elise Brumsack hinter dem Ladentisch der Schlachterei in Beverstedt

ter Grete, ihr eigenes Haus beziehen konnten. Meyerhofstraße 2, Julius' späteres Elternhaus. In das Grundbuch wurde damals eine Grundschuld von 5000 RM eingetragen, 1923 konnte sie gelöscht werden.

Der Sommer 1915 beendete jäh das Familienglück. Ein halbes Jahr nach Julius' Geburt verlor sein Vater in den Argonnen (Frankreich) sein Leben. Seine junge Witwe Emma führte gemeinsam mit Siegmund und Elise das Geschäft weiter, die Frauen halfen beim Verkauf der Fleischwaren in der Schlachterei, die Männer machten erfolgreiche Geschäfte im Viehhandel.

Paula und Grete in Sehnde

Paula war die älteste der Schragenheim-Schwestern, sie heiratete Julius Königheim aus Sehnde. Sie hatten keine Kinder, ebenso wie ihr unverheirateter Bruder Salli, der Vorsteher der kleinen jüdischen Gemeinde in Sehnde war.

Paula, ihr Mann Julius Königheim und ihr Bruder Salli Schragenheim führten die seit 1858 bestehende Textil- und Manufakturwarenhandlung Gebrüder Schragenheim, eines der größten Geschäfte in Sehnde. Durch die geschwisterlichen Doppelverbindungen waren die Familienbande besonders eng. Die drei Schwestern sahen sich häufig, in Sehnde oder Beverstedt.

Da Paula und Julius Königheim kinderlos blieben, sollten Julius und Hans Leo das Geschäft später übernehmen. So kam es, dass beide 1929 nach Sehnde in die Lehre gingen.

Paula und Salli Schragenheim in ihrem Garten in Sehnde

Die Schragenheim-Königheims waren eine wohlhabende Familie in Sehnde, sie fühlten sich zugehörig, nahmen am gesellschaftlichen Leben des Ortes teil. Es spielte keine Rolle, so schien es lange, ob sie Christen oder Juden waren.

Julius Königheim war aktives Mitglied in zahlreichen Vereinen, im Schützenverein, in der Feuerwehr, dem Soldatenverein Kyffhäuser, ein überzeugter Deutschnationaler. Paula war eine gefragte Hutmacherin, sie unterstützte arme und benachteiligte Menschen. Als ihr Mann Julius 1932 starb, wurde er unter großer Anteilnahme der Sehnder Bevölkerung auf dem Jüdischen Friedhof in Bolzum begraben.[5] Paula und ihr Bruder Salli führten das Geschäft erfolgreich weiter.

Auch das gehörte zu ihrem Leben, hatte eine große Bedeutung: Paula, ihr Mann und ihr Bruder waren seit 1925 Mitglied im Kunstverein Hannover und regelmäßige Besucher von Ausstellungen. An den Wänden ihres großen Hauses hingen Gemälde und Zeichnungen, in den Vitrinen wurden Figurinen und Kunstnippes gesammelt. So dokumentieren es zahlreiche Fotos. 1935 erfolgte, nach zehnjähriger Mitgliedschaft, die Zwangskündigung.

Im Juli 1938 feierte man das achtzigjährige Jubiläum der Manufaktur der Gebrüder Schragenheim. Es gibt ein Foto, auf dem die ganze Familie versammelt ist: Die Alten sitzen auf Stühlen um den Tisch herum, die Jungen stehen dahinter, sie erheben das Glas, eine fröhliche, ausgelassene Runde in Feierstimmung. Worauf werden sie an-

Feier zum achtzigjährigen Jubiläum der Manufaktur der Gebrüder Schragenheim (1938)

gestoßen haben? Auf die nächsten achtzig Jahre, auf die erfolgreiche Zukunft des Geschäfts der Gebrüder Schragenheim?

Als Julius und Hans Leo ihre Lehre in Sehnde begonnen hatten, waren sie gerade vierzehn geworden. Abschied aus Beverstedt, von Freunden, von seinem geliebten Mudderle, von der Familie. Julius musste Kaufmann werden. Man hatte ihn nicht gefragt, er hatte sich dem Willen der Familie zu fügen und war todunglücklich.

Am Tage räumte Julius Stoffbahnen ein und aus, malte Preisschilder, schnitt Stoffmuster aus, begleitete Onkel Salli bei Kundenbesuchen, putzte täglich die Schneiderstube.

Aber nach Feierabend erschuf er sich seine eigene Welt. Er träumte.

Er träumte von seinem großen, starken Vater, den er nie kennengelernt hatte, der aber durch die Erzählungen seiner Mutter so lebendig war, als ob Julius ihn tatsächlich gekannt hätte. Er träumte sich in die allerfrüheste Kindheit zurück, versank in der Erinnerung an Episoden, als er knapp vier Jahre alt war, in der Abenddämmerung mit seiner Mutter in der Stube am Fenster saß und draußen die heimkehrenden Soldaten vorbeimarschierten. Der Vater war nicht dabei.

Was er davon im Gedächtnis behalten hatte, waren drei Dinge: die Pickelhauben der Männer; die Tränen seiner Mutter, die auf seine nackten Ärmchen kullerten; und die Urkunde, die der Bürgermeister später seiner Mutter vorbeibrachte, mit dem Spruch: „Der Dank des Vaterlandes ist euch gewiss." Sie hing all die Jahre über ihrem Nachttisch. Später, da war Julius schon längst aus England zurückgekehrt, würde man sich im Ort erzählen, dass seine Mutter dem Hauptwachtmeister Toskowski am Tage ihrer Deportation das Eiserne Kreuz vor die Füße geworfen habe.

Julius tauchte ein in die Stille am Freitagabend, wenn die Kerzen angezündet und der Schabbatsegen erteilt wurde. Er träumte von den gemeinsamen Mahlzeiten mit Tanten, Onkeln, Vettern und Cousinen, von den jüdischen Feiertagen wie Chanukka und Jom Kippur. Sie lebten beides, ihren Glauben wie auch das dörfliche Gemeinschaftsleben, die Geselligkeit, die Tradition, welche für die Männer in ihren Mitgliedschaften im Schützenverein und in der Feuerwehr bestand, für die Frauen in der Zugehörigkeit zum Beverstedter Frauenverein, in Wohltätigkeitsveranstaltungen und regelmäßigen Kaffeekränzchen. Sie feierten gemeinsam Geburtstage, Hochzeiten, Konfirmationen und die Bar und Bat Mizwas von Annelise, Hans Leo und ihm selbst. Und man feierte sogar Weihnachten und Ostern.

Auch davon träumte Julius immer wieder: Er musste damals im ersten oder zweiten Schuljahr gewesen sein, ein kleiner Junge, der Spaß daran hatte, mit seinen Kumpels an Teichen, Tümpeln und Bachläufen zu spielen, Libellen zu beobachten, Frösche zu fangen, in der Natur herumzustromern, in einer Zeit der Idylle, der Unberührtheit der Natur, die noch gänzlich ahnungslos war von den späteren Heimsuchungen durch die Flurbereinigungen der fünfziger Jahre.

In seinen Träumen war seine Kindheit ein nie endendes Glück.

Wie er in der Sandkuhle mit seinem Freund Johann spielte. Das Leben ein einziges großes Abenteuer. Sie suchten die Gegend nach Fossilien ab, versteinerten Muscheln in Feuersteinen, legten eine Sammlung mit Seeigeln an, trugen mit hochroten Gesichtern ihre kostbaren Funde nach Hause. Säuberten, trockneten, polierten sie. Der Lehrer hatte ihnen erlaubt, ihre Schätze in der Schule auszustellen. Sogar ein paar Scherben hatten sie gefunden, sie versuchten, sie zu einem Ganzen zusammenzulegen, aber es gelang ihnen nicht.

Eines Tages stieß Julius bei seinen archäologischen Ausgrabungen unversehens auf etwas Hartes, Rundes, Glattes, etwas, das größer und rätselhafter war als all seine bisherigen Funde. Vorsichtig tastete er mit einem Stock die Umrisse dieses Gegenstandes ab. Der Sand war hart und undurchdringlich, und er versuchte, den Gegenstand behutsam mit einer kleinen Handschaufel freizulegen. „Kommt doch mal her", schrie er aufgeregt, „ich habe was gefunden."

Mit seinen bloßen Fingern grub er weiter, Zentimeter für Zentimeter, bis schließlich, mit jeder Bewegung, die Konturen einer Urne sichtbar wurden. Er ahnte, er hatte etwas Kostbares gefunden. Er hob die Urne hoch, ganz vorsichtig, mit zittrigen Händen, wie ein rohes Ei. In diesem Moment gab es einen leisen Knall. Die Urne zerbarst in tausend Stücke. Und Julius weinte bitterlich. Von diesem Tag an wollte er Archäologe werden.

Daran musste er später oft denken, wenn er sich an die Erlebnisse seiner Kindheit erinnerte. Dass sich hier schon alles abzeichnete, dass mit dem Zerbersten der Urne auch sein Traum zerplatzt war.

Auf Julius' Nachttisch in Sehnde lagen Schriften von Heinrich Schliemann über seine Ausgrabungen in Troja und Mykene, die Lektüre war nur ein winziger Trost, aber sie linderte seinen Hunger nach Wissen.

Stattdessen besuchte er ein halbes Jahr ganztags in Hannover eine private kaufmännische Gewerbeschule, die Buhmann-Schule. Dort bekam Julius die „Rechtsströmung“, so nannte er es, sehr schnell zu spüren:

> [...] ein paar Schüler wußten wohl, daß ich jüdischen Glaubens war. So begannen diese, [...] mir Zettel auf meinen Sitz zu legen, mit Bemerkungen wie „Juden raus“, „Es riecht hier nach Knoblauch“ oder „Geh zurück nach Palästina.“[6]

Eines Tages lag ein Gedicht von Wilhelm Busch auf dem Stuhl, er kannte ihn aus den Vorlesestunden seiner Kindheit. Aber diese Verse klangen ganz anders:

> Und der Jud’ mit krummer Ferse,
> Krummer Nas’ und krummer Hos’,
> Schlängelt sich zur hohen Börse
> Tiefverderbt und seelenlos.[7]

Und am nächsten Tag ein anderes Gedicht:

> Kurz die Hose, lang der Rock,
> Krumm die Nase und der Stock,
> Augen schwarz und Seele grau,
> Hut nach hinten, Miene schlau –
> So ist Schmulchen Schievelbeiner.
> (Schöner ist doch unsereiner!)[8]

Julius erinnerte sich noch gut an diese Sorte von Schikanen, auch Lehrer beteiligten sich daran:

> Der Gewerbelehrer, bei dem ich mich zaghaft beschwerte, gab mir noch eins drauf. Die Juden seien schließlich an ihrem Unglück selbst schuld, da solle ich mich doch bei meinen Glaubensgenossen beschweren. Von da ab schwieg ich.[9]

Julius erzählte auch andere Geschichten, Geschichten von Leichtigkeit und Unbekümmertheit, zumindest für eine kurze Zeit.

Die beiden Cousins entdeckten den Reiz der knapp zwanzig Kilometer entfernten Großstadt Hannover, fuhren an Wochenenden mit der Bahn dorthin; man besuchte sonntags Musikkneipen, ging tanzen, traf Freunde und hatte, wie Julius es nannte, manchmal auch kleine Freundinnen. Sie begeisterten sich für Swing und Jazz, was Onkel und Tante eher missbilligten. Julius spielte Schlagzeug, organisierte gemeinsam mit einem Freund Sandbahnrennen in Sehnde, entdeckte seine große lebenslange Leidenschaft, das Fotografieren. Und sammelte Briefmarken, die ihm sechs Jahre später das Leben retten sollten.

1933, mit der sogenannten Machtergreifung Hitlers, sei man immer noch taub gewesen. „Wir dachten, dass damit die Anderen gemeint seien, aber die ANDEREN, das waren WIR!“[10] Man sei sich recht sicher gewesen, dass der Spuk mit der nächsten Reichstagswahl ein Ende haben würde.

Er schüttelte jedes Mal heftig den Kopf, wenn er einige dieser Anekdoten erzählte. Wie unbegreiflich dumm sie doch gewesen seien: dass sie als Jugendliche 1933 zunächst mitmachten und den Arm zum Hitlergruß erhoben, wie ihr Freund Alfred Fries, dessen Vater als Schneider die Anzüge und Änderungen für sie anfertigte. Und dass sie eines Tages im Geschäft den Auftrag erhielten, Hitlerfahnen mit Hakenkreuzen in allen Größen anzufertigen.

Ja, er schäme sich noch heute dafür.

Der „Judenboykotttag“ am 1. April 1933 beendete alle Illusionen. Die Geschehnisse der nun folgenden Monate und Jahre kann man in den Geschichtsbüchern nachlesen. Julius erlebte sie so:

Uniformierte SA-Wachen postierten sich vor dem Geschäft der Schragenheims in der Nordstraße, Kunden wurden am Betreten gehindert, die meisten blieben weg, einige wenige scherten sich dennoch nicht darum. Schließlich wurden die Geschäftsumsätze immer geringer, die Versicherung sah sich nicht mehr in der Lage, für die ständigen Vandalismus-Schäden aufzukommen.

Die Verkündung der sogenannten Nürnberger Rassengesetze („Gesetz zum Schutze des deutschen Blutes und der deutschen Ehre“) im September 1935 legalisierte die Ausgrenzung. Gesellschaftlicher Umgang der „deutschen Volksgenossen“ mit Juden war jetzt verboten. Julius' bester Freund war SA-Mitglied geworden und wandte sich von ihm ab. Julius pflegte weiterhin Freundschaft zu einem „arischen“ Mädchen und wurde auf offener Straße von einem jungen SS-Mann verprügelt, „zum Schutze des deutschen Blutes und der deutschen Ehre“.

Mit den Vergnügungen der Großstadt war jetzt ebenfalls Schluss. Kinos, Museen, Theater, Parks, Sportplätze, Schwimmbäder, Cafés, Restaurants und, was ihn besonders schmerzte, Jazzkneipen: „Juden unerwünscht“, „Zutritt verboten“.

> So wurde uns durch Mundpropaganda mitgeteilt, daß für jüdische Jugendliche in Hannover ein Restaurant namens „Sollinger“ bestimmt war, das uns, obwohl stets unten am Eingang zivil überwacht, doch etwas Abwechslung zum Kennenlernen brachte – aber die Unterhaltung

war ernst und voller Besorgnis, da immer einige Freunde fehlten und wir wußten, daß sie abtransportiert wurden zum Osten.[11]

Und auch der vierzehnjährige Herschel Grynszpan, ein polnischer Jude, gehörte zu diesem Freundeskreis. Er lebte mit seinen Eltern in Hannover und besuchte bis 1936 regelmäßig das Sollinger. Auch er tauchte eines Tages nicht mehr auf.[12]

Er sei nach Paris zu seinem Onkel abgehauen, so erfuhr Julius später. Für ihn habe es in Deutschland keine Zukunft mehr gegeben. Er hatte, obwohl er als überdurchschnittlich intelligent galt, die Schule ohne Abschluss verlassen, wie auch nach einem Jahr die rabbinische Lehranstalt in Frankfurt, vor allem aber sei er, so Julius, ein armer Bursche gewesen. Der Boykott gegen die jüdische Bevölkerung hatte längst seine Wirkungen getan, Herschel fand weder einen Arbeits- noch einen Ausbildungsplatz. Die Bemühungen, nach Palästina auszuwandern, scheiterten an seinem jungen Alter.

Zwei Jahre später würde Julius erfahren, dass Herschels Eltern und Geschwister zusammen mit über 17 000 anderen polnischen Juden zwangsdeportiert worden waren, und dass er, der in Paris als illegaler Flüchtling gelebt hatte, von den französischen Behörden zur Ausreise gezwungen wurde, und die deutschen Behörden, das Polizeipräsidium in Hannover, ihm die Wiedereinreise untersagt hatten. Er saß in der Falle.

Am 7. November 1938 erschoss der damals Siebzehnjährige den deutschen Botschaftssekretär Ernst vom Rath. Für die Nationalsozialisten ein willkommener Vorwand, um die längst geplanten Übergriffe auf die jüdische Bevölkerung zu rechtfertigen. Und auch die Fortsetzung dieser Ereignisse kann man in den Geschichtsbüchern nachlesen.

Julius hatte die „Schrift an der Wand“ längst gedeutet. Die Schikanen waren zur Normalität geworden. Sie lauerten an jeder Ecke. Offen und brutal, in Gestalt uniformierter randalierender Jungmännerhorden, die am Tage die wenigen Kunden von den Eingängen der jüdischen Geschäfte wegjagten, am Abend ihre Zeit damit vertrieben, die Kinos, Theater und Restaurants zu kontrollieren und auch die Besucher des Sollinger anzupöbeln. Bald wagte sich niemand mehr dorthin. Auch Julius nicht.

Und dann die anderen Schikanen, die heimtückischen und unberechenbaren. Schriftliche Vorladungen in die Gestapo-Zentrale, denen er entgegenzitterte wie eine kleine Maus, die, egal welche Laufrichtung sie auch einschlagen würde, nur die Wahl hatte zwischen Katze und Mausefalle. Und diese Schikanen waren schlimmer für ihn als die alkoholisierten Knüppel-und-Fäuste-Meuten. Bereits Tage zuvor fühlte er sich elendig, das Gefühl des Ausgeliefertseins an eine unbekannte Macht machte ihn regelrecht verrückt. Schuldvorwurf: Jude.

Wäre Julius am 9. November 1938 noch in Beverstedt gewesen, so hätte er davon kaum etwas mitbekommen. Nicht, dass es dort keine Nazis gegeben hätte. Nein, das Gegenteil war der Fall gewesen. Aber in Beverstedt gab es keine Pogromnacht, keine marodierenden Horden, keine zertrümmerten Fensterscheiben, keine rohe Gewalt. Die Zerstörung der Familien spielte sich in kalten, bürokratischen Schritten ab. Heimlich, still und leise. Unter Ausschluss der Öffentlichkeit.

Bis zum 9. November 1938 hatte man in Beverstedt schon fast alles erledigt, in vorauseilendem Gehorsam. Bereits im September 1935 erfolgte die Kündigung der Kredite durch die Sparkasse des Ortes, der Ausschluss vom Schlachthof Wesermünde, der Boykott ihrer Fleischerei. Keine Einnahmen, keine Verdienstquellen mehr, die Ersparnisse waren längst aufgebraucht.

Die Bauern in Norddeutschland, so auch in Beverstedt und den umliegenden Dörfern im Regierungsbezirk Stade, hatten lange, trotz früh einsetzender Boykottmaßnahmen, an den traditionell guten Geschäftsbeziehungen mit den jüdischen Viehhändlern festgehalten, aber den nichtjüdischen Konkurrenten waren sie schon früh ein Dorn im Auge. Trotz ihrer Beliebtheit.[13] So erging es auch den Brumsacks.

Siegmund schrieb am 8. September 1935 an das Finanzamt Wesermünde:

> Obwohl wir mit fünf Brüdern Front[kä]mpfer waren und einer unserer Brüder gefallen [ist], hat man uns als Nichtarier vom Schlachthof Wesermünde ausgeschlossen und man boykottiert auch unsere Schlach[terei]. Wir stehen vor dem Ruin, haben keine Einnahme [und] Verdienstquelle und auch keine sonstigen Mittel, [um unsere] Steuern bezahlen zu können.
>
> Wir haben uns an das Reichswirtschafts[minister]ium gewandt und bitten nochmals bis zur [Klärung] der Lage um Stundung.
>
> [Der Kredit ist] uns auf Anordnung der Landesbauernschaft Hanno[ver durch die] Spar- und Darlehnskasse Meyer[hof] mit sofortiger Wirkung gesperrt und gekündigt worden, da die [...] Nichtarier nicht mehr arbeiten durften.[14]

Die Brumsacks mussten ihr Geschäft und ihre Ländereien verschleudern, im März des Jahres 1939 auch das Wohnhaus von Siegmund, Rosa und Arnold in der Poststraße 21. Sie zogen zu Emma und Grete in die Meyerhofstraße.

Die Lage war geklärt.

2 Treibjagd

Der 9. und 10. November 1938 in Sehnde. Die Schrecken dieser Tage und Wochen verblassten für Julius niemals, manchmal erzählte er davon, als hätten sie sich gerade erst ereignet. Es musste gegen fünf oder sechs Uhr morgens gewesen sein.

> Dann öffneten diese Gestapo-Kerle meine Zimmertür und fanden mich dort, mußte Namen und Einzelheiten nennen, dazu die Wohnungsanmeldung, die ich zuvor – G. s. D. [Gott sei Dank] – besorgt hatte.[15]

Er hatte, wie immer um diese Zeit, seinen Arbeitsanzug angezogen, wollte sich gerade auf den Weg zur Arbeit machen, zur Straßenbaufirma Huchthausen, Hannover Linden. Die Männer glaubten ihm nicht, er zeigte seinen Arbeitsausweis vor. Sie waren enttäuscht. Juden und körperliche Arbeit? Lautes Gelächter. Julius klemmte seine Aktentasche mit dem Restproviant vom Vortag unter den Arm.

Sie notierten seinen Namen und empfahlen sich. Der eine mit Ohrfeige, der andere mit Tritt in den Hintern. Dann ließen sie ihn gehen.

Der Weg zur Straßenbahnhaltestelle entlang der Bahnhofstraße: dunkle Gestalten, die Schaufensterscheiben jüdischer Geschäfte einschlugen, Männer und Frauen, die ihre Hosen- und Handtaschen vollstopften, ein Juwelierladen war bereits leergeräumt. Arbeiter, die in Richtung Straßenbahnhaltestelle gingen, sich wütende Wortwechsel mit SA- und SS-Leuten lieferten. Julius nahm die nächste Straßenbahn, neben ihm saßen Menschen, die johlten:

> „Der Judentempel brennt!", „Heil Hitler!", mit Applaus, dazu „Juden raus und vernichten!" – Hätten sie nur geahnt, daß ein Jude in Arbeitsanzug mit Blaumütze neben ihnen saß, was wäre da wohl aus mir geworden?[16]

Julius wurde in dieser Nacht nicht verhaftet. Das Versagen der Nazi-Bürokratie war sein Glück. Genau wie Hans Leo stand er auf der Liste der zu Verhaftenden in Sehnde. Aber bei Onkel Salli und Tante Paula in der Nordstraße 8 lebte er seit ein paar Tagen nicht mehr, seine neue Wohnadresse lautete jetzt Celler Straße 21. Auf der Verhaftungsliste in der Celler Straße 21 stand nur Herr Königsberger, sein Vermieter, aber nicht Julius.

Aus Angst vor einer Verhaftung wagte er sich nach der Arbeit nicht mehr in seine Unterkunft und rief schließlich seine Verwandten an. Am Telefon Onkel Salli. Er, der Vorsteher der jüdischen Gemeinde, ein sehr frommer Mensch mit unerschütterlichem Gottvertrauen, der Onkel, der immer auf Haltung bedacht gewesen war, teilte ihm schluchzend mit, dass man Hans Leo verhaftet habe, dass man auch ihn suche und er auf keinen Fall zurückkehren dürfe.

Bis zur Nacht des 9. November hatte sein Onkel die Drangsalierungen der letzten Jahre wie ein unausweichliches Schicksal ertragen, wie eine von Gott auferlegte Strafe. Immer in der Hoffnung, es werde sich schon alles zum Guten fügen.

Julius hatte diese Hab-Gottvertrauen-Haltung seiner Familie schließlich mehr und mehr in Frage gestellt. Strafe wofür eigentlich? Was hatten sie sich zu Schulden kommen lassen? Dass sie Juden waren? Und vor allen Dingen: Wo waren die Wunder, von denen man im Alten Testament lesen konnte, jetzt, da man sie dringend benötigte? Von göttlicher Einmischung keine Spur. Nicht das kleinste Fingerschnippen von oben.

Nächtelang streunte er wie ein Hund durch die Stadt, auf der Suche nach ein paar Brocken Nächstenliebe. Am Tage schuftete er im Straßenbau, nachts fand er für einige Stunden Unterschlupf bei einem Freund, bis ihm auch das zu gefährlich wurde.

Er kehrte wieder in das Haus der Königsberger zurück, stand bereits um drei Uhr auf und vagabundierte erneut durch die Straßen. Er hatte gehört, dass die Gestapo zumeist frühmorgens kam. Nach ein paar Tagen des Herumirrens, übernächtigt und verzweifelt, ergab er sich dem Unausweichlichen und wartete auf seine „Vorladung". Eine Woche später erhielt er sie.

Der Inhalt des Briefes für Julius' „Vorladung" war knapp: Gestapo-Hauptquartier, Adolf-Hitler-Platz, oberes Stockwerk, Zimmer 7, 21. November, 7.00 Uhr.[17]

> Ich sah schon mein „Todesurteil" gesprochen, aber es nützte ja gar nichts, ich mußte dieser „Vorladung" nachkommen, was ich auch tat. Ging also mit Herzklopfen und schlotternden Knien herauf, setzte mich auf die Bank oben und wartete, daß man mich hereinrief. Aber zehn lange Minuten vergingen, so raffte ich mich auf, klopfte an die Tür, „Herein", sah dort zwei Mann in SS-Uniform sitzen – aber w a s sollte ich nur zur Begrüßung sagen? So sagte ich gar nichts, dann schrie mich einer an, „Wie heißt der Gruß?" „Guten Morgen." „W a s?" „Das heißt ‚Heil Hitler'", so sagte ich das ziemlich leise stotternd, da schrie man mich wieder an, worauf der eine Mann noch lauter brüllte: „Wie heißt der Gruß? Raus, raus, du Judenschwein." Also wieder draußen im Flur, das dann noch zweimal [...].[18]

Dann wurde ihm mitgeteilt, dass sein Antrag auf Auswanderung bei ihnen eingegangen sei. Er habe vier Wochen Zeit, um aus Deutschland zu verschwinden. Falls nicht, dann wüsste er ja, wohin er käme.

Hans Leo wurde in der Nacht seiner Verhaftung ins KZ Sachsenhausen gebracht. Block 62, Häftlingsnummer 11214.[19] Im Januar 1939, einen Tag vor seinem 24. Geburtstag, wurde er nach 62 Tagen entlassen. Man hatte sein Leben um zwei Jahre verlängert. Einige Stunden zuvor hatte man Onkel und Tante von seiner Ankunft informiert. Julius holte ihn ab.

> [...] so war ich voller Aufregung und seelischer Spannung dort, um Hans Leo freudig und traurig in Empfang zu nehmen – aber o Schreck, wie sah er aus – das Gesicht aufgedunsen, die Haare abgeschnitten – total heruntergekommen – o Gott, was hat man mit Dir nur gemacht??? [...] Natürlich fragte ich Hans Leo, wie es ihm dort ergangen sei, er hielt die Hand vor seinen Mund und erzählte später zaghaft, wie man ihn „behandelt“ hatte, man sollte lieber sagen, wie man ihn gequält hatte, mußten doch alle, ob jung oder alt, „Sklavenarbeit“ verrichten, zumeist unnütze Arbeit, indem sie ihre Blaujacken wie Zwangsjacken umgekehrt tragen mussten, Knöpfe nach hinten. Dann vorn die Jacke anheben, einer schmalen Tasche gleich, anschließend wurde sie im Steinbruch von einem anderen Häftling gefüllt und im Laufschritt ca. 100 m weiter auf einem Haufen abgeworfen. Das mußte dann den ganzen Tag über (alles nur schikanöse Quälerei), bis auf eine kurze Mittagspause (Wassersuppe, hartes Brot, deshalb auch sein Aussehen!) wiederholt werden [...].[20]

Hans Leo starrte danach tagelang nur ins Leere, als ob er Sprache und Verstand verloren hätte.

Jeden Morgen um fünf Uhr Appell auf dem Paradeplatz, alle in Reih und Glied, oft mussten sie viele Stunden lang stehen, nichts als stehen. Wer umfiel, wurde erschossen oder, wenn er Glück hatte, mit Ohrfeigen, Fußtritten und Kolbenstößen traktiert. Abhängig von der Morgenlaune der KZ-Wächter.

Manchmal, so berichtete Hans Leo, habe es auch weniger sinnlose Arbeit gegeben, dann mussten sie die Latrinen der SS-Wächter reinigen.

Er ging zu seinen Eltern nach Beverstedt zurück, bis zur Deportation der beiden Familien im November 1941 arbeitete er gemeinsam mit seinem Vater im Straßenbau in Bremerhaven, später in der Sackfabrik in Hahnenkoop in der Nähe von Beverstedt.

Auch Leo Trepp, der Oldenburger Rabbiner, war im KZ Sachsenhausen interniert. Er berichtete, dass man ihnen am Tag ihrer Entlassung diese Worte mit auf dem Weg gab:

> Es ist euch hier gut ergangen, eure Behandlung in der Schutzhaft war sehr menschlich. Wagt niemals, etwas anderes zu sagen, sonst kommt ihr zurück. Selbst wenn ihr aus Deutschland weg seid, sagt nie eine Lüge über schlechte Behandlung. Der Führer erreicht euch, ob ihr in England oder Amerika seid. Habt ihr irgend eine Klage? Jetzt habt ihr die Möglichkeit, sie vorzubringen.

Keiner hatte eine Klage. Alle unterzeichneten die Erklärung, dass sie sehr gut behandelt worden seien.[21]

Auch für Tante Paula und Onkel Salli änderte sich fast alles, sie mussten ihr Haus verpachten und bis zu ihrer Deportation im Juli 1942 in der Dachmansarde ihres Hauses in den ehemaligen Zimmern der beiden Neffen wohnen. Man hatte ihnen alles geraubt, das Haus und Geschäft, ihre Ersparnisse, ihren Schmuck, ihre Kunstgegenstände. Ihre Würde. Zum Leben hatten sie noch 150 RM.[22]

Von den jüdischen Freunden waren zu diesem Zeitpunkt bereits einige deportiert worden, auch die Familie Rose. Ihre christlichen Freunde hatten sich weitgehend zurückgezogen.[23]

Das Letzte, was sie noch besaßen, war ein Gemälde. Ein Stillleben mit Früchten, Äpfeln, Birnen, mit weißen und blauen Trauben. Aber das Anschauen der Früchte machte Salli und Paula nicht satt, also gaben sie das Bild den Nachbarn, im Tausch für einen Sack Kartoffeln. Ein Bild für einen Sack Kartoffeln.

3 Komm mit, sagte der Hahn …

Seit Ende November 1938 drehte sich bei Julius alles um seine Flucht. Seine Emigration. Seine Auswanderung. Er war nicht naiv. Er wusste, dass man Juden im Ausland nicht mit offenen Armen empfangen würde, dass die Alten so gut wie keine Chancen hatten.

Auf der Privaten Mittelschule in Beverstedt hatte er bei Fräulein Wiedenroth Englisch gelernt. Der Briefmarken wegen. Jetzt reichte es, um Bittbriefe an alle möglichen Hilfsorganisationen zu schreiben, nach Neuseeland, England, Südamerika, in die Schweiz, um sich für Hilfsjobs in der Landwirtschaft, im Gartenbau oder im Handwerk zu bewerben. Wochen um Wochen vergingen, er erhielt keine einzige Zusage. Eine Bürgschaft konnte er nicht vorweisen, nirgendwo in der Fremde hatte er Verwandte oder Freunde. Ohne Bürgen keine Arbeitserlaubnis, ohne Arbeitserlaubnis kein Visum, ohne Visum keine Zukunft.

Julius nutzte die Wartezeit und belegte Kurse in der Israelitischen Gartenbauschule in Hannover Ahlem. Sie existierte bereits seit 1893, war ursprünglich eine berufliche Bildungseinrichtung für benachteiligte Jugendliche oder, wie der Gründer, der hannoversche Bankier Moritz Simon, es formulierte, eine Erziehungsanstalt für „verwaiste, arme und der Erziehung entbehrende israelitische Kinder“.[24] Nach 1933 diente die Ausbildung der beruflichen Vorbereitung junger jüdischer Menschen auf ihre Emigration.

Man bot nicht nur Gartenbaukurse an, sondern auch handwerkliche Schulungen aller Art. Julius lernte zu schweißen und elektrische Leitungen zu verlegen, hob Gräben aus und ackerte in der Landwirtschaft, erwarb sich somit Kenntnisse, die er später in der Armee gut gebrauchen konnte.[25]

Es gibt ein Foto von ihm in der Israelitischen Schule, inmitten von drei jungen Männern beim Schweißen. Es sieht ein bisschen wie Silvester aus, ein kleines Feuerwerk aus sprühenden Funken, wie riesige Wunderkerzen.

Im Sommer 1942 wurde die Schule aufgelöst, ab Ende 1941 dienten die Gebäude als Sammelstelle für „Judentransporte“ aus Hannover und Hildesheim. An genau diesem Ort, in einer dieser Werkstätten, einem dieser Schuppen oder in einem dieser Gewächshäuser, verbrachten auch Paula und ihr Bruder Salli, zusammengepfercht mit vielen anderen Leidensgefährten, ihre letzten Tage, bevor sie am 18. Juli 1942 nach Theresienstadt deportiert wurden.[26]

Schweißkurs in der jüdischen Gartenbauschule in Hannover-Ahlem (1938/39)

Schließlich erinnerte sich Julius an seinen Briefmarkenkontakt in Glasgow, einen Mr. Watson, Manager bei der British Linen Bank. Er arbeitete dort im Foreign Department. Ihm schrieb er: „I need some body who invites me to England. Could you be my sponsor for a ‚Affidavit of support?'"[27] Affidavit, so hieß das magische Wort, das unentwegt in seinem Kopf herumspukte. Gemeint war damit: Bürgschaft.

Die Antwort erfolgte umgehend: „Yes."

Nur eine Woche später erhielt Julius Post vom German Jewish Aid Committee, einer zentralen deutsch-britischen Flüchtlingsorganisation mit Sitz im Bloomsbury House in London. Sie koordinierte die Zuwanderung von jüdischen Flüchtlingen und deren weitere Transfers in die USA oder nach Südamerika. Oder verhalf denjenigen, die längerfristig bleiben wollten oder mussten, zu Unterkunft und Arbeit. Julius' Zukunft hieß jetzt Glasgow.

In einem dicken, braunen Briefumschlag, den seine Kinder nach seinem Tod in seinem Nachlass fanden, hatte Julius zwei dünne Fetzen Papier aufbewahrt, die Schrift auf der einen Seite war ausgeblichen, aber noch leserlich. „Geschäftsunterlagen: 1. Oktober 1949." Und am unteren Rand, dick unterstrichen: „Wert: Sentimentales."

Es war ein ungeordneter Papierhaufen, zusammengehalten von brüchigem Paketgarn, bestehend aus zahlreichen Rechnungen, Mahnungen, den ersten Geschäftsbilanzen, aber auch aus privaten Briefen und Urlaubstagebüchern aus den siebziger Jahren, ein paar Fotos, deren Herkunft ungeklärt war.

In diesem Durcheinander gab es einen weiteren vergilbten Umschlag, unscheinbar und sehr viel dünner, in der Mitte zusammengefaltet, mit der Überschrift „Abschied". Darin ein Scherenschnitt der Bremer Stadtmusikanten aus dem Jahre 1930, ein Taschentuch und ein Brief an Mr. Watson, datiert vom 20. Februar 1939:

> Dear Mr. Watson,
> [...] And now something in English, but I must learn yet very much, when I can come perhaps in your country. I would be very glad, when I get my Permit and I hope it, I don't despond and have always confidence. [...] I looked already on the atlas for see, where Glasgow lies. Its not such a great voyage from here and I can travel every day. I am glad, when I can come in a short time, I am very often desperate, as I don't know what I shall make. We must emigrate all together, but where? Its very very hard and we all must look for a new home.
> I hope for hear soon again from you! – Many thanks in advance for your great endeavour.
> Please excuse my mistakes!
> I am yours faithfully
> J. Brumsack[28]

Julius schaffte es nicht, innerhalb von vier Wochen aus Deutschland zu verschwinden. Bis zum Tag seiner Auswanderung lief sein Leben mit der Mechanik eines Uhrwerks ab. Die bürokratischen Schikanen ließ er mit Verachtung über sich ergehen.

Er arbeitete weiter, während der Woche im Straßenbau, am Wochenende in der Israelitischen Schule, führte Buch über jeden verdienten Pfennig, aber es reichte nicht für die Reichsfluchtsteuer, auch nicht für die Transportkosten seines Überseekoffers. Diese übernahm Onkel Salli für ihn. Er musste eine Liste aller mitgeführten Gegenstände zusammenstellen und den Gegenwert zu hundert Prozent bezahlen.

Julius unterschrieb eine freiwillige Verzichtserklärung auf sämtliche Besitzstände, ungeachtet der Tatsache, dass er keinen Besitz hatte, holte sich Unbedenklichkeitserklärungen ein, die ihm bescheinigten, dass er alle Steuern bezahlt habe und dass er „im Hinblick auf seine Vermögenslage zu einem Sonderbeitrag zur Förderung der Auswanderung" nicht herangezogen worden sei.[29]

In den zahlreichen Briefen, die das Finanzpräsidium fortan schickte, hieß er ab dem 1. Januar 1939 „Julius Israel Brumsack“. Die Bürokratie arbeitete zuverlässig und schnell.

Es folgten Monate und Wochen voller Bangen und Sehnen. Dann war der Tag des Abschieds gekommen, der 24. April 1939.[30] Seine Mutter, seine Schwester Grete, sein Cousin Hans Leo, Tante Rosa, Tante Elise, Onkel Siegmund und Arnold, alle begleiteten ihn die fünf Kilometer zu Fuß zum Bahnhof nach Stubben. Das Gepäck, abgesehen von einem kleinen Koffer, hatte er vorausgeschickt.

Zweieinhalb Jahre später würden die Daheimgebliebenen denselben Weg noch einmal zurücklegen, ebenfalls zu Fuß, ein letztes Mal, diesmal würde ihr Gepäck von Fuhrmann Kracke auf dem Pritschenwagen befördert werden. Die Gemeinde ließ sich nicht lumpen und zahlte die fünfzehn Reichsmark für den Transport.

Warum hatte Julius den Scherenschnitt der Bremer Stadtmusikanten in diesem Umschlag aufbewahrt? Vielleicht war es ein Geschenk von seiner Mutter? Eine Erinnerung an seine Kindertage? Eine Erinnerung an die Heimat?

Der Grund, warum er das Taschentuch in den Umschlag gelegt hatte, lag jedoch auf der Hand.

Die Geschichte des Abschieds, wie paradox war sie gewesen! Seine Mutter, so erzählte er, habe bittere Tränen geweint, voller Sorge um ihren Jungen, um seine ungewisse Zukunft, so ganz allein, ohne den Schutz der Familie, ohne Freunde, in einem fremden Land! Und er habe umgekehrt heimliche Tränen vergossen über seine Familie, über ihre ungewisse Zukunft.

Sein Mudderle war es, die ihm zum Abschied das Taschentuch aus Leinen in die Hand gedrückt hatte, frisch gebügelt, mit Hohlsaum und Lochstickerei, in einer Ecke das Monogramm mit den kunstvoll gestickten Initialen JB. Er hatte es später nie gewagt, dieses Taschentuch zum Naseputzen zu benutzen. Nur dieses eine Mal, zum Winken am Bahnsteig, zum Trocknen der Tränen. Es hatte ihn fortan überall begleitet. Sein Tröster in düsteren Zeiten.

Die Erinnerungen an diejenigen, die er am Bahnsteig in Stubben zurückließ. Die dort winkten und winkten, bis er nur noch die flatternden Taschentücher sah, bis auch diese zu kleinen weißen Punkten zusammenschmolzen, schließlich mit den Entschwindenden einen ausgefransten dunklen Strich bildeten. Sich am Ende im Nichts auflösten.

Er fuhr zurück nach Sehnde, blieb dort einen Tag, um sich auch hier von seinen Verwandten zu verabschieden. Er trug schwer an der Last, sie alle im Stich gelassen zu haben. Die Last reiste mit ihm nach England, kehrte sechs Jahre später wieder mit ihm zurück. Sie begleitete ihn sein ganzes langes Leben.

Am 28. April 1939, nachts um 2:45 Uhr, verließ Julius Hannover mit dem Zug in Richtung Holland, mit ihm andere jüdische Flüchtlinge, vor allem junge Männer.

Er besaß ein Visum und eine Fahrkarte. Alles ganz offiziell. Alles ganz legal. Aber das bedeutete nicht viel.

Er erzählte seinen Kindern oft davon. Dass das Überleben eine Frage des Zufalls gewesen sei, wie russisches Roulette. Wie ihn die Angst, es nicht zu schaffen, bis zur letzten Sekunde verfolgt habe. Wie es gewesen sei, als der Zug in Bad Bentheim hielt, der letzten deutschen Station vor dem Grenzbahnhof Oldenzaal. Wie er sich vorstellte, dass ihn die Grenzposten aus irgendeinem fadenscheinigen Grund aus dem Zug zerren würden. Wie er die Angst förmlich gerochen habe, die klebrige und salzige Luft, die Ausdünstungen der zusammengerückten Mitreisenden. Wie ihre Körper jegliche Reflexe verweigerten, das Atmen, das Schlucken, das Lidzucken. Nur das wabernde Licht der Taschenlampen sei zu erkennen gewesen, man horchte auf das harte Klackern der Stiefel, die durch die Abteile rasten und blökten: „Raus hier, du Judenschwein!"

Dann rollte der Zug langsam an, leises Aufatmen. Um nach ein paar Metern wieder stehenzubleiben. Die Fahrt wurde erneut unterbrochen, die Gestapo scheuchte sie jetzt alle hinaus. Stunden um Stunden warteten sie auf dem Bahnsteig, umzingelt von ihren Bewachern und deren Schäferhunden. Die Angst, zurückgeschickt zu werden. Schließlich die Trillerpfeife, sie durften einsteigen.

Und dann erneut dieses langsame Anrollen des Zuges, das Pfeifen der Lokomotive, das immer schneller werdende rhythmische Hämmern der Räder, das zunächst noch unterdrückte Glücksgefühl. Und endlich die Gewissheit, dass sie sich mit jeder Radumdrehung, mit jedem Meter ihrer Zukunft näherten. Schließlich der erlösende Jubelschrei, sie hatten es geschafft. Fast alle. Er hallte bis weit hinter die Grenze. Diesen Jubel würde er nie wieder vergessen.

In Amsterdam übernachtete Julius bei den Baruchs in der Burmanstraat 25 II. Heinz war der einzige Sohn von Sara und Moritz, er hatte drei Jahre als Lehrling im Geschäft bei Onkel und Tante in Sehnde gearbeitet, die beiden hatten sich angefreundet. Unmittelbar nach der Reichspogromnacht war die Familie Baruch nach Holland geflohen. Zunächst waren die drei im zentralen Flüchtlingslager Westerbork nahe Groningen untergekommen, eine Zwischenstation für Juden aus Deutschland, ein temporärer Schutz, um den Ankommenden für die ersten Wochen Unterkunft und Nahrung zu gewähren. Nach der deutschen Invasion im Mai 1940 wurde das Lager samt Bewohnern von den Nazis übernommen. Jetzt nannte es sich „Polizeiliches Judendurchgangslager". Als Durchgang zum Tod in Auschwitz, in Sobibor, in Theresienstadt und in Bergen-Belsen.

Julius hatte zeit seines Lebens nicht erfahren, was mit den Baruchs geschehen war. In dem Online-Archiv der Arolsen Archives, dem internationalen Dokumentationszentrum für NS-Verfolgung, gibt es unter dem Namen und Geburtsdatum von Heinz einen einzigen Satz: „14. Juli 1942 in Amsterdam overleden." Gestorben mit 21 Jahren. Und schließlich eine weitere Information im Joods Historisch Museum in Amsterdam. Auch die Eltern, Sara und Moritz, waren am 14. Juli 1942 gestorben.[31] Zum Zeitpunkt ihres Todes waren beide 52 Jahre alt.

Vermutlich lag der Aufruf noch auf ihrem Küchentisch: Am 15. Juli 1942 um 1:30 Uhr sollten sich alle deutschen Juden vor dem Amsterdamer Hauptbahnhof einfinden. „Arbeitseinsatz" in Deutschland. Verfasst im Auftrage des SS-Hauptsturmführers Wörlein, abgestempelt von der Zentralstelle für jüdische Auswanderung. Verbot der Mitnahme jeglicher Wertgegenstände, dafür aber Arbeitskleidung, Arbeitsschuhe, Essschüssel. Nahrung für drei Tage.

> Wenn Sie diesem Aufruf keine Folge leisten, werden Sie mit Maßnahmen der Sicherheitspolizei bestraft. Dieses Schreiben gilt als Reiseerlaubnis und gibt Ihnen gleichzeitig das Recht, den genannten Zug kostenlos zu benützen.[32]

Sara, Moritz und Heinz hatten ihre Entscheidung getroffen. Sie verzichteten auf „das Recht, den genannten Zug kostenlos zu benutzen". Sie öffneten den Gashahn.

Die Zentralregistrierung vermeldet für den ersten Transport: „800 Personen abgereist." Die nächsten sollten folgen, um die Quote von 4000 pro Woche zu erfüllen. Reiseroute: Amsterdam–Westerbork–Auschwitz.[33]

Doch bis dahin sollten noch mehr als drei Jahre vergehen. Nach zwei Nächten bei den Baruchs fuhr Julius weiter nach Den Haag zu den van der Wyks, seinen Verwandten väterlicherseits. Ihre vier Kinder hatten Emden bereits Anfang 1935 verlassen, vor den Eltern.

Er machte einen Spaziergang durch die Stadt mit Friedel und Hanna. Warum sie sich nicht um ein Visum für England bemühten, fragte Julius sie. Er könne ihnen bestimmt helfen, wenn er erst einmal dort sei. Nein, sagte Friedel, die Jüngste. Ihre kranken Eltern verlassen? Das würden sie sich niemals verzeihen.

Die Mutter, Sophie van der Wyk, starb im Oktober 1939, der Vater, Simon Meir, im Mai 1942. Für Friedel und Hanna und ihren Bruder Siegfried war es für eine Flucht zu spät, im Sommer 1943 wurden sie in Sobibor ermordet.[34] Nur Nathan konnte sich in die USA retten.

4 Friendly Guidance

Am 2. Mai 1939 kam Julius morgens um sechs Uhr mit der Fähre von Hoek van Holland in Harwich an. Drei Stunden später die Einfahrt in die Liverpool Street Station. Überall die Menschenmassen, die doppelstöckigen roten Busse, die schwarzen Taxis. Er erlebte die Stadt wie in einem Rausch, Hannover erschien ihm jetzt wie ein Kuhdorf. Er musste erstmals sein Englisch ausprobieren, vor Aufregung zitterten ihm die Knie.

Er fragte sich durch bis Bloomsbury, einem vornehmen Londoner Stadtviertel, musste sich im Woburn House beim German Jewish Aid Committee unter der Nummer 24056 registrieren lassen, Papiere und Visum wurden überprüft, ebenso der Nachweis für einen Arbeitsplatz und die Bürgschaft. Es erfolgte die Belehrung, nicht zu vergessen, dass sie Gäste seien und sich entsprechend zu verhalten hätten. Auch die Leica um seinen Hals änderte nichts daran: Er war nicht als Tourist gekommen, sondern als Flüchtling. Refugee, das war jetzt sein Status.

Weiter ging es nach Schottland. Eine lange Zugfahrt. Im Glasgow Central stieg er aus und wurde von einem wortkargen Mitarbeiter des örtlichen Jewish Council for German Refugees in Empfang genommen. Und von Mr. Watson, seinem Briefmarkenfreund und Lebensretter.

Langsam begriff er, was er zurückgelassen hatte. Familie, Freunde, Heimat, Geborgenheit. Sein ganzes bisheriges Leben.

Natürlich habe er sich England und Schottland schöngeträumt, erzählte er später. Es waren Bilder vom Hörensagen, Bilder, die er in den Büchern fand, die ihm Fräulein Wiedenroth, seine Englischlehrerin von der Mittelschule, ausgeliehen hatte.

In diesen Büchern war von beispiellos gepflegten Parks und Gärten, vom wundersamen grünen Daumen ihrer Gärtner die Rede, doch auf dem Weg zu seiner Unterkunft gab es nicht einmal Vorgärten, so wie er sie aus Beverstedt, Sehnde und Hannover kannte. Von fein getrimmter grüner Rasenidylle, von Narzissen und Tulpen, von Hortensien- und Rosenbeeten keine Spur. Vor schmalen Häusern türmten sich verrostete Haushaltsgegenstände, heruntergekommene Möbel, zerfledderte Matratzen. Das karge Grün vor den Eingängen wäre zu Hause als Unkraut gejätet worden.

Julius war schockiert: Von den dunklen und engen Gassen, den offenen Hauseingängen, den Treppenaufgängen, die wie schwarze Höhlen aussahen, von den Innenhöfen, in denen sich der Müll wie auf einer Abfallhalde türmte. Von dem Gestank. Von den vielen armen Menschen.

> Der Bezirk Gorbals war der verrufenste von Glasgow, viele schmutzige Pubs, man sah oft Männer und Frauen total betrunken auf dem Fußweg oder gar in der Gosse liegen.[35]

Sein Zimmer lag in der Bedfort Street, seine Vermieterin, Mrs. Slimowsky, war eine freundliche ältere Dame. Auch sie war Jüdin, sprach Jiddisch-Deutsch mit ihm, bot ihm sogleich Tee und selbstgebackenen Kuchen an und eröffnete ihm, dass bereits ein anderer refugee bei ihr wohne.

Mrs. Slimowsky führte Julius die enge, knarrende Holzstiege zum Dachboden hinauf. Dort lag sein zukünftiges Zimmer, sein Mitbewohner war nicht zu Hause.

> Vom Zimmer dort sehr enttäuscht, da unsagbar dreckig. Bin aufgeregt darüber, kann nichts essen.[36]

An der vergilbten Wand die einzige Schlafstelle in diesem Raum, eher Pritsche als Bett, mit einer Polsterauflage aus Stroh, so dünn und so schmal, dass sie den Namen Matratze nicht verdiente, mit einer Bettwäsche bezogen, von der er nicht sagen konnte, ob sie überhaupt jemals weiß gewesen war, am Fußende ein Nachttopf mit Gebrauchsspuren, auf dem Tisch eine zerbeulte Waschschüssel, am Haken ein einziges Handtuch, in der Zimmerecke eine Mausefalle, an der Wand ein kleiner, nahezu blinder Spiegel, gerade groß genug, dass man sich rasieren konnte. Die Wände in einem schmutzigen Senfgelb. Es roch nach kaltem Zigarettenrauch.

> Mir war zum Weinen, man kam schließlich aus einem geordneten Haus, doch mußte ich erst einmal mein Gedanken-Wirrwarr ordnen, d. h. mich fügen – immerhin sollte ich doch dankbar sein für meine Rettung aus größter Gefahr![37]

Julius gewann Mrs. Slimowskys Sympathie womöglich schon in der Minute, als er den Koffer auf den Boden stellte und ihn öffnete. Sie hatte vermutlich Hemden, Hosen, Socken, Unterhosen erwartet, all das, was man normalerweise brauchte, wenn man auf eine längere Reise geht. Aber was herausfiel, waren vor allem Fotoalben, Negative, mehrere gerahmte Bilder, Briefe.

Vor ihr stand ein junger Mann, klein, aber drahtig, mit breiten Schultern und dicken Waden. Er hatte lebhafte braune Augen, die überdimensionalen Brillengläser nahmen fast sein halbes Gesicht in Beschlag. Er lächelte sie an, verhalten und entschlossen zugleich. Julius trug eine weite Hose aus grau meliertem Tweed, von einem breiten Ledergürtel zusammengehalten, ein dickes marineblaues Flanellhemd, darüber eine schmale Weste aus Wollstoff im gleichen Farbton, ebenso wie die Schirmmütze, von Salli und Paula maßgeschneidert. Vermutlich war Mrs. Slimowsky überrascht, wie elegant er gekleidet war. Die Spuren der langen Reise sah man ihm nicht an.

Artur Kaulbars, so hieß sein künftiger Zimmergenosse. Artur war ebenfalls Jude, kam aus Königsberg, hatte dort Volkswirtschaft studiert, sein Studium abbrechen müssen und seine Eltern und Geschwister in der Heimat zurückgelassen. Und fortan teilten Julius und Artur nicht nur Schicksal und Zimmer miteinander, sondern auch Bett, Decke und Handtuch.

Vom nächsten Tag an lud Mrs. Slimowsky die beiden jungen Männer regelmäßig zum five o'clock tea ein. Aber dennoch begann er gleich am nächsten Tage, für Artur und sich eine neue Bleibe zu suchen. Er opferte ein paar Pennys für eine Anzeige im Jewish Echo und bat Mr. Watson um Unterstützung.

> Es war natürlich nicht ihre Schuld, war sie doch eine herzensgute Frau, hatte eine nette, rothaarige Tochter, die gleich zu Anfang uns 'mal zur Nachtzeit kurz besuchen kam, wir sie aber hinauskomplimentierten, nach Sex war besonders mir überhaupt nicht zu Mute, hatte ich ja tagelang Heimweh und vergoß viele Tränen.[38]

Julius musste sich nochmals registrieren lassen und sich im Jewish Council bei Mr. Morrison melden. Ein kleines blaues Heft wurde ihm in die Hand gedrückt. Dort durfte er das erste Geld empfangen, wöchentlich acht Schilling, für Unterkunft und Essen. Er nannte es Bettelgeld, es war ihm unendlich peinlich.

Mr. Morrison, sein Betreuer für die nächsten Monate, war ein freundlich-väterlicher Mann mittleren Alters. Er lobte Julius' handwerkliche Erfahrungen und seine guten Englischkenntnisse. Aber dennoch hatte Julius große Schwierigkeiten, Mr. Morrison zu verstehen, dieses schottische Englisch klang so gar nicht nach dem, was er bei Fräulein Wiedenroth gelernt hatte. Gleichzeitig leistete er Abbitte, weil er sich stets lustig gemacht hatte über ihre mahnenden Worte: „Nicht für die Schule lernen wir, sondern fürs Leben."

Mr. Morrison bot ihm Tee und Kekse an, fragte nach seiner Familie, nach den Umständen seiner Flucht. Julius war von Dankbarkeit erfüllt über die Willkommensgesten, über die selbstverständliche Freundlichkeit dieses wildfremden Menschen. Und zugleich konnte er es kaum fassen, dass er, Jude und Deutscher, fortan nicht mehr geduckt, sondern aufrechten Ganges durch das Leben gehen durfte, dass er jetzt befreit sein würde von Schikanen, von Kontrolle und Angst vor Verhaftung. Es dauerte einige Zeit, bis er sich daran gewöhnt hatte.

Artur erwies sich als ein äußerst liebenswürdiger Mensch. Abends, wenn die beiden vor dem Einschlafen gemeinsam auf ihrem schmalen Bett lagen, wurden sie von Heimweh geschüttelt. Zwei erwachsene Männer, die versuchten, ihre Tränen voreinander zu verbergen.

Sie linderten ihre Verlassenheit mit Gutenachtgeschichten aus ihrer Kindheit, erzählten sich gegenseitig von ihren Familien, schwärmten von Königsberger Klopsen, von Gänsebraten mit Rotkohl, von Fliederbeersuppe mit Grießklößchen und grünem Hering mit Bratkartoffeln. Sie träumten von einem Deutschland, das es für sie längst nicht mehr gab.

Artur verbrachte seine Tage in der Mitchell Library im North End und in Museen und lernte das fünfzehn Stationen umfassende Netz der Glasgow Underground auswendig. Julius kümmerte sich um die praktischen Dinge des Lebens, hielt ihre Unterkunft in Ordnung, organisierte Lebensmittel und begab sich auf die Suche nach einem neuen Zimmer für beide.

Trotz Artur fühlte er sich einsam und fror sich durch die feuchtkalten Nächte des schottischen Frühlings. Auch trotz Erna Zirker, seiner Freundin, die er zwei Jahre zuvor im Sollinger in Hannover kennengelernt hatte und die ihm wenig später nach Glasgow folgen sollte. Aber wie kann jemand trösten, der selbst getröstet werden muss? Es gelang ihnen nicht. Nachts weinte er in das Kissen, das nach Moder und Schweiß roch.

Der fröhlichste Ort, den Julius regelmäßig besuchte, war der Friedhof in der Rutherglen Road, die einzige Grünfläche weit und breit, hier spielten Kinder Fangen und Verstecken, kletterten die Bäume hoch und machten Grätschen über die Gräber ihrer Ahnen.

Der zweitfröhlichste Ort war das jüdische Klubhaus, unweit der Bedford Street. Dort trafen sich österreichische und deutsche Emigranten, Geflüchtete und bereits Verwurzelte, die schon viele Jahre in Glasgow gewohnt und gearbeitet hatten. In den Bezirk Gorbals waren zu Beginn des 20. Jahrhunderts im Zuge der Industrialisierung viele Migranten gezogen, vorwiegend aus Irland, Italien, Litauen, aus Russland insbesondere viele Juden. Um 1939 lebten dort mehr als 10 000 Juden, seit Beginn der dreißiger Jahre waren sie hauptsächlich aus Deutschland gekommen. Die baulichen und sozialen Verhältnisse galten als katastrophal.

Julius besuchte das Clubhaus mehrmals in der Woche, meistens mit Artur und Erna. Sie alle suchten hier nachzuspüren, was sie verloren hatten, die Wärme ihrer Heimat, den Klang ihrer Sprache, die Familie, die Freunde. Es gab hier die Optimisten und die Verdränger, die selbst den schlimmsten Nachrichten aus der Heimat noch etwas Gutes abgewinnen konnten, und es gab auch das Gegenteil. Sie bildeten die Mehrheit, die Pessimisten, die Depressiven, deren apokalyptische Prophezeiungen dennoch fast nichts im Vergleich zu dem waren, was noch kommen sollte.

Manchmal wurde es ihm zu viel und er blieb für einige Tage zu Hause.

Seite an Seite legten sich Julius und Artur allabendlich auf ihr Strohlager und lasen in ihrem blauen Heft. Jeder hatte seinen eigenen „Knigge“:

> While you are in England – Helpful Information and Guidance for every Refugee. Dieses Büchlein bezweckt, allen Flüchtlingen als nützliche Informationsquelle und freundlicher Ratgeber zu dienen.[39]

So stand es auf der Innenseite des Heftes. Auf der linken Seite war der Text in englischer Sprache abgedruckt, auf der rechten die deutsche Übersetzung. Abwechselnd lasen sie sich zunächst auf Englisch und dann auf Deutsch vor. Jeder in seiner mundartlichen Färbung: Ostpreußisch und Plattdeutsch. Wobei Artur das rollende, schottische R deutlich besser gelang als Julius.

> Die althergebrachte Toleranz Gross-Britanniens und des Britischen Staatenbundes und ihre Sympathie den Juden gegenüber werden von jedem britischen Juden zutiefst gewürdigt. In Wort und Tat, durch persönliche Dienste und gemeinsame Anstrengungen tut er seinerseits alles, was in seiner Macht steht, um seiner Loyalität zu Gross-Britannien und dem Britischen Staatenbund Ausdruck zu verleihen. Diese Loyalität kommt zuallererst, und jeder Flüchtling sollte einsehen, wie tief sie empfunden wird. [...] Wir verlangen von Ihnen dafür, dass Sie sich in Ihrem Benehmen genauestens nach den folgenden Regeln richten.
>
> 1. Verwenden Sie Ihre freie Zeit unverzüglich zur Erlernung der englischen Sprache und ihrer richtigen Aussprache.
> 2. Sprechen Sie nicht deutsch auf der Straße, in den Verkehrsmitteln oder sonst in der Öffentlichkeit, wie z. B. in Restaurants. Sprechen

Sie lieber stockend englisch als fliessend deutsch – und sprechen Sie nicht laut. Lesen Sie keine deutschen Zeitungen in der Öffentlichkeit.

3. Kritisieren Sie weder Bestimmungen der Regierung noch irgendwelche englischen Gebräuche. Sprechen Sie nicht davon, „um wieviel besser dies oder das in Deutschland getan wird." Es mag manchmal wahr sein, aber es bedeutet nichts gegenüber der Sympathie und Freiheit Englands, die Ihnen jetzt gewährt werden. Vergessen Sie dies niemals.
4. Treten Sie weder einer politischen Organisation bei, noch nehmen Sie sonst Anteil an politischen Bewegungen.
5. Benehmen Sie sich nicht auffallend durch lautes Sprechen, durch Ihre Manieren oder Kleidung.
   Dem Engländer missfallen Schaustellungen, auffallende oder nichtkonventionelle Kleidung und Manieren. [...] Der Engländer legt grossen Wert auf Bescheidenheit, ruhige Kleidung und ruhige Manieren. Bei Gesprächen sind ihm bescheidene Angaben lieber als Übertreibungen. Er schätzt gute Manieren bedeutend höher als alles Zurschaustellen von Reichtum. (Sie werden bemerken, dass er für den kleinsten Dienst „Danke schön" („Thank you") sagt, selbst für die Penny Fahrkarte, für die er gezahlt hat).
6. Versuchen Sie, in gesellschaftlichen und geschäftlichen Verbindungen das Benehmen sowie die Sitten und Gebräuche dieses Landes zu beachten und zu befolgen.
7. Verbreiten Sie nicht das Gift „In Eurem Lande muss es auch so kommen". Der britische Jude wendet sich entschieden gegen die Verbreitung dieser geistlosen Idee.
8. Vor allem sehen Sie bitte ein, dass die Jüdische Gemeinde sich darauf verlässt, dass Sie – **und zwar Sie persönlich und jeder einzelne von Ihnen** – in diesem Lande die besten jüdischen Eigenschaften beibehalten, dass Sie Würde bewahren und anderen helfen und dienen.

Julius und Artur wollten dankbare Flüchtlinge sein. Sie wollten ihr Bestes geben und alle Erwartungen vollständig erfüllen. Am Anfang stand das Auswendiglernen der acht goldenen Regeln des Benehmens, die sie bereits nach fünf Tagen so sicher wie die Zehn Gebote beherrschten, und das gegenseitige Abfragen der britischen Währung, Gewichte und Maße. Julius tat es unverzüglich:

Dienstag, 9. Mai 1939
Abends 8 1/4 Uhr zur nightschool zwecks Englisch-Unterricht, der kostenlos erteilt wird, nettes Mädel gibt Unterricht, Dauer eine Std. bis 9 1/4.[40]

Er musste sich in England an viele Dinge gewöhnen, nicht aber daran, nicht aufzufallen. Möglichst unsichtbar bleiben, flüstern, nie laut reden, nie laut lachen, dafür brauchte es keine Regeln. Das Lachen war ihnen schon längst vergangen. Immer bescheiden sein, beste Manieren zeigen, sich unauffällig, aber korrekt kleiden, nicht den geringsten Anlass für Kritik geben, in jeder Beziehung vorbildlich sein – es war kein Problem für sie. In Anpassung hatten sie Übung.

Sie vergaßen auch nicht, bei jeder passenden und unpassenden Gelegenheit, dabei stets freundlich lächelnd „thank you" zu sagen, selbst dann nicht, als Mrs. Slimowsky ihnen die Miete erhöhen musste.

Und die „Zurschaustellung von Reichtum"? Der einzige Reichtum, den Julius besaß, waren seine Fotos und die Erinnerungen an sein früheres Leben.

Natürlich waren die Finanzen mehr als knapp! Aber abends ging ich oft in ein kleines Restaurant nahebei und wurde von Freunden oder Bekannten freigehalten, – allerdings keine alkoholischen Getränke, zumeist Tee oder Mineralwasser, dazu aß man Marshmallows oder Short Bread.[41]

Das Kompendium schloss mit dem Satz: „Be loyal to England, your host. Seien Sie England, Ihrem Gastlande gegenüber, loyal."

Eines Tages kaufte sich Julius am George Square eine deutsche Zeitung. Dabei schaute er sich ängstlich um, ob ihn auch ja keiner beobachtet hatte. Im Bus und in der U-Bahn morgens zur Arbeit vermieden sie es, miteinander zu sprechen. Wenn es doch sein musste, sprachen sie Englisch. Sie kamen sich lächerlich vor, fehlende Wörter ergänzten sie durch deutsche Vokabeln, flüsterten hinter vorgehaltener Hand. Sie fragten sich, wie dieses Kauderwelsch eigentlich für sensible englisch-schottische Ohren klingen musste. Manchmal hörte er irgendwo deutsche Stimmen, dann fühlte er sich wie von einem Magneten angezogen. Er konnte nicht anders und fragte jedes Mal: „Do you come from Germany?" Und wenn sie bejahten, folgten weitere Fragen: „Woher kommt ihr? Habt ihr Neuigkeiten aus der Heimat? Erhaltet ihr Post?" Aber diese Begegnungen waren Gift für ihn. Sie nährten Julius' Kummer und Heimweh.

Er grübelte darüber, was damit gemeint sein könnte, wenn sein blauer Knigge ihm riet, die „besten jüdischen Eigenschaften" beizubehalten, „the highest Jewish qualities". Gab es überhaupt „beste jüdische Eigenschaften?" Was war ihnen von ihrer „Jiddischkeit" geblieben?

Julius und Artur einigten sich darauf, dass es wohl der viel gepriesene jüdische Humor sein musste – und mit Sicherheit der Gefilte Fisch. Aber der Gefilte Fisch war ja keine beste jüdische Eigenschaft, eher ein bestes jüdisches Gericht – und das war jetzt Vergangenheit. Und der jüdische Humor? Der hatte schon zu lange hinter verschlossenen Türen und Fenstern im Untergrund gelebt. Dennoch, selbst die Nazis hatten ihn nicht ganz ausrotten können, auf ihren Humor schienen die Juden ein Monopol zu haben wie Engländer auf ihre Baked Beans, ihre Höflichkeit, Bescheidenheit und Zurückhaltung, wie Deutsche auf ihr Sauerkraut, ihre Zuverlässigkeit, Pünktlichkeit – und ihre Anständigkeit. Letzteres beantwortete Artur mit einem lauten Rülpser.

Aber waren sie, Julius und Artur, nicht auch ganz normale Deutsche, die gerne auf Schützenfeste gingen, manchmal zu viel Bier tranken und zu spät nach Hause kamen? „Und wie war das mit der Chuzpe?", fiel Julius ein. Gehörte die eigentlich auch zu den „besten jüdischen Eigenschaften" oder war sie doch eher schlecht?

„Alles Quatsch", meinte Artur, als er wieder einmal aus der Mitchell Library kam, wo er sich mit Shakespeare beschäftigte, was er bald aufgab. Bei der sprachlichen Bewältigung des englischen Alltags hatte sich der Dichter als wenig praxistauglich erwiesen.

Mit zittrigen Knien und eingezogenem Hals begaben sie sich zur Registrierung bei der Polizei. Aber die Ängste waren unbegründet, ihr Ratgeber hatte recht: „Die Polizisten sind Ihre Freunde und bereit, Ihnen zu helfen, wo Sie sich auch immer befinden mögen."

Ein paar Wochen später fand Julius durch einen Hinweis von Mr. Watson eine neue Bleibe für beide, sie war größer, sauberer, mit zwei Betten. Mrs. Dunlop mochte die jungen Männer und sie mochten ihre Vermieterin.

Julius arbeitete zunächst als Trainee bei The Bridge Chair Frame Makers, einer Holzverarbeitungsfirma. Nach zwei Monaten wurde er wegen Arbeitsmangel entlassen und schlug sich mit Gelegenheitsarbeiten durch.

22. August 1939
Endlich wieder Arbeit! Um 9 Uhr bei Frank – Saltmarket 67 angefangen.[42]
Es war ein „Second-Hand-Shop", aber oh G'tt, wie sah es dort aus – alles total verstaubt mit Spinnweben von den Decken hängend, vollgestopft mit alten, billigen kleinen Box-Cameras, Golfstöcken, Pots und Pans und Trödel aller Art. Der alte Mr. Frank dazwischen, klein, schmächtig, mit gr. Bogennase und einer groben Leinenschürze – eine Figur wie aus einem Charles-Dickens-Film.[43]

Julius sortierte fortan Golfschläger und staunte darüber, dass es davon unendlich viele Varianten gab. Er hatte noch nie im Leben einen Golfplatz betreten, geschweige denn selbst Golf gespielt, wurde aber zum Experten für gebrochene Schläger und abgenutzte Griffe. Er selbst fand es zum Lachen. Seine andere Spezialität war das Reparieren von Kameras, indem er aus drei kaputten wieder eine brauchbare machte. Mr. Frank war so beeindruckt, dass Julius sich ein paar zusätzliche Schillinge mit dem Verkauf seiner Scherenschnitte verdienen durfte.

Auch ein defektes Radio, das Mr. Frank ihm schenkte, reparierte er. Seit dem 1. September 1939 hing er in jeder freien Minute vor diesem Apparat.

An Wochenenden besserte er sein mageres Gehalt durch kleine Aushilfsjobs aus. Er half wohlhabenden Emigrantenfamilien, in ihren Wohnungen die Fenstervorhänge und Gardinen anzubringen, das hatte er schließlich in Sehnde gelernt. Und er arbeitete samstags regelmäßig als Gärtner, pflegte schottische Rasen und Rosen, jätete Unkraut und führte einen vergeblichen Kampf gegen die unterirdische Tyrannei des pigweed, des Schweinekrauts, dieses auch auf der britischen Insel weit verbreiteten Gärtnerschrecks, das dem in Deutschland berüchtigten Giersch verdächtig nahekam.

Doch Deutschland hatte es jetzt mit etwas anderem zu tun.

Am Sonntag, dem 3. September, wurde die berühmte Rundfunkansprache von Premierminister Chamberlain gesendet. England und Frankreich hatten Hitler das Ultimatum gestellt, sofort die Kampfhandlungen gegen Polen einzustellen.

So steht es auch in der von Julius aufbewahrten Zeitungsnotiz: „Mr. Chamberlin, Broadcasting von 10 Downing Street to the nation, said – […] I have to tell you now, that no such undertaking has been received and consequently, this country is at war with Germany."[44]

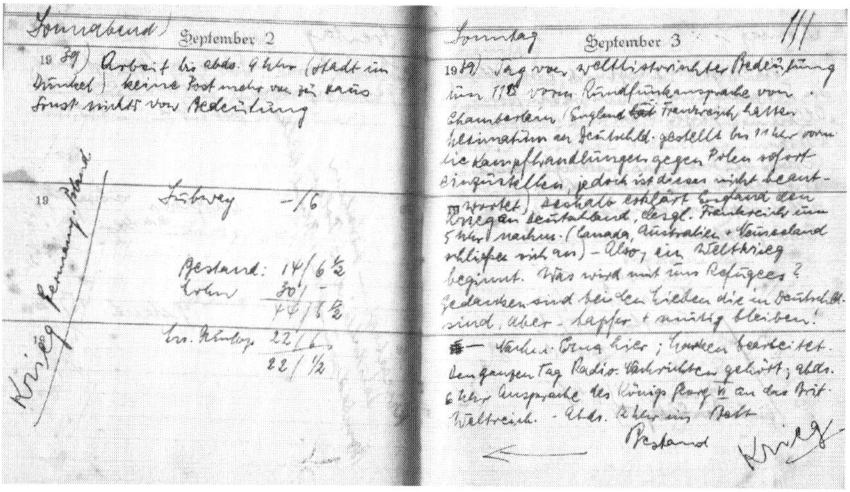

Auszug aus dem Tagebuch von Julius Brumsack vom 3. September 1939

Julius schrieb am Ende dieses Tages: „Also, ein Weltkrieg beginnt. Was wird mit uns Refugees? Gedanken sind bei den Lieben die in Deutschld. sind, aber tapfer + mutig bleiben!“[45]

Am 10. November 1939 notierte er in sein Tagebuch, quer über die ganze Seite geschrieben:

> Krieg! Trauriger Gedenktag, ein Jahr seit den Judenpogromen in Nazi-Germany vergangen, ein Tag, der gerächt werden muss – und jetzt wird! Auch von Zuhause bekam ich noch eine Postkarte von den Lieben, am 26. August 1939 in Wesermünde abgestempelt, mit herzlichen Grüßen von der geliebten Mama, Grete, Hans Leo und Siegmund – es war die letzte Nachricht, muß weinen, wenn ich daran zurückdenke.[46]

Es gibt eine weitere Karte aus Sehnde, datiert vom 26. Mai 1939, dem siebzigsten Geburtstag von Tante Paula. Es war der Dank für die Geburtstagsgrüße und das von ihm verfasste Gedicht, darauf in winziger Schrift die Namen der Gäste mit ihren Unterschriften, sie alle richten ihre guten Wünsche an Julius.

Im Online-Gedenkbuch des Bundesarchivs für die Opfer der nationalsozialistischen Judenverfolgung findet man sie alle, die gesamte Geburtstagsgesellschaft, vollständig versammelt, ihre Geburtsdaten, ihre Wohnorte, die Orte und der Zeitpunkt ihrer Ermordung: Tante Paula, Tante Else, Tante Ella, Hans Leo, Onkel Salli, Onkel Louis, Onkel Moritz, Paula Weiler, Siegfried Rose, Günther Brumsack – Minsk,

Treblinka, Riga, Theresienstadt, Izbica. Und natürlich die Mutter, die Schwester.[47]

Einen Monat vor Kriegsbeginn kam Annelise in England an. Durch die Vermittlung einer jüdischen Hilfsorganisation erhielt sie eine Stelle als Hausangestellte bei Anita McLaughlin, der Besitzerin eines Antiquitätengeschäfts in Scone, einem kleinen Ort in der Nähe der schottischen Stadt Perth, anderthalb Zugstunden von Glasgow entfernt. Anita hatte sie aus einer Kartei von fast 1000 Fotos „reichsflüchtiger Jüdinnen" ausgewählt. Es wurde eine Freundschaft für ein ganzes Leben.

Und Julius fand eine neue Liebe, Hanna Riesenfeld hieß sie, er hatte sie im jüdischen Klubhaus kennengelernt. Sie habe ihn schlagartig den Kopf verdreht, von einer Sekunde zur anderen, sagte er.

Ja, hübsch sei sie gewesen. Aber genau könne er sich nicht mehr erinnern, größer als er auf jeden Fall, sehr schlank, üppiges dunkles Haar, die Männer hätten sich nach ihr umgedreht. Aber sie sei vor allem eins gewesen: lebensdurstig, von unzerstörbarem Optimismus. Sie habe ihn aus der Dunkelkammer gezerrt, zurück ins Leben, in Cafés, in Pubs, sogar Theaterkarten habe sie für beide organisiert. Auch sie war geflüchtet, hatte ihre Eltern zurücklassen müssen.

Und Erna? Sie fand ihren Trost bei Artur.

Manchmal in der Nacht, wenn ihm Heimweh und Einsamkeit den Schlaf raubten, stand Julius auf und bastelte an seinen Scherenschnitten herum. Und schrieb gegen das Dunkel an, trotzte so dem Schweigen seiner Liebsten, verfasste sehnsuchtsvolle Briefe nach Hause, auf die es vermutlich keine Antworten geben würde.

Oder er träumte sich in seine Kindheit zurück, malte sie in den leuchtendsten Farben und ermahnte sich immer wieder, doch glücklich und dankbar zu sein.

Er träumte von seiner unbeschwerten und fröhlichen Kindheit mit der Mutter, der fünf Jahre älteren Schwester, von dem strengen Onkel Siegmund und der verschrobenen Tante Rosa, die alle Kinder, auch die in der Nachbarschaft, mit ihren selbstgestrickten Kniestrümpfen versorgte. Aber diese waren so kratzig, dass sie heimlich ihre Kinderbeinchen mit Zeitungspapier umwickelten. Wie er und Hans Leo es geliebt hatten, sie müssen zwischen zwölf und vierzehn Jahre alt gewesen sein, Onkel Siegmund auf die Dörfer zu den Bauern zu begleiten, um Vieh zu kaufen. Und wie sie mit Onkel Arnold in dem von zwei Pferden gezogenen Kutschwagen die vorbestellten Fleisch- und Wurstwaren in den Haushalten der Nachbardörfer ablieferten. Wie gern er ihnen zuhörte, wenn sie miteinander Platt schnackten.

Aber dass diese Idylle sehr bald Risse bekam, dass sie schon bald zerbrechen sollte, blendete er in seinen Träumen gänzlich aus. Der Wecker klingelte ihn jeden Morgen um Punkt halb sieben in die öde schottische Realität zurück.

Seit Kriegsbeginn wurden alle in Großbritannien lebenden Deutschen und Österreicher zunächst zu enemy aliens, zu feindlichen Ausländern erklärt. Die Stimmung in der britischen Bevölkerung war gekippt, die Flüchtlinge aus Deutschland und Österreich hatte man zwar aufgenommen, aber jetzt wollte man sie schnell wieder loswerden.

Und es bedeutete Restriktionen. Julius durfte als *enemy alien* fortan nur mit Genehmigung reisen, ebenso seine Wohnadresse nur mit Erlaubnis der Polizei wechseln, Autos, Kameras und certain articles waren untersagt. Ein Fahrzeug besaß er nicht, das Verbot von Kameras ignorierte er.[48]

Auch Julius erhielt die Vorladung vor das aliens tribunal,[49] das die Loyalität der Flüchtlinge anhand von drei Kategorien beurteilte. Was würde er ab jetzt sein? Ein *enemy alien*, ein feindlicher Ausländer? Oder ein *friendly enemy alien*, also ein freundlich-feindlicher Ausländer? Wobei er sich fragte, wie man beides gleichzeitig sein konnte. Oder doch ein friendly alien? Ihm schwirrte der Kopf.

Er wurde ausführlich befragt, auch Mrs. Dunlop musste Auskunft über seine Person geben und erklärte, dass sie eine very high opinion von ihm habe.[50] Julius wie auch Artur wurden in die Kategorie C eingestuft: *friendly alien*. Das bedeutete, zumindest vorerst nicht in ein Internierungslager verschickt zu werden, auf die Isle of Man, nach Kanada, Australien oder sonst wohin. Davon hatte er nichts Gutes gehört.[51]

In der Zeit zwischen der Kriegserklärung und dem tatsächlichen Kriegsausbruch waren es nur knapp 600 deutsche und österreichische Flüchtlinge gewesen, die man auf der Isle of Man interniert hatte, allen anderen hatte man ihre Loyalität zum Gastland bescheinigt.

Aber als dann später, im Frühjahr 1940 die Invasion drohte, sollte sich das Blatt wenden, Churchill brauchte gute Nachrichten, suchte nach einem Stimmungsaufheller für die deprimierte Bevölkerung. Somit erklärte man alle Deutschen und Österreicher, ungeachtet dessen, ob sie Juden und Gegner des Nazi-Regimes oder in England lebende Deutsche waren, zu einem Sicherheitsrisiko und startete den general roundup. Es klingt nach Unkrautvernichtungsmittel und bedeutete so viel wie „einfangen, zusammentreiben“.

Sie waren unerwünscht, bestenfalls geduldet, man zweifelte an ihrer Loyalität, sah in ihnen potenzielle Spione, Feinde Englands, trotz der Tribunale, durch die fast alle Flüchtlinge hindurchmussten.

Die Antwort auf die Frage „Was wird mit uns *refugees*?“ kam ein paar Wochen später mit der Post.

> Am 30. November 1939 erhalten Artur und ich vom Committee einen für uns wichtigen Brief, worin man uns mitteilt, wir sollten uns „freiwillig“ zur britischen Armee melden, um als Betroffene gegen Hitler-Deutschland zu kämpfen.[52]

Julius hatte jetzt die Wahl zwischen Pest und Cholera, entweder Internierung auf der Isle of Man oder, noch schlimmer, Deportation nach Übersee – oder Eintritt in die Armee. Er entschied sich für Letzteres.

So schrieb er am 14. Februar 1940:

> Zur Armee, abends 9.30 Uhr ab Central Station. Schwerer Tag, schwerer Abschied. Gottvertrauen und Hoffnung, nicht verzagen![53]

Julius wurde dem Kitchener Camp for Refugees in Sandwich in Kent zugewiesen, dort gehörte er der von Lord Kitchener gegründeten Brigade jüdischer Flüchtlinge an, dem Auxiliary Military Pioneer Corps (AMPC)[54], einer Hilfsarmee, die für Logistik und Nachschub zuständig war.[55]

5 Kitchener Camp

Natürlich hatte Julius keinen blassen Schimmer davon gehabt, wo sich dieses Kitchener Camp, wo sich Sandwich überhaupt befand. Ja, irgendwo an der Südostküste Englands, in der Grafschaft Kent, das wusste er. Und dass hier um 1760 die wichtigste kulinarische Erfindung Englands gemacht worden sei, das Sandwich, so erzählt die Legende, von einem gewissen John Montagu, dem 4. Earl of Sandwich: *meat between two slices of toasted bread*, den Doppeldecker aus zwei Brotscheiben also.

Das seit dem Ende des Ersten Weltkriegs verlassene Armeelager war im Februar 1939 vom Central British Fund for German Jewry, einer jüdischen Hilfsorganisation, übernommen worden. Es musste bereits anderthalb Jahre später, im Juni 1940, in aller Eile wieder geschlossen werden. Die Engländer befürchteten die Bombardierung des Camps durch die Deutschen. So viele Juden auf einen Streich, so nahe am Ärmelkanal, sie wären des Teufels fetteste Beute gewesen.

Viele aus Deutschland geflohene Juden waren den deutschen Konzentrationslagern entkommen, sie kamen auf direktem Wege aus Buchenwald, Dachau und Sachsenhausen, um jetzt auf der Isle of Man oder in anderen Internierungslagern zu landen. Der Anblick von Stacheldrahtzäunen und Wachposten war daher nichts Ungewohntes für sie. Jedoch waren die britischen Internierungslager bald überfüllt und man fand Alternativen, das waren die Deportationen nach Australien, Kanada, Neufundland oder Indien. Etliche Menschen kamen erst gar nicht an und ertranken durch die Torpedierungen der deutschen U-Boote im Meer.

Das Kitchener Camp[56] war ursprünglich als Durchgangslager gedacht, es sollte nur ein temporärer Unterschlupf sein, nach spätestens einem Jahr mussten die Flüchtlinge ein anderes Aufnahmeland gefunden haben. Mit dem Eintritt Englands in den Krieg wurde das Kitchener Camp gleichzeitig ein Trainingslager. Sechs Kompanien, bestehend aus jeweils 300 Mann, wurden hier ausgebildet, fünf davon sollten wenig später in den Krieg nach Frankreich ziehen. Die sechste musste im Camp zurückbleiben, sie waren von den german measles, den Röteln, heimgesucht worden.

Julius gehörte zu den ersten, die hier in Theorie und Praxis das lernten, was später ihre Aufgaben im AMPC waren: Gräben ausheben,

Drainagen legen, Wasserleitungen und Stromversorgung installieren, Straßen ausbauen, Mauern hochziehen, Sandsäcke füllen.

Die Flüchtlinge aus Deutschland und Österreich, so erzählte Julius, seien vorwiegend junge Männer gewesen, unter ihnen nur ein paar wenige ältere. Der allererste Flüchtling, der ins Camp kam, stellte das Welcome Refugees Committee allerdings vor ein unerwartetes Problem. Er hieß Adolf. Aber man wusste damit kreativ umzugehen und gab ihm den Ersatznamen „Refugee Number one".[57]

Im Kitchener Camp gab es nur zu Beginn wenige Frauen. Die meisten weiblichen Flüchtlinge arbeiteten nach ihrer Ankunft in England zunächst als Haushaltshilfen und Kindermädchen, für Kost und Logis und oftmals ein geringes Taschengeld. Doch später gab es auch Alternativen. In speziellen Frauen-Organisationen der britischen Armee, wie dem Auxiliary Territorial Service (ATS), konnten sie als volunteers arbeiten und wurden als Köchinnen, Serviererinnen, Sekretärinnen, Übersetzerinnen, Telefonistinnen, Funkerinnen oder Krankenpflegerinnen eingesetzt.

So wie Annelise. Sie war, nach mehreren Monaten der Internierung auf der Isle of Man, inzwischen ebenfalls in die britische Armee eingetreten und arbeitete im Women's Corps des ATS als Schreibkraft. Dort lernte sie durch Julius ihren zukünftigen Mann kennen: Martin Seelig aus Berlin, ein jüdischer Flüchtling und Koch im Kitchener Camp, der sich später Martin Stone nannte. Onkel Martin, dessen Schwester Frieda die Nazizeit im Verschlag eines Gartenhauses überlebt hatte. Als die beiden 1941 heirateten, wurde Anita McLaughlin, Annelises Lebensretterin, ihre Trauzeugin.

Auch Hanna war inzwischen als Krankenpflegerin in die Armee eingetreten, und ebenso Erna, die in ihrem vorherigen Beruf als Telefonistin weiterarbeiten konnte. Manche, für die man keine Verwendung fand, landeten wie die Männer in Internierungslagern.

Julius erwartete nicht viel von seiner neuen Unterkunft, er wollte nicht ein zweites Mal enttäuscht werden. Und er sollte recht behalten.

Es waren 42 endlos lange und schmale Hütten, in denen die Flüchtlinge untergebracht waren, in jeder Hütte gab es 84 Hochbetten, 42 auf jeder Seite, links und rechts entlang der Wände aufgereiht, ein einziges riesiges Bettenlager, dazwischen ein sehr schmaler Gang, gerade breit genug, um in das eigene Bett klettern zu können. Ein bisschen wie in einer Jugendherberge, erzählte Julius einmal, aber die Bettwäsche sei schön gewesen, die Kissen grau-weiß gestreift, die Bettlaken und -bezüge hellgrau, die Wolldecken jedoch viel zu dünn für die Jahreszeit. Nein, eine Privatsphäre habe es nicht gegeben, wie hätte es auch anders sein können? 84 Männer in einem Raum, die schnarchten, niesten, husteten und sonstige Körpergeräusche und -ausdünstungen von sich gaben. Unter ihnen nicht wenige, die traumatisiert waren, die nachts von Albträumen heimgesucht wurden.

Als er dort im Februar 1940 ankam, befand sich das Camp nicht mehr im Zustand des Provisoriums.[58] Man hatte die alten Hütten instandgesetzt, mit Hilfe der Neuankömmlinge inzwischen weitere errichtet. Alles war in Eile geschehen, man sah es ihnen an. Im Herbst 1939 war die Zahl der Flüchtlinge rasant angestiegen.

Der Winter 1939/40 war kalt und feucht, die Wasserleitungen häufig eingefroren, zum Waschen schmolz man den Schnee auf den wenigen Öfen. Als schließlich das Tauwetter kam, war es nicht besser. Die Männer wateten durch den tiefen Schlamm. Am 27. Februar 1940 vermerkte Julius in seinem Tagebuch:

> Aber ich will mich nicht beklagen! Sollte ich doch dankbar sein, dem Nazi-Deutschland entflohen zu sein.[59]

Zu Beginn gab es weder Straßen noch Wege, erst nach und nach wurden sie von den Flüchtlingen gebaut.

Jeden Tag schwere körperliche Arbeit von morgens bis zum Sonnenuntergang. Nur sonntags war Ruhetag. Oder samstags. Sie konnten wählen, je nachdem, ob sie orthodoxe, liberale oder säkuläre Juden waren. Julius war es egal. Seinen freien Tag richtete er nach dem Angebot des Kinoprogramms aus.

> Drill as usual, hardworking, breakfast of tea or coffee, porridge, lunch of potatoes, vegetables and meat (sometimes), supper of bread, margarine and egg, in the evening obligatory English lessons.[60]

Am Samstag war pay parade, Zahltag, für die Flüchtlinge gab es ein Taschengeld von sechs Pence pro Woche und zwei Briefmarken, als pioneer soldier erhielt Julius später einen Soldatensold von zwei Shilling pro Tag. Als er im März 1940 seine Freundin Hanna heiratete, gab es zwei Tage Urlaub und eine Gehaltserhöhung, Artur und Annelise wurden Trauzeugen. Ab November 1941, nachdem ihr Sohn Leslie geboren war, erhielt er zusätzlich 17 Shilling pro Woche Familienzuschlag.

Die Protokollierung seiner Einnahmen und Ausgaben, in akribischer Kaufmannsmanier aufgelistet, zieht sich wie ein roter Faden durch Julius' Tagebücher. Ebenso die regelmäßigen Eintragungen über

Briefe von Hanni und Annelise, manchmal auch von Mr. Watson, Mr. Morrison und Mr. Frank, dem Besitzer des Second-Hand-Shops über Päckchen mit biscuits, chocolate, tea, socks, writing paper.

Und der Satz, der inzwischen immer seltener auftauchte: „No letter from home." Er hoffte noch immer, obwohl er längst wusste, dass es vergeblich war.

Das Schlangestehen am Schalter des Camp Post Office war ein Höhepunkt am Feierabend. Danach, wenn sie in ihre Hütten zurückkehrten, war die Stimmung eine andere. Man konnte in ihren Gesichtern lesen, ob sie mit guten, schlechten oder gar keinen Nachrichten zurückkamen.

Es gibt ein Foto vom Kitchener Camp, das eine Gruppe junger Männer an einem langen Tisch zeigt, jeder hat ein Blatt Papier vor sich liegen und schreibt. Sie waren verbunden durch ihre wiedergewonnene Freiheit und ihre Verfolgungsgeschichten. In ihren Grundmustern waren diese alle gleich, sie unterschieden sich nur in dem Grad dessen, was sie erlitten hatten, durch das Ausmaß ihres Glücks und Unglücks, ihrer Gewissheiten und Ungewissheiten, ihrer Angst um die Angehörigen.

Das Kitchener Camp lag gegenüber vom Stonar Lake, nicht weit vom kleinen Richborough Port, weniger als eine Meile von Sandwich entfernt. Um in die Stadt zu gelangen, mussten sie die Toll Bridge überqueren, über den Fluss Stour, der sich in großen Schleifen durch eine wenig besiedelte Landschaft mit Wiesen, Äckern und Wäldchen in Richtung Richborough Port windet.

Auch das Kitchener Camp war von Stacheldrahtzäunen umgeben, aber es war kein Internierungslager, samstags oder sonntags hätten sie, so erzählte Julius, in die Stadt gehen dürfen, auch abends bis 22 Uhr, immer nur in kleinen Gruppen und mit Passierschein. In den Jahren 1939/40 waren 4000 Flüchtlinge in dem Lager untergekommen, ungefähr genauso viele Menschen, wie der Ort Sandwich damals an Einwohnern hatte.[61]

Sie saßen oftmals unten am Fluss oder flanierten durch die Straßen. Sie galten als schüchterne und höfliche Männer, die sich in ihrem schweren Schuhwerk fast lautlos durch die Gassen des Städtchens bewegten.

Manchmal wurden die Flüchtlinge von den *Sandwich people* ins Pub oder nach Hause eingeladen. Auch *love stories* gab es. Sie hatten sogar ein Camp-Orchester und eine Theatergruppe organisiert, zu den

Veranstaltungen wurde einmal im Monat die Bevölkerung eingeladen. Es gab regelmäßig Filmvorführungen, auch eine eigene Zeitung, die *Kitchener Camp Review*. Und natürlich eine Fußballmannschaft. Die Deutschen gegen die Österreicher. Oder die Deutschen und die Österreicher gemeinsam gegen die *locals*. Nein, das Kitchener Camp war kein Ghetto, eher eine Kleinstadt mit einer selbst verwalteten Infrastruktur, mit Krankenstationen, Zahnärzten, Schneidereien, Geschäften, einer Bücherei, sogar zwei Synagogen.

Die meisten *Sandwich people* waren freundlich. Dass nicht alle gut waren und nicht alles gut war, davon hatte Julius nicht erzählt. Ob er es nicht gewusst hatte, oder einfach vergessen, aus dem Gedächtnis getilgt, seine Erinnerungen schöngefärbt, um Raum zu schaffen für die Verklärung, für die Dankbarkeit über die Rettung?

Auch Juden waren in Sandwich nicht überall willkommen. Die Vorstellungen über sie setzten sich aus Gerüchten zusammen. Und dennoch waren die Einwohner angenehm überrascht, wie nett sie doch waren. „Pleasantly surprised, to find Jews so ‚affable and polite'."[62]

Die einheimischen Nazis in Sandwich hießen Blackshirts, sie waren Mitglieder der British Union of Fascists (BUF) und Anhänger der Politik Mussolinis, prodeutsch, nationalsozialistisch und antisemitisch, ihre Hymne klang wie das Horst-Wessel-Lied. Sie gehörten vorwiegend der lokalen upper class an, die Freizeit verbrachten sie im Royal St. George's Golf Club beim Sandwich Bay Estate, nicht weit vom Kitchener Camp entfernt. Von ihren Villen und Ferienhäusern mit Blick auf die Bucht von Sandwich konnten sie in der Ferne das Camp erkennen.

„The Jews" waren das Thema auf Cocktailpartys in Sandwich. Da man nichts Schlechtes über sie gehört hatte, ließ man sich allerhand einfallen, um das zu ändern. Man verbreitete Lügen über Diebstähle und sexuelle Belästigungen, verfasste antisemitische Leserbriefe und versuchte sie – jedoch vergeblich – in der lokalen Presse zu veröffentlichen: „Sex-starved they may be, but it is not for British womanhood to appease their appetites."[63]

Eine Gruppe von Blackshirts stellte sich demonstrativ in ihren schwarzen Uniformen und rot-weiß-blauer Fahne vor das Camp. Trotz aller Anstrengungen stießen die Intrigen und Einschüchterungen der Antisemiten auf taube Ohren bei den Bürgern von Sandwich und endeten schließlich im Nichts.[64]

Die BUF wurde im Mai 1940 verboten.

Es existiert ein Gruppenfoto der Hütte 36 des Kitchener Camp vom März 1940. Julius steht am äußeren Rand des Bildes, oben links, in der letzten Reihe, er hat seine ovale Armeemütze, wie alle anderen Kameraden, schräg über die linke Stirnhälfte gezogen. Das Schwarz-Weiß-Foto ist grobkörnig, aber man erahnt das Korpsabzeichen am unteren Rand der Mütze, es war rot-grün, ein Emblem aus Picke und Spaten, überkreuz, darüber die königliche Krone, in der Mitte ein Lorbeerkranz, darunter der Spruch „Labor omnia vincit" – Arbeit besiegt alles. „Was für ein makabrer Spruch", würde Julius später sagen. Von Auschwitz hatte er damals noch nichts gehört.

Die Uniform sieht schlicht aus, ein khakifarbener Overall mit vielen aufgesetzten Taschen. Julius ist ein schmächtiger junger Mann, 163 cm groß, Gewicht 110 Pfund, so steht es in seinem Armeeausweis. Große, tiefliegende Augen, spitzes Kinn und scharfkantige Wangen, ein mattes, angestrengtes Cheese-Lächeln im Gesicht, die linke Hand auf die Schulter seines Kameraden gelegt.[65]

In der Mitte sitzt ein breitschultriger Soldat, nicht mehr ganz jung, lachend, selbstbewusst, es muss der Sergeant sein; er trägt eine Soldatenmütze mit breitem Schirm, sie ist überdimensioniert und be-

Gruppenfoto der 3. Sektion des 88. Pioneer Corps (Baracke 36) während der Ausbildung im Kitchener Camp vor der Einschiffung nach Frankreich (1940)

deckt seinen Kopf fast vollständig, auf beiden Ärmeln befinden sich drei Streifen.

Die Soldaten in der vorderen ersten Reihe stehen nicht aufrecht, sondern sitzen, ein paar im Schneidersitz, andere fläzen sich halb liegend, einer raucht Pfeife. Eine ungezwungene Ansammlung fröhlicher junger Männer, wie auf einem Erinnerungsfoto von einer Klassenfahrt. Darunter steht: „3. Sektion, 88. Pioneer-Kompanie vor der Einschiffung nach Frankreich 1940." Im Hintergrund die Baracken des Kitchener Camps.

Im Moment dieser Aufnahme musste er also bereits gewusst haben, was ihm bevorstand. Die tägliche körperliche Arbeit bei Feuchtigkeit und Kälte hatte ihm schwer zugesetzt, aber noch mehr das Gerücht über einen drohenden Kriegseinsatz, das seit Wochen wie eine hartnäckige Magen- und Darmgrippe im Umlauf gewesen war. Er war süchtig nach Radiomeldungen und Zeitungsnachrichten, verfolgte täglich alle Kriegsoperationen der deutschen Armee. In seinem Tagebuch hatte er die Meldungen häufig wie ein Banner quer über die Seite geschrieben, jeweils dick unterstrichen und mit Ausrufezeichen versehen.

> 9th April: Germany invades Denmark and Norway!! 10th May: Germany invades Holland, Belgium, Luxembourg, the Allies go to help!! 10th June: Italy declares war! 13th June: Germans in Paris![66]

Der Frühling kam, der Schnee war geschmolzen und damit Julius' Hoffnung, die Kriegsvorbereitungen seien nichts anderes als ein paar unschuldige Kinderspiele für den nicht anzunehmenden Ernstfall gewesen.

Mehr als 45 Jahre später, es muss Mitte der achtziger Jahre gewesen sein, ein paar Jahre vor Annelises Tod, würde er noch einmal nach Sandwich zurückkehren. Er war damals, entgegen seiner Gewohnheit, mit dem Auto nach London gefahren, hatte die Fähre von Calais nach Dover genommen. Es war kein Zufall, es war Absicht gewesen, Sandwich lag nicht auf seiner direkten Reiseroute, ein letztes Mal wollte er den Ort aufsuchen.

Zielsicher steuerte er auf das Zentrum des Städtchens zu. Das Rathaus, die Guildhall, ein im 16. Jahrhundert erbautes Prunkstück aus Fachwerk und Ziegeln, die innerhalb der alten Stadtmauer gepflegten mittelalterlichen Häuser, die sich entlang der schmalen Straßen und Gassen schlängelten – es kam ihm vor, als habe sich kaum etwas verändert, ein paar ganz wenige, ihm fremd erscheinende Gebäude waren hinzugekommen, aber im Kern war es noch immer das alte Sandwich, das Sandwich seiner Erinnerung, nur war es jetzt hübscher, die Häuser größtenteils frisch gestrichen, schwarz-weißes, gepflegtes Fachwerk im Tudor-Stil, im Kontrast dazu die roten Dächer mit ihren flachen Ziegeln.

Er flanierte in Richtung Flussufer und passierte den einzigen noch erhaltenen mittelalterlichen Torbogen der Stadt: The Barbican.

> This plaque is to commemorate the RICHBOOROUGH TRANSIT CAMP 1939–1940 where 5.000 men found refuge from Nazi persecution on the Continent during the Second World War, most of them volunteered to fight for the Allied cause. Erected in gratitude to the citizens of Sandwich and East Kent who, as in the past, welcomed the refugees.[67]

So stand es auf einer Messingtafel an der Mauer, die die Association of Jewish Refugees of Great Britain im Jahre 1971 hatte installieren lassen. Dass diese „5.000 men“ allesamt Juden waren, davon erzählte die Inschrift nicht.

Er ging weiter in Richtung Sandwich Bay, am Ufer des Flüsschens Stour entlang. Wie oft hatte er davon erzählt, von seinen Erinnerungen an das Campleben. Von seinen Spaziergängen ans Meer.

Das Meer, er konnte es riechen, schmecken und hören, der Duft von angespültem Seetang, das Salz in der Luft, das ferne Rauschen beim Brechen der Wellen, ihren ewigen Rhythmus von Kommen und Gehen, wenn die Wellen an den Strand schlugen. Wie damals. Das Camp lag nur einen Spaziergang davon entfernt.

Hier irgendwo am Strand, irgendwo auf diesem Steinteppich inmitten von Millionen und Abermillionen dieser braunen und grauen Kieselsteine hatte er damals auf einem seiner Spaziergänge das Schneckengehäuse gefunden. Er fragte sich, wie er es geschafft hatte, es durch den ganzen Krieg zu retten, bis nach Beverstedt. Jetzt lag es in einem Regal seines Büros.

Das ehemalige Lager befand sich direkt an der Straße nach Richborough, der Ramsgate Road, die an der Toll Bridge über die Stour begann. Er suchte die Hütten des Kitchener Camp vergeblich, aus dem Gelände war ein Industriegebiet geworden. Aber die Ruine des ehemaligen Offizierskasinos auf der rechten Straßenseite erkannte er sofort. Sie war auf drei Seiten von einem mehrere Meter hohen Bauzaun umgeben. Durch das Dickicht aus körperhohem Gras und Gestrüpp schimmerten die schwachen Umrisse eines lang gestreckten, nur wenige Meter hohen und verfallenen Betonsteinhauses mit einem teerpappegedeckten Dach, das, wo noch vorhanden, von Moos und Flechten bedeckt war. In der Mitte des Bauzaunes unübersehbar das Schild „Do not enter“.

Er betrat dennoch das Gelände. An der linken Seite fand er eine schmale Lücke. Er zwängte sich hindurch. Eine merkwürdige Beklemmung erfasste ihn, als er sich durch das unwegsame Gestrüpp und trockene Holz, durch den Urwald aus Büschen und Sträuchern, kleinen und größeren Bäumen schlug. Schon längst hatte die Natur breite Flächen der Baracke zurückerobert. Die ausladenden Zweige eines wild wuchernden Ahornbaums breiteten ihren grünen Schutzschild über das löchrige Dach. Die Eingangstür oder, besser gesagt, das, was von ihr übriggeblieben war, ein von Efeu umschlungenes Holzskelett, stand offen.

Er betrat einen großen Raum, die Bohlen des Holzfußbodens waren größtenteils nicht mehr vorhanden, die Zeit hatte sie längst kompostiert, aber das Betonfundament, auf dem die Bohlen gelegen hatten, war fast vollkommen intakt. Im hinteren Teil wuchs eine schmale Linde durch die Öffnung des Daches in den Himmel. Von den Rahmen der Sprossentüren und -fenster bröckelte schmutzige Farbe ab, sie war einmal weiß gewesen. Der zusammengeschnurrte rotbraune Lack hatte bizarre Muster in die Oberflächen der Wände geritzt. An der Stirnseite stand ein großer Kamin, eingerahmt von weißen rissigen Fliesen, darüber Einbauschränke mit herausgerissenen Türen, auf der anderen Seite die Reste einer Tapete mit Blumenmuster, verblichene gelb-orangene Blüten. Dahinter ein weiterer kleiner Raum, auch hier in der hinteren Ecke eine große Fliesenfläche.

Das Gebäude diente als Aufenthaltsraum für die Leiter des Trainings- und Ausbildungszentrums: Oberfeldwebel, Feldwebel, Offiziere, Sergeants, Quartiermeister. Er hatte es nur ein- oder zweimal betreten dürfen. Dort hinten in der Ecke befand sich damals das Sofa, mehrere Sessel, das Rauchertischchen, links davon der lange Esstisch mit den Stühlen.

Er zwängte sich durch eine Öffnung in den benachbarten Raum, vorsichtig balancierte er über die Betonpfeiler des Fundaments.

Es war zunächst nur der Griff, den er erblickte, aber innerhalb des Bruchteils einer Sekunde erkannte er, was er dort gefunden hatte. Einen Spaten, genauer gesagt, einen Armeespaten, er lag versteckt unter dem löchrigen Fußboden, verrostet, die Schaufel von einer Betonkruste bedeckt, aber ansonsten vollkommen intakt, sehr lang und sehr schwer, mindestens vier Kilo. Der eiserne Stiel endete oben in einer Gabel mit eingelassenem Holzgriff. Am unteren Ende des Stiels, knapp über dem Spatenblatt, die Gravur: „Elwell British Army Military."

Der Spaten, später war es ein Klappspaten mit integrierter Spitzhacke, der ständige Begleiter seiner langen Kriegsjahre. „Digging for victory", graben für den Sieg, so lautete der Slogan der *pioneer soldiers*.

Julius ließ sich auf einem der Betonblöcke nieder und schloss für einen Moment die Augen. Er wünschte, er könnte die Vergangenheit dieses Ortes wieder heraufbeschwören, könnte all das, was sich im Netz seiner Erinnerungen verhakt hatte, wieder entknoten. So viele Jahre waren seitdem vergangen. Hier, auf diesem Gelände, in einer der Baracken, die nur noch in seinen Erinnerungen existierten, hatte Julius von Februar 1940 bis Mai 1940 gelebt. Gemessen an den sieben Jahren in England war es nur eine kurze Zeit, aber es war seine beste gewesen, verglichen mit all den dunklen Jahren, die danach folgen sollten.

6 The King's Most Loyal Enemy Aliens

Man hatte Julius zu einem *friendly alien*, einem freundlichen Ausländer, erklärt, aber manchmal, angesichts der ihn umgebenden Stacheldrahtzäune, angesichts der patrouillierenden Wachposten, war sein Gefühl ein anderes. Er war und blieb ein Angehöriger eines Feindesstaates, ein Feindesausländer, es gab viele Begriffe für seinen Status. Er selbst verstand sich als Feind Hitlers und des Nationalsozialismus. Erst später, nach dem Krieg, nachdem mehr als zehntausend jüdische Flüchtlinge ihre Treue zu ihrem Gastland als Soldaten der britischen Armee unter Beweis gestellt und manche sie mit ihrem Leben bezahlt hatten, fand man eine andere – ironische – Bezeichnung für sie: The King's Most Loyal Enemy Aliens.[68]

Obwohl man ihm den Tod angedroht, ihn aus seiner Heimat vertrieben und zu einem Staatenlosen gemacht hatte, bezeichnete Julius sich selbst als Emigrant oder Auswanderer. Das deutsche Wort „Flüchtling" taucht in seinen Aufzeichnungen selten auf, manchmal spricht er von refugees.

Für Julius und seine Truppe folgten mehrere Tage intensiver Vorbereitung. Sie mussten unterschreiben, dass sie freiwillig in den Krieg ziehen würden, dass sie sich der Gefahren für sich und ihren in Deutschland zurückgebliebenen Familien bewusst seien,[69] sie mussten sich impfen lassen, Haare schneiden, Uniformen anpassen, Armeetaschen, kitbags, packen, den Ernstfall proben, schießen üben. Einige wenige Ältere kannten sich bereits mit dem Krieg aus, sie hatten als jüdische Frontsoldaten zwischen 1914 und 1918 für Deutschland gekämpft. Wie sein Vater.

Beim ersten Schuss, den Julius abfeuern musste, fiel ihm durch den Rückstoß das Gewehr aus der Hand. Oder durch den Schreck. Alle lachten, nur der Sergeant nicht. Die Übung für den Ernstfall dauerte nur kurz. Zum Abschluss hallte es wie ein Schlachtruf über die Köpfe der Soldaten: „Would you be able to kill Germans?" Alle nickten. Der Sergeant legte die rechte Hand über seine Ohrmuschel, als habe er ihre Antwort nicht richtig verstanden, und schrie nochmals, diesmal viel lauter: „Again! Would you be able to kill your bloody German fellows?" „Yes, we will!", erklang es aus dreißig Mündern, andächtig und asynchron, es hörte sich an wie das morgendliche Männergemurmel beim Schma-Israel-Gebet in der Zeltsynagoge auf dem Lagerplatz.

Danach mussten sie ihre Waffen wieder abliefern. Julius war froh darüber, andere waren enttäuscht, fühlten sich degradiert. Ein Soldat ohne Waffen. Wie lächerlich! Sollten sie sich mit Spaten und Picke gegen die Deutschen verteidigen?

Ein *dogsbody job*, so nannte es Julius. Soldaten zweiter oder dritter Klasse. Keine Einsätze unmittelbar an der Front, nur hinter den Linien. Keine Feindesberührung. So wurde es ihnen versprochen. Aber ihm war es nur recht. Sie taten all das, was für die Infrastruktur eines Krieges notwendig war, Gräben ziehen, Zelte und Feldbetten aufbauen, für den Nachschub sorgen, eine halbwegs funktionierende Feldküche errichten.

Die Briten zweifelten daran, ob das den Juden in Deutschland Widerfahrene ausreichen würde – ausreichen, um die Freiheit und Souveränität ihres Gastlandes zu verteidigen, um Rache und Vergeltung zu üben. Wie würde es sich anfühlen, den eigenen Landsleuten Auge in Auge gegenüberzustehen und den Abzug zu drücken? Womöglich einem Landsmann aus demselben Ort? Einem Nachbarn? Nein, das traute man ihnen nicht zu. Ja, sie waren Juden, aber gleichzeitig Deutsche. Deshalb gab man ihnen keine Waffen.

Ob er es denn getan hätte, fragten seine Kinder. Ja, sagte er dann, er hätte es getan. Um sein eigenes Leben zu retten. Und wenn er es damals schon gewusst hätte? Dass von den Seinen niemand mehr da sein würde, wenn er zurückkam? Ja, dann erst recht, antwortete Julius. Dann hätte er geschossen.

Am 25. April 1940 ging es „away from Camp 6 a.m. for somewhere in France", so steht es in seinem Tagebuch. Er und seine Kameraden wurden Teil der British Expeditionary Force.

Man verfrachtete sie per Bahn nach Southampton und per Schiff nach Le Havre, am Abend erreichten sie nach einem kurzen Fußmarsch Sainte-Adresse, eine Kleinstadt, direkt am Ärmelkanal gelegen, ungefähr vier Kilometer von Le Havre entfernt. Ein kleiner Ort, zum Verweilen schön. Wenn nicht gerade der Krieg im Anmarsch gewesen wäre.[70]

Hier, etwas außerhalb des Städtchens, sollte sich das Basislager befinden. Was sie vorfanden, waren zwei verlassene Nissenhütten, waagerecht halbierte überdimensionale Wellblechtonnen, ansonsten gab es keinerlei Infrastruktur. Diese mussten sie erst noch schaffen, aber die versprochenen LKW mit den Baumaterialien zur Errichtung des Lagers trafen nicht ein, sie sollten erst am nächsten Abend kommen.

Das bedeutete Übernachten im Freien, kein Zelt, kein Dach über dem Kopf, nirgendwo Schutz.

Julius vor der Nissenhütte in Nordfrankreich (Frühjahr 1940)

Er zwang sich, die Beklommenheit wegzuträumen, Erinnerungen an frühere Tage abzurufen, an das jährliche Zelten am Wollingster See mit Hans Leo und Onkel Siegmund, an das glückselige Buddeln in der Sandgrube. Aber die schönen Bilder seiner Vergangenheit wollten sich nicht einstellen.

Nirgendwo gab es Schutz, kein Wäldchen, nur ein paar Büsche und Bäume, 600 Männer, die auf einem freien Feld hockten, den Bedrohungen aus dem Himmel wehrlos ausgeliefert. Wer vorausschauend gewesen war, hatte noch Restproviant vom Morgen, ein Wassertank wurde von einem französischen Bauern geliefert.

Als dieser im Begriff war, von seinem Traktorsitz abzusteigen, wich er ruckartig einen Schritt zurück, wollte sich wieder hinsetzen und den Rückwärtsgang einlegen. Hatte er richtig gehört und gesehen? Britische Soldaten, die Deutsch sprachen? Der Sergeant konnte kein Französisch, der Bauer kein Englisch, und die Worte des Sergeants – „Jews, they are Jews" –, verstanden seine normannischen Ohren nicht.

Schließlich rief der Sergeant: „Is there anybody here who speaks French?“ Es meldeten sich sogleich mehrere zum Dolmetschen, und der Bauer rief immer wieder: „Ah, je comprends maintenant. Des Juifs. Bon courage! Bon courage!“, und schlug sich dabei mit beiden Händen auf die Brust. Als wolle er sich selbst Glück wünschen. Nein, so viele Juden auf einem Haufen, das habe er noch nie gesehen.

Das Problem des Nachtlagers lösten „les Juifs“ nach Anweisungen des Sergeants auf praktische Weise. Jeder sollte sich seinen persönlichen Übernachtungsplatz suchen, eine Fläche ausheben, so lang, so breit und so tief wie die Ausmaße des eigenen Körpers. Wer dünn und kurz war wie Julius, war schnell mit dem Graben fertig. Die Dicken und Großen brauchten länger. Julius kam es vor, als würde er sein eigenes Grab schaufeln.

Er schlief nicht, er döste nicht einmal, er horchte die ganze Nacht auf das ferne Donnern der Artillerie der deutschen Verbände, das Getöse der Fluggeschwader, das Zischen und Explodieren der Granaten in der Ferne, der Himmel wie ein einziges feuerspeiendes Ungeheuer. Waren es herannahende oder abdrehende Motoren, waren es alliierte oder waren es deutsche Flugzeuge? Wie sollte er das unterscheiden? Was wusste er schon vom Krieg?

Was er sicher wusste: Er wollte überleben, weiterleben.

Nein, er begriff sich nicht als Teil einer höheren Ordnung, er spürte nicht das große Ganze, alles Heldische war ihm suspekt, er spürte nur eins, entsetzliche Verlassenheit. Sollte die Flucht vor den Nazis vergeblich gewesen sein, war sein Tod nur vertagt worden?

Jedes Rascheln im Gebüsch ließ ihm den Atem stocken. Angst. Panik. Herzrasen. Durchatmen in den seltenen Minuten der Stille, wenn die Ungetüme am Himmel eine Feuerpause machten. Er nutzte den kurzen Moment, um seine Notdurft zu verrichten, jagte in die Büsche, wie ein Haken schlagendes Häschen, und hetzte zurück in seine Grube.

Neben ihm, in der Nachbargruft, lag ein österreichischer Veteran. Peppi ließ sich nicht vom Donnerhall des Krieges einschüchtern. „Das ist in Le Havre, die Deutschen bombardieren den Hafen“, sagte er, „ist noch ein paar Kilometer entfernt. Schlaf jetzt, Julius, wirst deine Kräfte schon noch brauchen können.“

In dieser Nacht wurden sie nicht beschossen. Die Instandsetzung des Basislagers erfolgte am nächsten Tag, die Pioniere wurden täglich zum Löschen der ankommenden Transportschiffe im Hafen eingesetzt.

Sie sorgten für den Nachschub, für Waffen, Munition und Nahrungsmittel.

Zwei Wochen später wurde Julius krank, ein eitriges Geschwür auf dem Rücken, dazu hohes Fieber. Unfähig, seinen Dienst zu leisten, musste er ins Lazarett nach Harfleur gefahren werden. Man stülpte ihm ein mit Äther getränktes Tuch über die Nase und schnitt ihm den Furunkel auf. Drei Tage wurde er dort gepflegt, dann ging es zurück in das Lager, er bekam einen zweiten Furunkel, dieses Mal auf dem Bauch, noch größer, mit noch höherem Fieber, ihm war, als müsste er sterben. Wieder ins Lazarett. Wieder dieselbe Prozedur. Dieses Mal für eine ganze Woche. Danach wieder zurück ins Basislager, gerade noch rechtzeitig, um das größte militärische Desaster der Alliierten im Zweiten Weltkrieg miterleben zu müssen.

Ende Mai 1940 waren die deutschen Panzerverbände so weit in den Westen vorgedrungen, dass sie die British Expeditionary Force samt einigen Teilen der französischen Armee eingekesselt hatten. An den Stränden westlich und östlich von Dünkirchen waren mehr als 350 000 Mann der britischen Armee eingekesselt worden, darüber hinaus mehr als doppelt so viele französische und belgische Soldaten.

Der am 24. Mai erfolgte „Haltebefehl“ Hitlers verschaffte den Alliierten ein Zeitfenster, um Stellungen zu errichten. Es reichte aus, um eine beispiellose Rettungsaktion zu organisieren. Im Rahmen der Operation Dynamo wurden bis zum 4. Juni 338 000 alliierte Soldaten mit zivilen und militärischen Schiffen, mit Fischkuttern, Ausflugsbooten und Privatjachten über den Kanal gerettet. Aber das war nicht das Ende der Evakuierung.

Über 190 000 britische und alliierte Soldaten, die an die Küste Nordwestfrankreichs in die Enge getrieben worden waren, warteten noch immer in Cherbourg, Brest, Saint-Malo und anderen kleinen Häfen auf das Wunder ihrer Evakuierung. Auch Julius.

Für die Soldaten der Pioneer Corps, die bis zu diesem Zeitpunkt unbewaffnet gewesen waren, änderten sich jetzt schlagartig die Situation. Auf dem Marktplatz in Harfleur wurden ihnen eiligst Gewehre ausgehändigt, es erfolgte in allergrößter Hektik eine kurze Auffrischung ihrer jämmerlichen Waffenkenntnisse. Jeder zweite erhielt ein Gewehr, dazu fünf Schuss Munition.

Die Soldaten fühlten sich gedemütigt, waren empört. Hatte nur jedes zweite Leben einen Wert? Sollten sie sich ein Gewehr teilen? Sollte man abwechselnd schießen? „Nein“, war die Antwort. „Wir haben nicht mehr Waffen.“ Sie wollten es ihnen nicht recht glauben.

In Erwartung eines feindlichen Vorstoßes wurden sie vor Le Havre in Stellung gebracht, nach Tagen dann doch wieder abgezogen, auf LKW nach Saint-Malo verfrachtet, wo sie tagelang auf der Pferderennbahn ausharren mussten.

Am 14. Juni hatten die deutschen Panzerverbände Paris erobert, der Vormarsch der Deutschen war unaufhaltsam, nur eine Frage von Tagen.

Das Wunder kam schließlich am 15. Juni und ging als Operation Ariel in die Geschichte ein. Julius und seine Kameraden mussten ihr Gepäck zurücklassen, es galt einzig und allein, das Leben zu retten.

Einen Tag später schrieb Julius in sein Tagebuch:

Morning 5 a.m. arrival in Saint-Malo, marching to Transit Camp, many companies there (Other Alien AMPC), have to wait and leave our kitbags.

Terrible situation, Germans are marching on! At 7 1/2 p.m. marching to port and on the ship back to Britain.

During night very cold, no sleep, ship goes without convoy.[71]

So sollten wir quasi die Letzten sein, die mit einem kleinen Schiff Frankreich in Richtung England verließen. ... Nach der Hafenausfahrt gab es eine große Explosion im Hafen, da wurden die Hafen-Mole und -Schleuse gesprengt, noch von britischen Soldaten, die mit uns heimfuhren. Sie hatten vorher dort Zeitminen gelegt.[72]

17th June: Arrival Southampton at 6 a.m. There we heard that France gives up fighting![73]

Nein, keiner von ihnen hatte geschlafen, sie quälte nur eine einzige Frage: Wie würde man sie, die geschlagene Armee, auf der anderen Seite des Kanals empfangen? Mit Schmach und Schande?

Das Gegenteil war der Fall. Mit Pauken und Trompeten, Girlanden und viel Tamtam. Auf der Rückfahrt von Southampton nach London standen tausende Briten an der Bahnstrecke, schwenkten ihre Fahnen und jubelten ihnen zu. Julius war es peinlich, als Held gefeiert zu werden. Sie waren doch in allerletzter Minute geflohen!

Die Briten betrachteten sich als moralische Sieger, was zählte, war der Zusammenhalt in höchster Not, war die Rettung ihrer Soldaten. „Surviving is victory!“, hieß die Devise. „So etwas hätte es in Germany niemals gegeben!“, schrieb Julius in seinen Aufzeichnungen.[74]

Für die nächsten vier Jahre zogen sich die Briten vom Kontinent zurück und Julius wurde Handlungsreisender in Sachen Trümmerbeseitigung mit Hauptquartier in London. Er wohnte mit seinem Pioneer Corps in der Coburn Girl's School im East End, die Schülerinnen waren zuvor evakuiert worden. Am 7. September 1940 starteten die Deutschen ihre ersten Bombenangriffe auf London. *The Blitz*. Es gab keine Luftschutzbunker. Nur U-Bahn-Schächte. Allein in London starben durch Bombenangriffe und Brände mehr als 20 000 Menschen, weitere 23 000 in anderen britischen Städten. Für die *pioneers* waren keine U-Bahn-Schächte vorgesehen. Als Schlafsaal wurde ihnen die zweite Etage zugeteilt.

> Wir lagen dort nur mit Decken auf dem Fußboden, stets Gasmaske, Stahlhelm und das sonstige notwendige Equipment zur Seite. Wann immer die Sirenen ertönten, setzte ich mir den Helm auf.[75]

Das war jetzt sein Job: Nach Verschütteten suchen, Sanitätsdienste übernehmen, Bombenruinen wegräumen, vom Einsturz bedrohte Wände niederreißen, Gasversorgung und Stromnetz unterbrechen, Explosionen verhindern, Straßen wieder freilegen.

In der Nacht vom 7. auf den 8. September wurden in den Docks des East End, einem dicht besiedelten Arbeiterviertel, mehr als 400 Menschen getötet und rund 1500 verletzt. Julius war mit seiner Truppe unmittelbar nach dem Angriff gerufen worden, hatte zuvor tagelang nur mit offenen Augen geschlafen. Er war unaufmerksam und bemerkte nicht, dass er mit seiner Spitzhacke in ein Starkstromkabel schlug. Es gab eine gewaltige Stichflamme. Verletzt wurde niemand.

Häufig wurden sie erst zu ihrem Einsatz gerufen, wenn die Verletzten bereits geborgen und die Toten weggeräumt waren. Aber manchmal, wenn sie sich durch dichte Rauchschwaden kämpften, fanden sie noch menschliche Körper oder einzelne Teile davon. Hin und wieder auch persönliche Habseligkeiten, eine Brille, einen Schuh, einen Hut, eine Mütze, einen Mantel, eine Tasche, eine Puppe, einen Teddybären, Dinge, von denen Julius hoffte, dass deren Besitzer es rechtzeitig in die U-Bahn-Schächte geschafft hatten. Julius funktionierte bereits nach vier Wochen wie ein gut programmierter Roboter. Das Einzige, was er spürte, war der Staub von Schutt und Asche, ein klebrig-mehliger Film hatte sich wie ein Sediment in Mund und Schleimhäuten abgelagert.

Als die Luftangriffe in London Pause machten und die Deutschen ihre Bomber und Flugzeuge zur Abwechslung über andere englische

Städte jagten, verlagerte auch Julius' Truppe ihren Standort. Immer dorthin, wo der Feind gerade zugeschlagen hatte, wo Rauchsäulen aus brandfrischen Trümmerfeldern aufstiegen. In der Nacht vom 14. auf den 15. November schlug er in Coventry zu. Der Terrorakt hatte einen romantischen Namen: „Mondscheinsonate", Beethovens Klaviersonate Nr. 14. Die Stadt wurde in Schutt und Asche gelegt.[76]

Rund elf Stunden lang ließen 500 Flugzeuge 30 000 Brandbomben auf die Stadt fallen. Es gibt ein Foto mit Julius allein in der Ruine der Kathedrale von Coventry. Er steht auf einem riesigen Schutthaufen und schaut nach oben, in den wolkenlosen Himmel. Die Kuppel vollständig weggebombt. Er wirkt noch dünner, noch kleiner, noch blasser, das Please-Say-Cheese-Lächeln ist längst aus seinem Gesicht verschwunden.

Bis zum Mai 1941 wütete der Bombenterror gegen England ungebremst weiter. Danach erfolgten die Vorbereitungen für den Überfall auf die Sowjetunion, am 22. Juni 1941 begann das Unternehmen Barbarossa. Hitlers Geschwader mussten an die Ostfront. In Julius' Leben trat Ruhe ein. Für die nächsten zweieinhalb Jahre tourte Julius mit Spaten und Hacke weiter durch zerstörte englische Städte, lernte das Land aus der Trümmerperspektive kennen. Das Wörterbuch der Unmenschen hatte für ihre Untaten einen Begriff gefunden: „coventrieren".[77]

Julius war von Anfang an ein Soldat wider Willen gewesen. Ambitionen auf eine militärische Karriere hatte er niemals gehabt, eine Beförderung war für *aliens* sowieso selten und blieb zumeist das Privileg von Soldaten mit britischem Pass. Deren Führungsqualitäten hielten sich seiner Meinung nach in Grenzen, dagegen war die überdurchschnittliche Schulbildung der pioneers für ihre Vorgesetzten nicht selten eine Provokation. Besondere Kompetenzen hatten nicht wenige vor allem in einem Bereich entwickelt: Auch im Zustand chronischer Betrunkenheit vermochten sie eine Kompanie zu führen. Der Krieg hatte auffällig viele Alkoholopfer hervorgebracht.

Julius hatte doppeltes Pech. Sein Oberfeldwebel, ein Engländer, war Trunkenbold und Antisemit zugleich. Und ein Schreihals, der beim Appell am Morgen noch nicht wieder nüchtern war, am späten Nachmittag schon wieder betrunken, und dazwischen die Soldaten mit Schikanen auf Trab hielt. Peppi, der Österreicher, beschwerte sich eines Tages über verdorbenes Lammfleisch. Dafür wurde er mit drei

Tagen Arrest bestraft. Schwere Arbeit, karges Essen und Zigarettenentzug.

Bloß nicht negativ auffallen. Klappe halten. Freundlich lächeln. Nach dieser Devise quälte sich Julius durch die endlosen Jahre. Weil er sich einmal nicht rasiert hatte, musste er für drei Tage zusätzlichen Küchendienst leisten. Es gab fast immer einen Grund.

Einmal im Monat durfte er am Wochenende zum Durchatmen nach Camarthen in Wales fahren und seine Frau Hanna, später auch seinen kleinen Sohn besuchen. Er erzählte ihr vom Krieg und sie ihm vom Dienst in der Armee als Krankenschwester und, nach der Geburt von Leslie, von ihren Pflichten als Mutter und Hausfrau. Erst viel zu spät bemerkten beide, dass sie ihren gemeinsamen Lebensweg längst verlassen hatten, dass jeder eine andere Ausfahrt genommen hatte und irgendwo allein angekommen war.

Im Mai 1943 erhielt Julius vom War Office die Aufforderung, seinen deutschen Namen gegen einen englischen auszutauschen. Es lag ihnen fern, den jüdischen Flüchtlingen die britische Staatsbürgerschaft zu verleihen, aber immerhin wollte man sie vor dem sicheren Tod schützen, wollte ihnen, für den Fall der Gefangennahme durch die Deutschen, das Schicksal eines „Vaterlandsverräters" ersparen. Julius war sich der Gefahr bewusst, an der Front in Nordfrankreich führte er nur noch sporadisch Tagebuch, manchmal schrieb er trotzdem kurze Notizen auf Englisch, aber seine Identität hätte man im Fall einer Gefangenschaft ohne Weiteres enttarnen können. Wenn ihm ein englisches Wort nicht einfiel, ersetzte er es einfach durch ein deutsches.

Die deutsche Staatsbürgerschaft war allen im Ausland lebenden Juden bereits im November 1941 entzogen worden. So war Julius ein Nichts, weder ein Engländer noch ein Deutscher.

> [...] aber was für einen Namen sollte ich wählen? Nun, [...] ich schaute aus dem Fenster, da sah ich „Barclays Bank" in großen Lettern –, also nicht mehr lange nachdenken. Damit die Buchstaben auch weiter auf JB lauten konnten, ließ ich mich als „Jeffrey Barclay" eintragen. Damit war dieser Fall erledigt – ich war Engländer geworden![78]

Aber nur dem Namen nach. Julius erhielt einen neuen Armeepass und eine neue Kennmarke. Das galt auch für seine kleine Familie. Leslie, seine Söhne und deren Nachkommen heißen bis heute Barclay.

Die deutsche Luftwaffe hatte unterdessen wieder mit systematischen Bombardierungen englischer Städte begonnen, der Krieg hatte eine neue Dimension bekommen, und Julius bezog erneut sein Hauptquartier in London, diesmal im Alexandra Palace.

Während die Deutschen in Osteuropa mehr und mehr mit ihren Niederlagen beschäftigt waren, verarbeiteten die Briten das Trauma ihrer Militärschlappe vom Juni 1940. Die Vorbereitungen für die Landung der Alliierten in der Normandie liefen bereits seit vielen Monaten auf Hochtouren. In der Nacht zum 6. Juni 1944, während Hitler friedlich in seinem Bette auf dem Berchtesgadener Obersalzberg schlummerte und Rommel im heimatlichen Herrlingen den Geburtstag seiner Frau feierte, wurden fast 160 000 amerikanische, britische und kanadische Truppen für den Kampf gegen das Nazi-Bollwerk über den Kanal geschickt.

Mit dem D-Day begann die Operation Overlord, bis Ende Juli nahmen 1,5 Millionen alliierte Soldaten daran teil, erst nach über acht Wochen gelang bei Avranches der entscheidende Vorstoß, um aus der Normandie ins Innere Frankreichs vorzustoßen.

Julius war bereits viele Wochen zuvor in den Docks von Southampton stationiert worden. Seine Truppe hatte für den Nachschub zu sorgen: Kisten und Säcke schleppen, in Riesennetze verstauen, die mit Hilfe von Kränen auf die Schiffsdecks gehievt wurden, um sie anschließend weiter in die Laderäume zu transportieren. Abends waren sie alle bis zum Umfallen erschöpft.

Sechs Wochen später wurde Julius zum zweiten Mal auf den Kontinent geschickt. Er kehrte erst Anfang 1947 wieder nach England zurück.

> Wir wurden, nachdem die Invasion voll im Gange war, nach ca. sechs Wochen mit kleinen Landungsbooten und voller Montur (waren dafür noch gründlich vorbereitet worden) über den Kanal geschickt, wo wir unter dem Schutz der Air-Force in der Normandie landeten.[79]

Er habe Angst gehabt, sie mussten von den Booten ins Wasser springen, er konnte doch nicht schwimmen, aber das zählte nicht. Das Meer war jedoch zu ruhig und das Wasser zu seicht, um darin zu ertrinken.

Er hatte Glück gehabt, wieder einmal. Die Frage von Leben oder Tod war vom Wetter entschieden worden, und davon, dass es hier an dieser Stelle keine deutschen Soldaten gegeben hatte, die hinter ihrem Schutzwall lauerten, um die aus dem Wasser watenden Soldaten wie Kaninchen auf freier Feldbahn abzuschießen, so wie es ein paar Wochen zuvor am Omaha Beach geschehen war.

> Wir liefen an den Strand und begannen Splittergräben auszuheben, um uns gleich danach einzubuddeln. Nachts laufend Alarm und Luftkämp-

fe, aber das kannte ich ja schon, und irgendwann stumpfte ich ab oder war zu erschöpft, um überhaupt noch an irgendetwas zu denken, geschweige an den Tod.
Nach drei Tagen ging es vorwärts bis ins Landesinnere zu einem Depot [...]. Inzwischen waren wir in Zelten untergebracht, die Offiziere hatten nahegelegene Häuser oder Scheunen requiriert, sehr zum Ärger der französischen Bewohner, aber dafür wurden sie von uns mit Lebensmitteln beschenkt. Wir mußten laufend unsere Orte wechseln, doch wo wir genau waren, wußte ich niemals, die Ortsschilder waren ja überall abgenommen.[80]

Unter einem Foto von Julius, es muss das Jahr 1944 gewesen sein, steht: „Über mir die Fliegerangriffe aus Nazi-Deutschland. Welch unsägliche Zeiten!" Daneben, etwas verrutscht, wie in Eile eingeklebt, ein Schwarz-Weiß-Foto mit dem Vermerk „Kampfbomber mit Lastenseglern während der Operation ‚Overlord'."

Hier, auf diesem Foto, sieht der Krieg schön aus, wie ein sanft und friedlich dahingleitender Formationsflug schwarzer Zugvögel auf dem Weg in ihr Winterquartier. Der linke Bildrand eingerahmt von Zweigen einer jungen Kiefer, die im Wind zu schwingen scheinen, im Hintergrund Wolken im Wechselspiel von Grau und Weiß, dahinter ein knallblauer Himmel. So scheint es.

Julius war dabei, als am 1. September 1944 britische und kanadische Soldaten Dieppe einnahmen, er war auch dabei, als am Abend des 3. September Brüssel befreit wurde. Aber der Krieg war noch nicht vorüber, dazwischen lag der Überraschungsangriff der Deutschen, die Ardennen-Offensive. An diesem Gemetzel waren über 300 000 Soldaten beteiligt, mehr als die Hälfte davon fand den Tod.

Der Winter 1944/45 war bitterkalt, am Tage schleppte Julius auf seinem Rücken gefrorenes Schweine-, Rind- und Lammfleisch aus dem Gefrierhaus der Markthallen in die Kühl-LKW und Güterwaggons. Manchmal, an den Wochenenden, streunte er durch die Altstadt und durchstöberte die Briefmarkengeschäfte.

Julius blieb bis zum 8. Mai 1945 in Brüssel. Bis der Krieg vorüber war.

ZWEI

„Mutter, keiner fällt den Mördern ins Wort."

Paul Celan, Wolfsbohne[81]

1 Rückkehr

Am 8. Mai 1945 befand sich Brüssel in einem Rausch, in einem trunkenen Siegestaumel, man feierte das Leben, die Freiheit, die Helden. Ein Riesenfeuerwerk, Umzüge, Marschmusik, Swing- und Jazz-Bands, Blaskapellen, alles gleichzeitig, Massen auf den Straßen, ein gigantisches Volksfest. Wildfremde Menschen umarmten und küssten sich, hakten sich ein, schwangen ihre Beine in die Höhe wie Flügel, als würden sie gleich in den Himmel schweben. Junge Burschen erklommen die Fensterbrüstungen des Hôtel de Ville, kletterten auf Engel, Putten und Lokalheilige und hörten nicht auf zu winken. Überall belgische, britische, amerikanische, französische und sowjetische Fahnen, dem Manneken Pis hatte man eine belgische Soldatenmütze aufgesetzt.

Eine schier endlose Kolonne von Panzern, LKW und Jeeps schlängelte sich durch die Stadt. Auf dem Grote Markt verkauften fahrende Händler Zuckerwatte und Limonade, die GIs verschenkten Zigaretten, Bohnenkaffee, Coca-Cola und Schokolade. Über der Stadt kreisten britische Flieger und warfen weißes Konfetti ab. Julius war einer von den Soldaten, die in ihren Jeeps mit lautem Hupkonzert durch die Straßen fuhren, auf den Kühlerhauben saßen strahlende Mädchen und winkten mit ihren Blumensträußen wie Königinnen auf den Festwagen beim Erntedankumzug.

Wie oft hatte er davon erzählt![82]

Das Gefühl des Sieges überwältigte Julius. Aber er schmeckte bittersüß, so wie das belgische Bier, das ihm ein alter Mann lachend reichte. Sechs lange Jahre hatte er jeden Abend wie ein kleines Kind gebetet. „Lieber Gott, bitte mach, dass meine Familie lebt. Lieber Gott, mach, dass ich sie alle gesund wiedersehe. Lieber Gott, mach dem Hitler ein Ende." Jetzt war dem Hitler ein Ende gemacht worden, aber die Freude, die er spürte, war stumpf und leer, zugedeckelt wie ein Geist in der Flasche, der vergeblich auf seine Erlösung wartete.

> Ich dankte Gott für diesen Sieg über die Nazityrannei und dachte, wie oft zuvor, w a s ist wohl mit den lieben Angehörigen geschehen?[83]

Bereits Wochen vor Kriegsende stellte er Anfragen an den Suchdienst des Britischen und des Deutschen Roten Kreuzes. Sie blieben erfolglos.[84]

Julius war nun ein anderer. Julius, der britische Besatzungssoldat, gekleidet in schicker Khaki-Uniform und gebügelten Hosen, passend zur Uniform der dunkelgrüne Schlips. Endlich Schluss mit dem *dogsbody job*, mit dem Nomadendasein, mit Schützengräben, angstvollen

Blicken in den Himmel. Endlich abends in einem Bett schlafen, ohne Fliegeralarm und Sirenengeheul.

> Wir kamen weiter nordöstlich über Turnhout/Belgien nach Holland herein über Tilburg, Nimwegen, Deventer und Enschede zur deutschen Grenze – hier war ein Kriegsgefangenenlager; so wurden wir erstmals mit deutschen Soldaten konfrontiert, die wir bewachen mussten. Es durfte mit denen nicht gesprochen werden, einige waren sehr niedergedrückt [...].[85]

Die erste Station des britischen Pioneer Corps in Deutschland lag in Sassenberg, einem kleinen Ort in Westfalen mit etwas mehr als 2000 Einwohnern, zwischen Münster und Bielefeld. Hier wurde Julius zum ersten Mal seit langer Zeit für mehrere Monate sesshaft.

Dort besetzte die britische Military Branch die Villa eines Fabrikanten außerhalb des Ortes. Julius hatte die Aufgabe, dem Hausherrn die Beschlagnahme des Gebäudes mitzuteilen. Hass schlug ihm ins Gesicht. „Wir sind anständige Deutsche! Und was bist du? Ein elender Verräter!" Der Besitzer durfte weiterhin mit Frau und Kind ein Zimmer im Dachgeschoss bewohnen.

Ob er Mitleid gespürt habe? Ja, manchmal, wenn es sich um Familien mit Kindern oder um Ausgebombte gehandelt habe, so erzählte er seinen Kindern später. Aber dann sei bei dem Gedanken an Zuhause sein Mitleid schnell verflogen.

Meistens waren es öffentliche Gebäude, die von den Beschäftigten geräumt werden mussten. Nur ein einziges Mal verbreiteten sie Freude, als sie in Lüdinghausen eine Volksschule besetzten und die Schulkinder für mehrere Tage schulfrei hatten.

Julius wurde jetzt als Dolmetscher eingesetzt, war bei Vernehmungen, später sogar bei Entnazifizierungsverfahren dabei. Er begleitete den Colonel bei Erkundungsfahrten über das Land, man fragte ihn nach seiner Meinung, er war erschüttert über die Teilnahmslosigkeit seiner Landsleute.

Er fühlte sich zum ersten Mal seit vielen Jahren angenommen. Man brauchte einen wie ihn, wegen der deutschen Sprache, und man brauchte einen, der wusste, wie seine Landsleute tickten. Einen Deutschen wie Julius gab es in diesen Tagen nur selten.

Die Besatzer hatten viel zu tun. Die Deutschen überboten sich mit gegenseitigen Denunzierungen, fast täglich flatterten Anzeigen in das Office der Besatzungskommandantur, sie mussten ihnen nachgehen, aber sie schafften es kaum, meistens waren sie anonym. Oder seine

Landsleute machten das Gegenteil und stellten sich gegenseitig Persilscheine aus.

In Ahlen, dreißig Kilometer von Warendorf entfernt, hausten in einem der größten Lager noch immer 6000 polnische und russische Zwangsarbeiter, im Landkreis Warendorf warteten 20 000 Kriegsgefangene auf ihre Heimkehr. Die Zwangsarbeiter, „Displaced Persons", durften sich jetzt frei bewegen. Die Bevölkerung verstand es nicht. „Ja, den Krieg haben wir verloren. Und wer schützt uns jetzt vor diesen wilden Horden, vor ihren Racheakten?"

Ihre Angst war berechtigt. Nachts brannten Höfe ab, Bauern wurden von polnischen und russischen Zwangsarbeitern ermordet. Und die Besatzer hatten anderes zu tun, sie suchten nach großen und kleinen Nazis, die ihre Schlupflöcher gefunden hatten, auf entlegenen Höfen, in Kellern, auf Dachböden, in Ställen und Schuppen, bei Verwandten und Freunden.

Und die anderen, die Nazi-Gegner, die man jetzt dringend gebraucht hätte, als Ersatz für entlassene Bürgermeister, Schulräte, Lehrer, Richter, Polizisten, Finanzbeamte, musste man suchen wie Nadeln im Heuhaufen.

So spürten sie eines Tages auf einem Bauernhof außerhalb von Lüdinghausen einen Hofbesitzer auf, der sich, versteckt unter seiner frisch eingefahrenen Heuernte, vor Angst eingenässt hatte. Neben ihm lag eine Handfeuerwaffe, die er auf dem Schwarzmarkt erstanden hatte. Als er erkannte, dass es britische Besatzungssoldaten waren und gottlob nicht seine ehemaligen Zwangsarbeiter, vermochte er sein Glück kaum zu fassen. Er schüttelte die Reste der Heuernte von seinem Körper, tanzte wie ein Wichtelmännchen durch die große Scheune und bot die ganze Fülle seines bäuerlichen Schlaraffenlandes auf: Hühner, Gänse, Schinken, Eier. Die Besatzer sagten nicht nein.

Julius' Tätigkeit war eine einzige Offenbarung. Die Menschen, denen er begegnete, wollten vergessen, sie machten einfach weiter, als ob nichts geschehen sei – Ärmel aufkrempeln, ran an die Arbeit, sich blind und taub und stumm durch die gigantischen Trümmerfelder wühlen. „Mit Kraft durch Freude schaffen wir das schon!"

Seine Landsleute verschlugen Julius die Sprache, seine Erinnerungen fuhren Karussell.

Sie wurden nicht müde zu beteuern, dass sie niemals Nazis gewesen seien, und wenn überhaupt PGs („Parteigenossen"), dann höchstens Muss-Nazis, nur nominelle Mitglieder der NSDAP, es war Hitler, der ihnen das angetan, der Unglück über Deutschland gebracht hatte. „Man hat uns belogen und betrogen", das war die Standardformel. Julius war empört darüber, wie seine Landsleute sich befleißigten, ihren neuen Herren zu dienen. Auf Patrouillenfahrten übers Land lernte er sie kennen, so, wie sie immer waren: Katzbuckel und Kratzfüße.

Als Julius und seine Kameraden einen Bauernhof inspizierten, fragte der Colonel den Bauern: „Do you have eggs?" Der Angesprochene schien zunächst arg verdutzt, nickte eifrig, lief in die Scheune und kam mit einer großen Axt zurück, worauf die Erschrockenen sogleich ihre Pistolen aus dem Halfter rissen und entsicherten. Und Julius schrie dem Bauern entgegen: „Nein, bitte keine Axt, um Gottes Willen, sie wollen doch nur Eier haben."

Julius gefiel das Leben als britischer Besatzungssoldat, er entdeckte seine verborgenen Talente im Schwarzmarktgeschäft, sparte eisern die Zigarettenrationen an, er wusste, dass er sie brauchen würde. Die Tage waren gefüllt mit langen Sitzungen in Entnazifizierungsausschüssen, Vernehmungen von redescheuen, oftmals stummen Beschuldigten, die sich in ihrer Opferrolle suhlten. „Wir haben nichts gewusst. Was hätten wir denn tun sollen? Weshalb für etwas büßen, von dem wir doch keine Ahnung hatten?" Es fiel Julius schwer, solche Beteuerungen ins Englische zu übersetzen.

Der Colonel war unnachgiebig. Wer nicht reden wollte, wurde eingebunkert. Es wurden jeden Tag mehr, man wusste nicht, wohin mit ihnen, also ließ man sie wieder laufen. Nur die Schwergewichte auf der Entnazifizierungsskala, die Gruppe 2, die Belasteten, wurden in die größeren Städte, in die Land- und Oberlandesgerichte verfrachtet.

In den Pausen zwischen den Vernehmungen erholte sich Julius auf seine Weise. Er flirtete mit den Stenotypistinnen und Fräulein vom Amt und trank Bohnenkaffee.

Die Begegnung seines Lebens fand an einem heißen Sommertag statt, auf einer seiner Patrouillenfahrten auf einen Bauernhof. Emmi Barg hieß sie. Es musste Ende Juli gewesen sein. Sie stand auf einem Erntewagen und lud gemeinsam mit anderen jungen Frauen Heu ab, wischte sich gerade den Schweiß aus ihrem hochroten Gesicht und verknotete ihr Kopftuch über der Stirn. Sie musterte ihn, lachte ihn keck an, so zumindest würde es Julius später erzählen. Er stellte sich vor mit Jeff, Jeff Barclay, sie lobte sein ausgezeichnetes Deutsch. Ob er deutsche Vorfahren habe? Er antwortete darauf nicht, lachte nur und spürte den strafenden Blick des Colonels im Nacken. Das Fraternisierungsverbot galt auch für ihn.

Eine Entfernung von der Truppe aus privaten Gründen war nicht erlaubt, er machte es trotzdem. Bei einem Bauern lieh er sich ein klappriges Fahrrad und kam fortan jeden Abend bei Emmi zu einem Schwätzchen vorbei, Bohnenkaffee für alle im Gepäck. Sie erzählte von ihren Eltern, von Bochum, wo sie bis zu den Bombenangriffen im November 1944 lebte, ehe sie evakuiert wurde. Jetzt arbeitete sie als Erntehelferin, bei freier Kost und Logis auf dem Hof. Ihr Bruder wurde in Russland vermisst, genauso wie ihr Freund.

Julius verliebte sich sofort in sie, er wusste, dass sie es wusste, aber bei ihr dauerte es etwas länger. Sie wollte klare Verhältnisse, erst einmal Ordnung in ihrem Herzen schaffen, mit ihrem Freund Schluss machen, aber damit wollte sie noch warten. Warten, bis er aus Russland zurückgekehrt war. Falls er zurückkehrte.

Julius erzählte von sich, auch davon, dass er Jude war. Es schockierte sie nicht. Dass er bereits seit 1940 verheiratet war und einen vierjährigen Sohn hatte, davon erzählte er ihr erst sehr viel später.

2 Gewissheiten

In den Jahren 1945 bis 1947 wurde Julius mehrfach versetzt. Auf vier Monate in Sassenberg folgten, jeweils nur für ein paar Monate, Stationierungen in Lüdinghausen und in Bielefeld.

Abends saß Julius in dem Büro des Military Office und schrieb Briefe an alle, von denen er sich eine Auskunft über seine Familie erhoffte. Bereits ein paar Wochen nach der Befreiung wandte er sich an den Bürgermeister von Beverstedt, Hinrich Reichers, abwechselnd unter den Pseudonymen Joseph Braun oder Brown oder Jeffrey Barclay. Wochenlang erhielt er keine Antwort, er schrieb ein zweites Mal, und dann ein drittes Mal, wollte wissen, ob sein Elternhaus noch existierte, ob jetzt andere Menschen dort wohnten, und wenn ja, wer sie seien.

Er wollte endlich Gewissheit, aber für einen heimlichen Tagesausflug nach Beverstedt war die Strecke zu weit. Er stellte einen Antrag bei seinem Vorgesetzten:

> Sir,
> may I take the liberty in kindly asking you if there is a possibility for me to get a few days compassionate leave inside Germany, the reason for this being as follows:
> Until now I have not heard anything of my own people, mother, sister or other next relatives, who, as I fear very much, are not alive anymore, having been deported to Minsk in Russia [sic] in 1942. But I know that they left our houses and property behind, which was certainly just taken from them by the nazi-authorities. I myself having no existence whatsoever yet, have naturally to prepare for my own future. But first of all I want to find out personally about our houses, furniture and all other commodities, as well as land, which is situated in the village of Beverstedt [...].
> Hoping that this application will find your kind approval,
> I am Sir, your obedient servant,
> Julius Brumsack[86]

Seine Bitte auf Sonderurlaub fand keine *kind approval*, keine freundliche Zustimmung, er erhielt sie erst ein halbes Jahr später, und da war er schon längst in Stade. Er schrieb erneut nach Beverstedt, dieses Mal fordernd und ungeduldig:

> Könnten Sie mir bitte sofort mitteilen, ob die Familien „Brumsack" noch in Beverstedt wohnen, auf ihren 2 Grundstücken? Falls nicht, würden

Sie mir bitte die neue Adresse mitteilen, wohin sie verzogen sind, ob sie ihre Häuser verkauft haben und wer jetzt darin wohnt?

Ich füge zu diesem Zweck einen Freiumschlag mit bei.

Hochachtungsvoll!

J. Braun[87]

Und dann öffnete er eines Mittags mit zitternden Händen die Post aus Beverstedt:

An Herrn Braun

Bielefeld

Lessingstraße 47

Auf umseitiges Schreiben erwiedere [sic] ich, dass die beiden Familien Brumsack in Beverstedt nicht mehr wohnen. Eine Adresse, wo sie seinerzeit bei der Auswanderung hingekommen sind, entzieht sich meiner Kenntnis. Der Sohn von Martin Brumsack [gemeint ist Markus Brumsack] und die Tochter von Siegmund Brumsack sind nach England ausgewandert. Ich erwarte, dass dieselben hier bald erscheinen werden. Das Wohngrundstück von Siegmund Brumsack ist an den Klempnermeister Hinrich Busch verkauft worden und das Wohngrundstück von Martin Brumsack an den Zimmerer Karl Schnaars. Bei Gelegenheit wollen Sie noch einmal wieder anfragen.

Der Bürgermeister

Reichers[88]

Julius fragte nicht „bei Gelegenheit", sondern umgehend an, und dieses Mal erfolgte die Antwort prompt:

Auf Ihr Schreiben vom 1.11.45 teile ich mit, dass die Beantwortung desselben einige Zeit in Anspruch nehmen wird, da die Verkäufe und dergleichen genau festgestellt werden müssen. Die Angelegenheit werde ich bearbeiten. Gleichzeitig bitte ich Sie, mir mitzuteilen, wie Sie mit der Familie Brumsack bekannt sind.[89]

Der Bürgermeister Reichers

Mit der Mitteilung, wie er mit der Familie Brumsack bekannt sei, ließ Julius sich lange Zeit. Er hatte jetzt Dringenderes zu tun.

Im Spätherbst 1945, ein halbes Jahr, bevor er zum ersten Male wieder Beverstedt betrat, wurde Julius für ein paar Monate als Besatzungssoldat nach Hannover versetzt. Nachdem er sein Quartier in einer ehemaligen Kaserne bezogen hatte, fuhr er noch am Abend seiner Ankunft nach Sehnde in die Nordstraße 7.

Die Familie Schragenheim-Königheim sei nicht mehr da, da sie sich am 18. Juli 1942 „laut Evakuierungsbefehl Nr. 9 nach Lüneburg abzumelden hatte".[90] So hatte es ihm der damalige und gegenwärtige Bürgermeister Heinrich Kuhrs auf seine Anfrage bereits mitgeteilt. Und Julius antwortete:

> Ich wundere mich allerdings, daß Sie mir nicht die neue Adresse von Lüneburg bekanntgeben, die mich sehr interessiert, da ich die betr. Personen suche.[91]

Ausführlicher konnte man es im Bericht der Gestapo nachlesen:

> Die Zusammenziehung der aus der Stadt Hannover abzuschiebenden Juden findet bis zum 19.7.1942 unter Aufsicht der Staatspolizeileitstelle Hannover in der Gartenbauschule Ahlem statt. Die Festnahme und Überstellung der von der Maßnahme betroffenen Juden in den Landkreisen des Regierungsbezirks Hannover nach Ahlem hat durch die Kreis- und Polizeibehörden zu erfolgen. Die Festnahmeaktion wird hier voraussichtlich am 20.7.1942 stattfinden [...].[92]

Sie waren von Sehnde nach Theresienstadt „verzogen", die Nummern 352 und 666 auf der Deportationsliste des 2. Hamburger Transports V1/2. Am gleichen Tag hatte der Bürgermeister die Stadt als „judenfrei" erklärt, aber davon schrieb er nichts.

Wie alle nach Theresienstadt deportierten Juden mussten auch Salli und Paula kurz vor Antritt ihrer „Abreise" von Hannover den „Heimeinkaufsvertrag H" unterschreiben. Ob sie an das Märchen vom Altersheim glaubten, an das Versprechen einer kostenfreien Unterbringung, Verpflegung und ärztlichen Versorgung? So stand es in ihrem „Vertrag":

> 4a) Die Reichsvereinigung verpflichtet sich, dem Insassen auf Lebenszeit Heimunterkunft und Verpflegung zu gewähren, die Wäsche waschen zu lassen, ihn erforderlichenfalls ärztlich und mit Arzneimitteln zu betreuen und für notwendige Krankenhausaufenthalte zu sorgen.
> b) Die Reichsvereinigung behält sich das Recht der Unterbringung in einem anderen Heim bzw. in sonstiger Gemeinschaftswohnung auch außerhalb des Wohnortes vor.
> c) Aus einer Veränderung der gegenwärtigen Unterbringungsform kann der Insasse keine Ansprüche herleiten.[93]

Ob sie ahnten, was damit gemeint war? Mit der „Veränderung der gegenwärtigen Unterbringungsform"?

Diese erfolgte vier Monate später, und nein, die „Vertragspartner" konnten daraus „keine Ansprüche herleiten", und schon gar nicht an das Leben.

Am 21. und 26. September 1942 waren Paula und Salli in Treblinka ermordet worden. Aber das wusste Julius zu dem Zeitpunkt noch nicht.

Der neue Besitzer ihres Hauses und Geschäftes heiße Willi Wessler. Auch das teilte ihm der Bürgermeister mit.

Als er sich der Nordstraße 7 näherte, klopfte sein Herz heftig. Er vergrub seine zitternden Hände im Futter seiner Hosentaschen, lief vor dem Haus auf und ab, bog um die Ecke, ging wieder zurück, schaute zu der Dachkammer hinauf, die er gemeinsam mit Hans Leo fast zehn Jahre geteilt hatte. Die Fenster waren dunkel. Er blieb vor dem Haus stehen, er erinnerte sich an die Gespräche beim gemeinsamen Mittagessen mit den Angestellten, an die Überlandfahrten mit Salli, an die Kundenbesuche, das Maßnehmen und Ausliefern der Anzüge, das abendliche Aufräumen und Saubermachen der Schneiderei, das die beiden Cousins immer nur widerwillig getan hatten, die kleinen Streitereien mit Hans Leo. Wie er sich jetzt danach sehnte!

Irgendetwas war anders an dem Haus, es irritierte Julius, aber er begriff zunächst nicht, was es war. Er ging ein zweites Mal am Gebäude entlang, passierte die lange Steinmauer. Dort, wo früher, über der gesamten Frontseite des Hauses, in großen Lettern stand: „Gebrüder Schragenheim-Herren-Konfektionskleidung, Putz- und Ausstattungswaren", befand sich jetzt, in genau derselben Schrift, Größe und Farbe, in schwarzen Buchstaben auf weißem Grund, der Name „Wessler". Die sieben Buchstaben waren etwas weiter auseinandergerückt, die weiße Farbe sah frisch aus.

Julius hatte seinen Besuch bei Willi Wessler angekündigt. Ein hoch gewachsener Mann, Anfang vierzig, mit messerscharf gezogenem Mittelscheitel. Er öffnete die Tür, begrüßte Julius lächelnd, er freue sich, ihn zu sehen, haute ihm mehrfach kumpelhaft auf die Schulter, wollte ihn umarmen, aber Julius wich zurück. Er war ihm noch nie im Leben begegnet.

Willi Wessler war neugierig, er fragte ihn, wie es ihm in England ergangen sei, ob er Englisch gelernt habe, was er von der englischen Küche halte. Julius entgegnete, ob er denn nicht wisse, dass es keine Urlaubsreise gewesen sei, er habe es eilig und den Grund seines Besuches kenne er wohl. Ja, ja, keine Frage, er solle sich doch erst einmal hinsetzen, alles in Ruhe, alles der Reihe nach, ob er einen Schnaps möchte. Julius schüttelte den Kopf.

Die Geschwister, erklärte Willi Wessler, hätten Haus und Geschäft bereits 1939 an ihn verpachtet, für 120 RM im Monat, Julius wisse doch, die Umstände damals, die Alten hätten leider keine Nachfolger gehabt, ja, sie seien fast Freunde gewesen, sie oben, er mit seiner Familie unten, eine prima Hausgemeinschaft, es stimme, die steile Treppe sei ein bisschen beschwerlich gewesen, aber er habe den alten Leuten oftmals die Kohlen hochgeschleppt. Und das Haus? Ja, das Haus und das ganze Drumherum sei erst sechs Tage vor ihrer „Evakuierung" in seinen Besitz übergegangen, der Kaufpreis von 13 500 RM natürlich nicht von ihm, sondern von der Preisbildungsstelle festgesetzt und an das Oberfinanzpräsidium überwiesen worden. Die alten Leute hätten doch dringend das Geld für die Unterbringung im Altersheim gebraucht, in Theresienstadt.

Willi Wessler aus Sehnde hatte gut vorgesorgt, in ahnungsweiser Voraussicht auf kommende Zeiten zog er ein mehrseitiges Papier aus der Schublade, hier bitte, Julius könne alles überprüfen, alles sei korrekt verlaufen: der Kaufvertrag, und dann hier, die Versicherung, dass sie, die Unterzeichnenden, Paula Königheim und Salli Schragenheim, Haus, Geschäft und Grundstück „freiwillig und in allerbestem Einvernehmen" verkauft hätten, er wiederholte es nochmals, wie auswendig gelernt, „freiwillig und in allerbestem Einvernehmen".

> Wir verkaufen unser Grundstück dem Kaufmann Willi Wessler, den im Grundbuch von Sehnde, Band I Blatt 8, eingetragenen Grundbesitz, Hausgrundstück Sehnde (Hermann-Göringstrasse), jetzt Nordstraße 7 und 7a freiwillig. Mit der Familie Wessler sind [wir] in allerbestem Einvernehmen und freuen uns, einen würdigen Nachfolger zu haben.[94]

Unterschrieben von Paula Königheim und Salli Schragenheim am 12. Juli 1942. Sechs Tage vor ihrer Deportation.

Die Wahrheit sickerte langsam zu Julius durch und fraß sich in seine Seele.

Später, im Prozess um die Entschädigung des geraubten Besitzes, würde Willi Wessler die Papiere als „Beweise seines uneigennützigen Handelns" vorlegen und vor allem die Rechtmäßigkeit der Rückerstattung des Hauses bestreiten. Das Wiedergutmachungsamt bei dem Landgericht in Hildesheim wünschte von Julius „Beweismittel" für den „Evakuierungsbefehl Nr. 9":

> Auf Ihren Schriftsatz vom 10. April 1950 wird Ihnen aufgetragen, nach Möglichkeit Beweismittel dafür zu bezeichnen, dass Ihre Verwandten am 10.07.1942 den Evakuierungsbefehl Nr. 9 erhielten. [...] Da der An-

tragsgegner bestreitet, dass ein Fall der Rückerstattung gegeben sei, werden die Akten [...] an die zuständige Wiedergutmachungskammer bei dem Landgericht in Hannover abgegeben werden.[95]

Der Richter hätte auch Mitwirkende und Mitwisser befragen können, zum Beispiel Heinrich Kuhrs, den Bürgermeister.

Seit Anfang April 1946 hieß Julius' neue Stationierung Stade, mit jedem Wechsel rückte er seinem Heimatort näher.[96] Nach Beverstedt waren es jetzt knapp sechzig Kilometer.

Es war ein Überraschungsbesuch. Ohne Ankündigung. Ohne Genehmigung seiner Vorgesetzten. Er wusste, dass er sie nicht erhalten würde, dass eine Entfernung von seiner Einheit strengstens verboten war, auch für einen deutschen Juden, zumindest vorerst. Die Vorbereitungen mussten im Verborgenen geschehen. Wer in dieser Zeit Geld besaß, war ein armer Mann. Kaffee, Zigaretten, Alkohol und Schokolade, so hieß jetzt die einzig gültige Währung. Julius hortete sie seit Wochen in seinem Spind. In einem kleinen Reparaturbetrieb, fast um die Ecke seiner Truppenstationierung, stöberte er eine gebrauchte NSU Quick auf, ein Leichtmotorrad, und bezahlte mit drei Schachteln Zigaretten und zwei Tafeln Schokolade.

In den Nächten jagten Bilder durch seine Träume, immer wieder dieselben. Bilder der Wiedersehensfreude mit seinen Lieben, von seiner Mutter, die in der Küche stand und sagte: „Junge, da bist du ja endlich. Wo warst du denn so lange? Wir haben schon auf dich gewartet. Komm rein, das Essen wird kalt." Bilder von Tante Rosa, die ihm freudestrahlend ein kratziges Paar neuer Socken überreichte, Bilder von seiner Schwester, winkend am Eingang des Elternhauses, er hörte ihre warme Stimme, sie lief auf ihn zu, nahm seinen Kopf in die Hände und drückte ihm ungestüm einen Kuss auf die Stirn.

Es gab auch die anderen Bilder. Die Bilder von den Toten. Er sah ihre Gesichter. Er hörte ihre Stimmen. Sie sprachen mit ihm. Immer und immer wieder fuhren sie mit ihm Karussell, Runde um Runde stellten sie ihm dieselben Fragen, die er nicht beantworten konnte. Die Stimmen riefen ihm zu, dass er sie im Stich gelassen, dass er nicht auf sie aufgepasst habe, dass er wenigstens Grete und Hans Leo hätte retten können. Am Morgen, beim Aufwachen, war der Absturz bodenlos.

Er ahnte, was er in Beverstedt zu erwarten hatte. Und wollte es gleichzeitig nicht wahrhaben. Er wusste, dass niemand mehr da sein würde, aber im gleichen Moment wollte er an das Gegenteil glauben, gegen jegliche Vernunft.

Die ganze Wahrheit habe er damals noch nicht gekannt, erzählte er später seinen Kindern. Ja, natürlich habe er von den Gräueltaten der Nazis gehört, aber das ganze Ausmaß sei nur scheibchenweise ans Tageslicht gekommen. Und natürlich sei es eine Selbsttäuschung gewesen, aber er brauchte sie damals zum Weitermachen. Trotz der Nachricht des Bürgermeisters. Trotz der Gewissheiten in Sehnde.

Die Erinnerung an den Tag der Rückkehr spulte sich vor seinem inneren Auge ab wie ein niemals endender Film, sein ganzes langes Leben. Jedes Detail dieser Heimkehr hatte sich für immer tief in sein Gedächtnis gebrannt.

Es war ein Samstagnachmittag, an dem er Beverstedt betrat, ein ungewöhnlich warmer Frühlingstag. Der Ort döste in der Mittagssonne, lag noch immer erschöpft von den vergangenen Ereignissen am Boden, so schien es.

Er stellte sein Motorrad an einem Baum kurz hinter dem Ortsschild ab, zum Elternhaus waren es nur knapp zweihundert Meter, er schlich an den beiden Nachbargrundstücken vorbei, am Holzzaun fehlten mehrere Latten, und pirschte sich lautlos an das Haus heran, im Schutze der schneeweißen Rhododendronhecke, er fand eine Spähöffnung in ihrem dunklen Blätterwerk. Das Haus stand noch. Als wäre nichts geschehen.[97]

Vor der Eingangstür des Hauses gegenüber saß Paula Roenicke und schälte Kartoffeln. Sie blickte kurz hoch, schien ihn nicht zu erkennen. Julius war froh, dass sie keine Notiz von ihm nahm, zog seine Armeemütze tiefer ins Gesicht, näherte sich der Gartenpforte, er versuchte, sie ganz vorsichtig zu öffnen, aber sie quietschte. Immer noch, dachte er. Er hatte es nicht mehr geschafft, damals, vor seiner Abreise, dabei hatte ihn seine Mutter doch mehrfach darum gebeten. Ein paar Tropfen Öl, so lächerlich einfach wäre es gewesen.

Er blickte auf das Haus, alles war wie vor sieben Jahren, aber im gleichen Moment war er sich nicht sicher, er wollte nur, dass es wie vor sieben Jahren wäre. Ja, das Haus stand noch, Fensterrahmen, Haustür und Dachgiebel waren jetzt ein bisschen grauer, Gräser wucherten durch die Fugen des gepflasterten Steinweges.

Sie war noch da, die alte riesige Linde am Eingang, auch die Azaleenlaube mit ihrem untergründigen Astlabyrinth, das perfekte Versteck aus Kinderzeiten, sie stand jetzt in dunkelvioletter Blüte. Vor den

Julius als Besatzungssoldat vor seinem Elternhaus in Beverstedt (1946)

Fenstern die Forsythienbüsche, ihr knalliges Gelb im Wettblühen mit den Rhododendren, deren wuchtige rosafarbene Glockenblüten die Blätter komplett zum Verschwinden brachten. Er dachte an seine Spielkameraden, „eins, zwei, drei, vier Eckstein, alles muss versteckt sein".

Er zog die Gartenpforte leise hinter sich zu, sein Herz war aus dem Takt geraten, er hatte das Gefühl, etwas Verbotenes zu tun, er fühlte sich beobachtet, schaute in alle Richtungen, ein Eindringling, der unerlaubt ein fremdes Grundstück betrat, den man gleich erwischen würde. Er spürte die Angst, vom Hof seiner Eltern gejagt zu werden.

Eine Katze kam ihm entgegen, sie strich ihm um die Beine, es war nicht ihre alte Mine, er gab ihr einen unfreundlichen Stups. Er schlich um das Haus, die Tür zum Gewächshaus war offen, aber es war kein Gewächshaus mehr, es schien jetzt eine Werkstatt zu sein, allerhand Arbeitsgeräte und frische Sägespäne lagen auf dem Boden verstreut, ein paar gehobelte Bretter waren entlang der Wand gestapelt. Aus den Zweigen des Pflaumenbaums brachen die ersten Knospen auf, er erinnerte sich an die Ernten im August, jedes Jahr so üppig, dass die Mutter es manchmal kaum geschafft hatte, alles einzuwecken. Der Gemüsegarten war wie abgestorben, die Spaliere trugen noch das tote Bohnenstroh vom Vorsommer. Er kehrte wieder zur Haustür zurück, schaute auf die Klingel, auf dem Namensschild stand „Schnaars“, er zögerte ein paar Sekunden, dann drückte er den Knopf.

Nichts regte sich, im Haus herrschte absolute Stille, er wollte schon wieder gehen, dann sah er durch die Scheiben der Haustür eine junge Frau herannahen, sie schien den Mann in Uniform zu erblicken und kehrte wieder um. Aber im gleichen Moment bemerkte er, zunächst nur schemenhaft, dass sich eine weitere Person langsam, fast schleppend über den Flur bewegte, dann die Umrisse einer blassen, grauhaarigen Frau. Sie kam näher, er erkannte sie. Die alte Frau Schnaars öffnete die Tür, gerade so weit, dass sie ihren großen Kopf durch die Öffnung stecken konnte, sie schob ihren rechten Fuß wie einen Bremsklotz vor die Innenseite. Sie schien nicht erschrocken zu sein über den jungen Mann in englischer Uniform mit seiner *Sten gun* quer über den Oberkörper geschnallt, sie schaute ihn nicht an und sagte kein Wort, ihr Gesicht war ohne jede Regung, weder ängstlich noch freundlich. Sie wartete und blieb stumm.

Julius nahm seine Mütze ab.

„Erkennen Sie mich nicht? Ich bin doch Julius Brumsack! Dies hier ist mein Haus.“

Sie wurde plötzlich so weiß wie die gekalkte Wand im Hintergrund, nein, eigentlich noch weißer, dachte er.

Frau Schnaars holte tief Luft, legte ihre rechte Hand auf den Mund, als würde sie sich selbst ein jähes Redeverbot verordnen. Ein paar Sekunden vergingen, sie räusperte sich, und noch ein paar Sekunden vergingen.

„We häpt dacht, dat Se längs dood wörn.“

„Wie Sie sehen, bin ich nicht tot.“

Sie schaltete auf Hochdeutsch um. Sie sprach jetzt zu Julius wie zu einem Fremden, der Platt nicht verstand.

„Wer hätte denn auch gedacht, dass wir den Krieg verlieren würden. Wir hatten uns das alles ganz anders vorgestellt.“

Sie bat Julius in die Küche, setzte den Wasserkessel auf, um eine Kanne Muckefuck aufzubrühen. Sie war inzwischen geradezu redselig geworden, ihre Sätze strömten aus ihrem kleinen runden Mund, sie bot ihm ein Stück Pflaumenkuchen an, „gerade frisch gebacken, die Ernte war reich im letzten Jahr“. Danke, er habe keinen Hunger. Ja, das mit seinen Verwandten, das wüssten sie, und ja, es stimme, sie seien 1941 „evakuiert“ worden, wohin, wie solle sie das wissen, jedenfalls irgendwo in Richtung Osten.

Die Partei habe ihnen ein paar Monate später das Haus angeboten, es stand doch leer, und überhaupt sei es nicht gut, wenn ein Haus so lange unbewohnt bleibe. Hätten sie es ablehnen sollen? Ihr Mann sei doch Kriegsversehrter gewesen, aber davon hätten sie keine Vorteile gehabt, das Haus hätten sie anständig bezahlt. Natürlich! Und außerdem, fügte sie hinzu, ja, schwere Zeiten seien das gewesen!

Julius war nicht imstande, ihr zuzuhören, er stellte keine Fragen. Er dachte an Vergangenes, während ihr aufgeregtes Plappern aus der Ferne in seine Ohren drang.

Hier, in der Küche, hatte er vor sieben Jahren gesessen, mit seinem Mudderle, mit Grete und all den anderen, ein letztes Mal Kaffee getrunken, letzte Worte gewechselt, bevor es zum Bahnhof ging. Julius schaute sich um. Er suchte nach Rudimenten seines vergangenen Lebens, taxierte jeden einzelnen Gegenstand, in der furchtvollen Hoffnung, auf etwas Vertrautes zu stoßen, auf einen Schrank oder einen Stuhl, eine Kaffeetasse, ein Glas, eine Schüssel, einen Topf, aber alles erschien ihm fremd. Am Küchenfenster hingen weiße, fein gehäkelte Gardinen im Rosenmuster, sie kamen ihm bekannt vor, er fragte nicht nach.

Er hörte aus der Ferne Frau Schnaars Stimme, sie mischte sich jetzt mit dem säuselnden Wasser im Kessel.

„Dann wollen Sie doch bestimmt in England bleiben, nach alledem?“

Sie nickte ihm freundlich zu, ein aufmunterndes Lächeln.

„Nein, ich komme zurück, darauf können Sie sich hundertprozentig verlassen.“

Er hielt es nicht länger aus, verabschiedete sich hastig, rief ihr beim Hinausgehen zu: „In vierzehn Tagen bin ich wieder zurück. Räumen Sie schon mal unten zwei Zimmer frei!“ Und fügte hinzu: „Bemühen Sie sich nicht. Ich find den Weg allein zurück!“

Er suchte das Weite, fühlte sich wie ein Fahnenflüchtiger, der sich heimlich aus dem Staube machte. Als er an der Tür zur Wohnstube vorbeiging, hielt er inne, sie stand einen Spalt offen, er wusste nicht, was ihn antrieb, sie weiter zu öffnen, es war wie ein Lockruf der Vergangenheit, er betrat den Raum, nichts kam ihm bekannt vor.

Er schloss die Augen, für ein paar Sekunden war er heimgekehrt: Dort an der Fensterseite stand damals das alte braune Sofa, daneben der Glasschrank mit den Kristallgläsern, Bierkrügen, der Bonbonniere mit dem Sprung im Deckel, dem silbernen Zucker- und Sahnetöpfchen auf dem ovalen Tablett, auf der anderen Seite der runde Mahagonitisch mit der weißen Kreuzstichdecke, dahinter das alte Vertiko, mit dem Teegeschirr aus Keramik, das Geschenk von Tante Paula für Gretes Aussteuer. Er öffnete die Augen, machte eine halbe Drehung zur Tür. Dann erblickte er sie, direkt an der Wand, rechts neben der Tür: die alte Stehlampe, Gretes Lampe aus ihrem Schlafzimmer, mit ihrem kleinen Kugelschirm aus gelbmarmoriertem Glas, dem Ständer aus gezwirbeltem Nussbaumholz, drei Bärentatzen als Messingfuß.

Bloß weg von hier, weg, weg. Seine Erregung ließ ihn fast stolpern, trug ihn ins Freie.

Erst jetzt nahm er die alten Rosenbeete links und rechts des Hauseingangs wahr, die ersten zarten Austriebe, die hellgrünen Blätter. Er erinnerte sich an das regelmäßige Beschneiden der Büsche im Frühjahr, gemeinsam mit seiner Mutter, an die besondere Farbe der Rosen, karmesinrot. An ihren besonderen Duft. Er roch die Erinnerung, das Aroma von Süße, Zimt und frischen Äpfeln. Dann ging er weiter, zog sein Armeemesser aus der Seitentasche, schnitt sich eine weiße Narzisse ab. Er hoffte, dass Paula Roenicke ihn sah, aber sie saß inzwischen nicht mehr vor ihrer Haustür.

Er ging zu seinem Motorrad zurück, setzte sich an den Rand des ausgetrockneten Grabens, packte seine mitgebrachte Stulle aus, er war hungrig, aber er konnte nicht essen, die Tränen tropften ihm auf das Brot.

Die Rückfahrt dauerte länger als geplant, er musste auf der Hut sein, nahm Umwege. An diesem Samstag waren viele englische Militärjeeps unterwegs, auf der Jagd nach fliehenden Nazis. Und nach Soldaten, die sich von ihrer Truppe entfernt hatten.

Nach dem Abendessen setzte er sich wieder in das Office und schrieb in Blitzgeschwindigkeit den Brief nieder, der schon längst in seinem Kopf existierte, Wort für Wort, und schickte ihn am nächsten Morgen an den Bürgermeister nach Beverstedt:

An die Einwohner von Beverstedt und Umgebung!

Nach fast siebenjähriger Abwesenheit kam ich heute zum ersten Male wieder in mein Heimatdorf „BEVERSTEDT“ zurück, der Stätte, wo ich selbst geboren [wurde] und meine herrliche Kindheit verlebte.

Heute nun kehrte ich zurück in der festen Hoffnung, meine lieben Angehörigen nach so langen Jahren wiederzusehen. Und was wird aus dieser, meiner einzigen Hoffnung – die allergrößte Enttäuschung meines Lebens. Mit unbeschreiblichem Entsetzen muß ich heute feststel-

len, daß all meine Lieben, unter größtem Zwang aus ihrer Heimat, der Stätte ihres einstigen Wirkens, vertrieben wurden – nicht nur vertrieben, nein regelrecht und absichtlich vernichtet wurden. Ich muß erfahren, daß bereits 1941 meine Lieben nach Minsk in Rußland [sic] deportiert wurden, um dort in einem der berüchtigtsten Konzentrationslager von SS-Bestien ermordet zu werden.
Nicht aus Propagandagründen soll die Bevölkerung von BEVERSTEDT und Umgebung von diesem größten Verbrechen erfahren, nein, purer Anstand und wahre Ehrfurcht vor meinen Lieben ermahnt mich zu diesem Schritt, denn ein jeder in der Gemeinde muß wissen, daß die Ermordung von Millionen unschuldiger Menschen wie der meinen nicht leere Phrasen sind. Heute, wo es leider zu spät ist, wird hoffentlich auch der Bevölkerung von BEVERSTEDT und Umgebung das Wirken des verbrecherischen Hitler-Regimes zum Bewußtsein kommen. – Aber – mußte es wirklich erst zu einer solch menschenunwürdigen Schande kommen? Ich möchte kein Mitleid hören, denn nur ich allein und Annelise, meine Cousine, fühlen diesen Schmerz, diesen größten Verlust aller 6 Familienangehörigen, der uns seelisch tiefst erschüttert. Ich bin nicht von Haß erfüllt, will auch nicht Böses mit Bösem vergelten, kannte ich doch den größten Teil der alteingesessenen Bevölkerung BEVERSTEDTS. Diejenigen aber, die diese Zeilen nicht mit reinem, gottesfürchtigem Gewissen lesen können, sollen sich selbst verurteilen, sofern sie noch den Mut und den Charakter dazu aufbringen können; wenn sie auch dazu nicht mehr in der Lage sind, bin ich gewiß, daß sie ihrer gottgerechten Strafe nicht entgehen können.
Die Verbrechen, die meinen Lieben gegenüber begangen sind, spotten jeder, auch nur schmutzigsten Beschreibung, denn selbst die Presse kann in Worten nicht schildern, welche bestialischen Folterungen angewandt wurden. Jedem Alteingesessenen von BEVERSTEDT und Umgebung waren die Familien BRUMSACK nur zu gut bekannt und [es] erübrigt sich wohl jeder weitere Kommentar. Ich möchte jedoch bemerken, denn diesen Dank bin ich meinen Lieben schuldig, daß es der gute Ruf und die Ehre waren, die meine Lieben hinterlassen haben, sei es durch Reellität oder durch die aktive Hilfe Bedürftiger gewesen, stets wurde gern und freiwillig jedem die Hand entgegengestreckt.
Desgleichen weiß ein Jeder, welche Opfer meine Familien im Kriege 1914–18 brachten, wo mein eigener Vater für Deutschland auf dem „Felde der Ehre“ blieb. War es nicht die Versicherung „Der Dank des Vaterlandes ist Euch gewiß“, die meine liebe Mutter damals erhielt, als sie

mit 2 kleinsten Kindern zurückblieb und uns mühsam großziehen mußte, da der Ernährer fehlte? – Dieser Dank ist also jetzt erfüllt worden, man hat meine Lieben kurzerhand vernichtet – Menschen, die sich gerecht, ehrlich und stets reell durch's Leben schlugen.

Aber in einer gottgerechten Welt wird sich auch dieses Verbrechen sühnen!

Gez.: Julius und Annelise Brumsack[98]

Den Brief sollte der Bürgermeister der „gesamten Einwohnerschaft von Beverstedt zur Kenntnis" geben, so verlangte Julius es von ihm. Dieser war von der Idee keineswegs angetan und wand sich wie ein Aal in der Reuse. Das würde doch nichts mehr bringen, geschehen sei nun mal geschehen. Die Nazizeit? Doch längst vorbei. Man kenne sie eigentlich nur noch als Gerücht. Und außerdem habe man doch alles getan, um die Brumsacks vor den Nazis zu schützen. Nein, man habe sich wirklich nichts vorzuwerfen.

Julius wollte, dass alle Beverstedter begreifen sollten, *was* geschehen war. Durch ihre Gleichgültigkeit. Mit ihrem Wissen. Auch mit ihrer Hilfe. Julius drängelte und drohte, er würde sich sonst selbst die Mühe machen und den Brief mit lauten Hammerschlägen an die Türen des Bürgermeisteramtes, der Sparkasse, der Beverstedter Kirche und sonst wohin nageln. Dann tat es der Bürgermeister doch lieber selbst.

3 Bobbie

Vierzehn Tage später fuhr Julius erneut nach Beverstedt, um die Molls zu besuchen. Sein Vorgesetzter war einverstanden, Julius musste die Besuche jetzt nicht mehr heimlich machen. Er hatte seinen Besuch per Postkarte angekündigt. Er wusste, dass die Molls gesund waren, dass Gertrud lebte.

Julius stellte sein Moped am Gartenzaun ab, sie hatten ihn bereits durch das Küchenfenster gesehen, rissen die Tür auf, dann standen sie vor ihm, Gertrud, viel größer, viel dünner, viel blonder, als er sie in Erinnerung hatte, daneben Emil, ihr Mann, mindestens einen Kopf kleiner, sein Körper gedrungen, athletisch. Ein ungleiches Paar.

Gertrud Moll hatte Glück gehabt. Die Hoffnung des Volkschullehrers Ludwig Behrens, des Verfassers der Chronik über Beverstedt während der Zeit des Nationalsozialismus,[99] hatte sich nicht erfüllt:

> Beverstedt von Juden frei seit dem 17.11.41, allerdings bis auf eine magere Ziege; es handelt sich um Frau Trudel Moll, geb. Oppenheimer, die verheiratet ist mit einem Seemann, einem Schweizer, seiner Religion nach ein Christ! Diese mauschelnde Talmudjüdin ist hier in Beverstedt besonders unbeliebt wegen ihres frechen Auftretens. Ihre Ehe ist kinderlos. Hoffentlich kommt bald die Zeit, daß wir auch dieses Frauenzimmer loswerden.[100]

Gertrud hatte Glück gehabt, weil Emil Christ war und Bürger der neutralen Schweiz, deshalb konnte man ihr, einer deutschen Jüdin, nichts anhaben. Eine Scheidung wäre für ihren Mann nicht in Frage gekommen. Vor dem Krieg hatte Emil sein Geld als Seemann und Zahlmeister auf den großen Passagierschiffen verdient, die von Bremerhaven aus in die weite Welt fuhren.

Als am 15. Juni 1945 ehemalige Parteimitglieder des Ortes, in vorderster Reihe der Dorfchronist Ludwig Behrens, auf Anordnung der britischen Besatzungsmacht den zerstörten Friedhof wiederherrichten mussten, war es Gertrud Moll, die die Aufsicht führte.[101]

Neben dem Foto mit Annelise, Elise und Rosa im Garten existiert in Julius' Sammlung ein Foto von Gertrud und Emil vom Juli 1947. Beide tragen Festtagskleidung, sie ein helles, zweiteiliges Spitzenkleid, die blonden Haare zu einer üppigen Hochsteckfrisur frisiert, er einen schwarzen Anzug mit weißem Hemd und hellgemusterter Krawatte. Auf der Rückseite steht „Ein Bild für Amerika“, von Julius aufgenommen für die Verwandten in Amerika.

Gertrud und Emil Moll (1947)

Gertrud starb ein halbes Jahr später, im November 1947, im Alter von 57 Jahren. Sie war die erste, die nach dem Krieg wieder auf dem kleinen jüdischen Friedhof begraben wurde.

Und genauso wie Gertrud Moll hatte auch die junge Marianne Strauß[102] Glück gehabt, die Jüdin, die auf der Flucht vor den Nazis mehr als zwei Jahre im Untergrund gelebt hatte, indem sie im Zug kreuz und quer durch Deutschland gereist war und immer wieder Unterschlupf bei Bekannten und Freunden gefunden hatte. So auch bei den Molls. Während der Jahre 1943 bis 1945 hatten Gertrud und Emil sie ein paarmal für mehrere Wochen aufgenommen, unentdeckt von Beverstedter Bürgerinnen und Bürgern, von potenziellen Denunzianten wie Ludwig Behrens.

Die Molls schwiegen, umarmten Julius, gingen ins Wohnzimmer, schenkten ihm Tee ein und genossen stumm die Freude des Wiedersehens. Dann erzählten sie ihm von Grete und Emma, von ihrem letzten Besuch am Vorabend ihrer Deportation, dem Wäschekorb, dem Geschirr, sie hätten alles gut aufbewahrt, ob er es sehen wolle? Nein, er wolle es nicht, er könne es nicht, nicht jetzt. Sein Mund zitterte.

Dann hörte er ein Geräusch hinter der Tür zum Flur, ein Kratzen und Schaben, das immer energischer wurde. Emil öffnete sie einen Spalt weit. Da kam er durch die halb geöffnete Tür, zunächst vorsichtig tastend, und urplötzlich, als käme etwas längst Vergrabenes wieder an die Oberfläche, schoss er auf Julius zu. Bobbie, der Dackel. Freudentaumel. Purzelbäume. Es war, als ob Julius nie weggewesen wäre. Bobbie, ihr kleiner dunkelbrauner Kurzhaardackel, hatte ihn nicht vergessen. Er schien Julius, seine Stimme, seinen Geruch, seine Gestik für alle Zeiten in seinem Hundegedächtnis abgespeichert zu haben.

Bobbie war auf vielen Fotos zu sehen. Bobbie vor dem Krieg, vor der Haustür, im Garten, mit und ohne Herrchen, auf dem Rasen liegend, mal in einer Zinkbadewanne, „ein Bad nehmend“, wie auf der Rückseite vermerkt ist, mal mit Roland und Püppchen, den beiden Hunden der Familie Schragenheim, gemeinsam im Garten in Sehnde.

Und dann noch ein weiteres Foto. Bobbie, wie er vor der Haustür des Elternhauses sitzt, auf der Rückseite steht „Bobbie 1947“. Er hatte überlebt.

Die Geschichte von Bobbie und seiner Rettung hatte Julius eher beiläufig erzählt. Wer war dieser Hund, der auf mehreren Familienfotos zu sehen ist, mit seinen ausgeprägten Hängeohren, den hellen

Flecken um Schnauze und Vorderläufe, dessen Fell so seidenglänzend und zum Streicheln nah zu sein scheint?

Es waren die Molls gewesen, die Bobbies Ermordung verhindert hatten. Julius' Schwester Grete hatte ihn am 16. November 1941, am Vorabend ihrer Deportation, zu ihnen gebracht, in einer Einkaufstasche, mit Handtüchern zugedeckt, zu einem Zeitpunkt, als der Polizeiwachtmeister Toskowski bereits Feierabend hatte und der Nachbar, narkotisiert durch seine tägliche Alkoholdosis, längst auf dem Sofa vor sich hindämmerte.

Sechs Monate nach Bobbies Umzug wurde den Juden per Gesetz das Halten von Haustieren verboten. Die jüdischen Hundebesitzer mussten ihre Tiere entweder einschläfern lassen oder sie wurden „von Amts wegen" abgeholt und dann getötet.

Bobbie war davongekommen. Hatte man ihn einfach nur übersehen? Oder hatte Hauptwachtmeister Toskowski gar ein Herz für Tiere gehabt?

Julius schob sein Motorrad auf die Straße, drehte es in Fahrtrichtung, es war schon später Nachmittag. Eigentlich hätte er sich beeilen müssen, rechtzeitig in sein Quartier zurückkehren, um sich in die Schlange für das gemeinsame Abendessen zu stellen, es gab Corned Beef-Sandwiches, matschige Hackfleisch-Pies und Hotdogs. Sie schmeckten fast so gut wie die Knackwürste von früher. Anschließend würde er, wenn er nicht gerade Briefe schrieb, mit seinen Kameraden Karten spielen. Nur nicht zu spät kommen. Das zöge Strafpredigten des Colonels nach sich, Stubenarrest womöglich.

Aber heute würde er, anders als sonst, unpünktlich sein. Colonel, Strafpredigten und Stubenarrest waren ihm jetzt völlig egal. Er wollte unbedingt durch den Ort streunen, sich die Wege seiner Kindheit vergegenwärtigen, in die Fenster der Häuser schauen. Er überlegte, bei den Bischoffs, den Reimers, den Kösters, den Bückings, bei Dr. Mallet vorbeizugehen. Sie hatten nicht mitgejubelt, da war er sich sicher.

Er bog auf die Hauptstraße ab, in Richtung der zwei Kirchturmspitzen, die ihm jetzt viel kleiner erschienen als in der Erinnerung. Er stellte sein Motorrad vor dem Kriegerdenkmal zu Ehren der Gefallenen des Ersten Weltkriegs ab. Er suchte den Namen seines Vaters, er fand ihn nicht. Dort, wo früher Markus Brumsack stand, war jetzt eine Leerstelle. Julius erblickte die Meißelspuren, eine aufgerissene klaffende Wunde.[103]

Julius lief in die Poststraße, vorbei an den Geschäften von Reimers und Stürke.

Was würde er sagen, wenn er jemandem begegnen sollte? Würde er sie ansprechen, seine Geschichte erzählen?

Es war Sonntag, kaum ein Mensch auf der Straße. Er blieb vor der Nummer 21 stehen. Dem Haus von Annelises Eltern, Onkel Siegmund und Tante Elise, in dem auch Tante Rosa und Onkel Arnold wohnten. Bis 1939. In dem jetzt die Familie Busch ihr Elektrogeschäft hatte. Garten und Haus wie ausgestorben.

Er ging weiter in die Meyerhofstraße mit der zweihundertjährigen Eiche und der alten Schmiede. Im Vorgarten des Nachbarhauses ein älterer Mann, der ein Beet umgrub. Er schaute kurz hoch, Julius meinte ihn zu erkennen, der Großvater von seinem Jugendfreund Karl, er traute sich nicht, ihn anzusprechen. Der Mann schaute ein zweites Mal hoch und fixierte ihn für den Bruchteil einer Sekunde. Julius hörte, wie der Mann tief Luft holte, seine Backen wirkten jetzt wie eingezogen, dann spitzte er seinen Mund und rotzte in hohem Bogen auf die frische schwarze Erde. Er schaute ein drittes Mal hoch, um zu schauen, ob Julius schaute.

Ein Mann in englischer Uniform war in diesen Tagen in Beverstedt höchstens einen Rotz wert.

Der Krieg hatte in Beverstedt kaum Spuren hinterlassen, war offenbar einfach über Dächer und Baumspitzen hinweggefegt. Es gab keine zerbombten Häuser, keine Trümmer, keine Zerstörungen, zumindest nicht kriegsbedingt, zumindest nicht äußerlich.

Aber es gab Mütter und Väter, die ihre Söhne „dem Vaterland opfern“ mussten. Eine Mutter und ein Vater auch ihre Tochter, Käthe Spreen, 30 Jahre alt, „zur Reinhaltung des deutschen Volkskörpers“ ermordet im Mai 1941 in Hadamar, ein Euthanasie-Mordopfer. Ein halbes Jahr, bevor auch die Brumsacks ihren Weg in den Tod antraten.[104]

Von Weitem kam ihm ein junger Bursche entgegen, Julius erkannte ihn sofort, es war Johann, das vertraute Gesicht des Freundes aus Kindertagen, sein Tischnachbar in der Schule, Spielkamerad in der Sandgrube. Julius lief auf ihn zu, zupfte ihn am Arm, lachte und rief: „Erkennst du mich noch? Ich bin’s doch. Julius. Ich bin wieder da.“

Johann blieb stehen, er stand wie angekleistert da, ein paar Sekunden vergingen, dann hielt er ihm den lang ausgestreckten Arm wie einen Stock entgegen.

„Guten Tag, Julius. Wie geht's denn so? Also wieder zurück aus England? Wir hatten gar nicht mehr mit dir gerechnet. Du stehst jetzt wohl auf der Siegerseite."

Johann musterte Julius' Uniform, hob ruckartig das Kinn, seine Augen wanderten von seiner Mütze hinunter bis zu seinen Schuhen.

„Ja, im Moment bin ich noch in der Armee, aber ich komme bald zurück."

„Dass deine Familie nicht mehr da ist, das weißt du doch sicherlich?"

„Ja, ich hab's schon vom Bürgermeister erfahren und auch von den Schnaars."

„Na, dann bist du ja im Bilde. Tut mir leid. Ich hab's im Moment sehr eilig. Wir haben heute Abend unsere erste Versammlung im Schützenverein."

„Und wer wohnt denn jetzt in der Nummer 21? Immer noch die Familie Busch?", fragte Julius, obwohl er die Antwort inzwischen längst wusste.

„Ja, ja, das hatten sie doch schon vor dem Krieg von deiner Familie gekauft. Kurz bevor du abgehauen bist. Übrigens, den kanntest du ja noch: Der Heini ist auch gefallen, noch in den letzten Kriegstagen."

„Wieso *gekauft*? Wieso *auch* gefallen?", wollte Julius ihm antworten, aber ließ es bleiben.

Johann wurde jetzt fast geschwätzig.

„Na, dann hast du wohl jetzt richtig Englisch gelernt? Kann man wohl in Zukunft gut gebrauchen, nicht wahr?"

Julius holte tief Luft, irgendetwas musste er jetzt sagen, aber Johann war schneller.

„Du hast doch bestimmt Zigaretten?"

Nein, Julius hatte keine Zigaretten.

„Sobald ich aus der Armee raus bin, werde ich nach Beverstedt zurückkehren."

„Aber die Häuser sind doch längst verkauft. Wo willst du denn dann hin? So, jetzt muss ich aber wirklich los. Bin schon spät dran." Johann verschwand um die Ecke. „Komm doch mal vorbei."

Einige Wochen nach seinem Besuch bei den Molls mietete Julius zwei Zimmer im Erdgeschoss seines Elternhauses. Emmi zog wenig später ein. Trotz des Murrens der Eltern. Julius kam fast an jedem Wochenende.

Bald darauf wurde Julius erneut versetzt. Osterholz-Scharmbeck hieß die nächste Station. Er konnte sein Glück kaum fassen, jetzt trennten ihn nur noch knapp 30 Kilometer von Beverstedt und von Emmi. Für ein paar Monate wurde er von der britischen Militärregierung in die amerikanische Besatzungszone ausgeliehen. Die Entnazifizierer benötigten Verstärkung, der Bedarf an Dolmetschern war in dieser Zeit riesengroß. Für die Befragung von Zeugen, Tätern und Opfern, für die Auswertung der aus 131 Fragen bestehenden Fragebögen zur Entnazifizierung, mit denen sich die Alliierten Informationen über das Ausmaß der Beteiligung der Deutschen am Nationalsozialismus erhofften.

Für Julius fing eine aufregende Zeit an, die er auch in seinen Briefen an Emmi beschreibt:

Mein Allerliebstes!
In aller Eile will ich Dir zwischendurch schnell ein paar lb. Zeilen senden, damit Du nicht denkst, daß ich Dich, mein Süßes, nun ganz vergessen habe. Aber, Du weißt ja selbst nur zu gut, daß ich besonders in dieser ersten Woche, wo ich ganz allein auf mich angewiesen bin, unheimlich viel Arbeit habe und all' die verschiedenen Leute empfangen muß. Deshalb entschuldige doch bitte, wenn ich wieder mit der Maschine schreibe, aber du Liebstes weißt ja, wie es gemeint ist – ich bleibe immer derselbe zu dir, weil du eben mein Allerbestes bist und bleibst. [...] Und wie geht es dir mein Herzele? Ich stelle fest, daß Du oft zum Baden gehst, was mich sehr freut – nur ich selbst komme nie dazu, besonders doch jetzt nicht, wo ich bislang fast jeden abend bis nach 9 Uhr im Büro gearbeitet habe. Heute abend bin ich auch nicht frei, ein Herr holt mich mit dem Auto ab, ich muß einige wichtige Zeugen vernehmen in Sachen „Judenpogrome", die ja damals Nov. 1938 und noch später stattfanden. Na, das ist sowas für mich ... werde sowieso versuchen, hier im Kreis mal etwas aufzuräumen, hoffe, daß ich dafür die Unterstützung meiner Vorgesetzen bekomme und hatte es auch bereits mit Capt Jones besprochen, der es sehr befürwortet. – Gestern vormittag um 11 Uhr hatte ich im Rathaus eine Versammlung von den Unterausschüssen der Entnazifizierung, die jetzt beginnt in allen Betrieben; zum ersten Mal in meinem Leben hielt ich eine sogenannte Ansprache, die ich mir kurz am abend zuvor ausgearbeitet hatte. Es hat auch geklappt – sogar ohne „Lampenfieber". – Man muß eben alles können oder sich hineinarbeiten, was ich nun versuche, obwohl es ein nicht leichtes Amt ist. Unsere zivilen Angestellten haben heute nachmittag frei (4. Juli Amerik. Unabhängigkeitstag) – aber wir müssen natürlich arbeiten wie stets. Na, macht mir nichts aus, da hab' ich meine Ruhe und kann dabei umso

> mehr beschicken. Genauso geht's mir des Morgens, wo ich meistens eine 1/2 Stunde eher hier bin und viel erledigen kann. In den nächsten Tagen werde ich Dich nochmals anrufen und werde dann auch so Gott will den Termin festlegen, wo ich Dich bestimmt „zu Hause“ erwarte. [...] – – So, mein liebstes Herzele, nimm es mir bestimmt nicht übel, aber ich muß sofort schließen, da im Flur 2 Herren bereits auf mich warten und ich schon eine Ausrede gebrauchen mußte. – – Tausend heiße Küsse nur Dir mein Innigstgeliebtes mit viel viel Liebe nur von deinem dir gehörenden Jeff[105]

In Julius' Nachlass befindet sich das handschriftliche Protokoll zu der in seinem Brief erwähnten Zeugenvernehmung vom Abend des 4. Juli 1946 „in Sachen Judenpogrome“, in englischer Sprache, auf vier Seiten zusammengefasst, auf der Rückseite eines Formblattes geschrieben: „Military Government of Germany – Einlieferungsschein für einen Gefangenen und seine Papiere“, dasselbe ebenfalls in englischer Sprache. Es sieht ein bisschen wie eine Kladde aus, vermutlich die Vorschrift für einen offiziellen Bericht.

„Case: Ter-Berg (Cohn, Simon), November Action 1938“, so lautet die Überschrift.[106] „Aussage von Heinrich Thielebarth, geb. 1895, wohnhaft seit 1925 in Ritterhude, NSDAP und SA-Mitglied.“

Es war der Bericht über die Jagd auf die Ritterhuder Familien Ter Berg, Cohn und Simon: Man habe sie in der Nacht vom 9. auf den 10. November aus dem Bett geholt („Mrs. Ter Berg was only wearing nightgown and slippers“) und misshandelt, ihre Häuser demoliert. Ter Berg habe sich im Keller eines Nachbarn versteckt, von Wasser durchnässt, „in a terrible condition from beating“. Sie waren zuvor in einem Wagen weggeschafft worden, nach Niederende (Richtung Lilienthal), mussten dort aussteigen und zu Fuß zurücklaufen. Und am Ende der Vernehmung von Thielebarth steht:

> Ich kann bezeugen und habe Zeugen, die dies ebenfalls bezeugen können, dass Cohen und Simon mir beide gesagt haben, dass sie dankbar seien, dass ich interveniert habe, da es sonst viel schlimmer gewesen wäre.[107]

Das war die Version des SA-Mannes Heinrich Thielebarth. Die späteren Nachforschungen von Historikern über die Geschehnisse in der Nacht vom 9. auf den 10. November nennen Fakten: Man hatte die Familien mit dem Wagen des Bürgermeisters Fritz Johann Köster in die Hammeniederung gebracht und unter Peitschenhieben aufs freie Feld getrieben. Man wollte sie erschießen, brachte die Erschießung jedoch nicht fertig, sondern ließ sie unter Abgabe eines Schreckschusses laufen.[108]

Die Mitglieder der Familie Cohen sowie die Ter Bergs und Simons kamen vorerst mit dem Leben davon. Die Galgenfrist währte drei Jahre, bis zum 18. November 1941, dann wurden sie gemeinsam mit den Brumsacks nach Minsk deportiert. Sie mussten sich gekannt haben, denn sie gehörten derselben jüdischen Gemeinde in Osterholz-Scharmbeck an, ihr letzter Rabbiner Leo Löwenstein hatte einst Julius, Hans Leo und Annelise den Segen zur Bat und Bar Mizwa erteilt.

Für die anderen Verbrechen, für die Morde an dem Ehepaar Goldberg und an Leopold Sinasohn während der Pogromnacht, wurden der spätere SA-Obersturmbannführer Köster und vier weitere Täter nach dem Krieg zur Verantwortung gezogen. Köster erhielt 1948 eine lebenslängliche Haftstrafe, wurde aber schon 1953 von Bürgermeister Kaisen begnadigt.[109]

Osterholz-Scharmbeck lag von Beverstedt für Julius nur einen Katzensprung entfernt, manchmal kam er abends für ein Rendezvous vorbei.

Im Ort zerriss man sich währenddessen das Maul über die „wilde Ehe". „De Deern" stamme noch nicht einmal aus der Gegend. Das hatte sich ja inzwischen herumgesprochen, nein, er habe sie anscheinend nicht aus England mitgebracht, sie schien auch keine Jüdin zu sein, jedenfalls sah sie nicht so aus, eher das Gegenteil, sie war blond und hatte grüne Augen. Einfach schamlos, wie die beiden Arm in Arm durch das Dorf stolzierten, sie auf ihren hochhackigen Schuhen in glänzenden Nylonstrümpfen, er in seiner britischen Besatzer-Uniform, dazu noch in heiterer Siegerlaune. Sogar mit einem Fahrer im Jeep war Julius unterwegs, der lieferte ihn manchmal bereits am Freitagabend bei Emmi in der Meyerhofstraße ab. Und ließ sich durch den Ort fahren, als hätte er Beverstedt persönlich erobert. „De Julius, de sull sük wat schaamen!"

Um dem dörflichen Getratsche ein Ende zu bereiten, beantragte er bei der Wohnungskommission des Kreises Wesermünde für Emmi eine offizielle Zuzugsgenehmigung.

Werte Herren!

Ich bitte Sie höflichst, diesen meinen Antrag als sehr dringende Ausnahme aus folgenden Gründen zu bewilligen:

Ich selbst bin deutscher Jude und in BEVERSTEDT, wo ich geboren wurde, sehr bekannt. – Sie wissen ja selbst, welche großen Leiden wir als

Juden unter den Nazis auszustehen hatten und [ich] will Ihnen auch das nicht weiter auseinanderlegen. Ich wurde jedoch durch die GESTAPO gezwungen auszuwandern, was mir gerade noch kurz vor Kriegsausbruch 1939 gelang. Ich ging seinerzeit nach England und meldete mich natürlich in die Britische Armee um die Nazis, die uns das Recht zum Leben und Dasein aberkannt hatten, nun aktiv zu bekämpfen. – Als ich nun nach Deutschland mit der Armee zurückkehrte, mußte ich zu meinem großen Entsetzen feststellen, daß man all' meine lieben Angehörigen zwangsweise nach dem Osten deportiert hatte, evtl. in eines der berüchtigten Konzentrationslager, denn bis zum heutigen Tage habe ich nichts wieder von meinen Lieben gehört. – So stehe ich also sozusagen momentan hier ganz allein da.
Ich bin zwar noch in der Armee und selbst bei der Mil. Regierung in Stade beschäftigt, doch hoffe ich, demnächst aus den Diensten entlassen zu werden. Dann ist meine Heimat wieder BEVERSTEDT. Sie sehen also, daß meine Zukunft in Deutschland liegt, obwohl ich ebenso gut in England bleiben könnte. Aber ich bin Deutscher und möchte nun auch an dem Wiederaufbau mithelfen für ein besseres Deutschland. Sie werden aber evtl. sagen, was hat das mit der dringenden Zuzugsgenehmigung zu tun, aber ich wollte Ihnen gern zuvor auseinandersetzen, wie meine Verhältnisse stehen. – Nun zur Sache: Ich bin wöchentlich drei- bis viermal selbst in meinem Heimatort, wo ich in meinem eigenen Haus für mich zwei Zimmer habe. Sie werden verstehen können, daß ich nicht diese Zimmer für mich in Ordnung halten kann, noch kochen oder waschen usw. Ich habe deshalb Fräulein EMMI BARG, eine Jugendfreundin von mir, gebeten, doch nach Beverstedt zu ziehen, um für mich zu sorgen, mein Haus in Ordnung zu halten und zu beaufsichtigen und zu kochen, denn ich kann unmöglich all meine Sachen allein und verwahrlosen lassen, was Sie evtl. verstehen können. Ich nehme an, daß unter diesen Umständen mir eine Hilfe zur Verfügung steht, zumal ich meine ganze häusliche Gemütlichkeit jahrelang missen mußte und besonders jetzt, wo alle meine lieben Angehörigen nicht mehr da sind, mich sehr vereinsamt fühle. Da nun weiter kein Wohnraum benötigt wird, weil Frl. BARG eins meiner Zimmer bewohnt, sie desgleichen von mir bezahlt wird und in keiner Weise dem Staat zur Last fallen wird, bitte ich Sie ebenso höflichst wie dringend doch unter diesen Umständen meinen Dringlichkeitsantrag zwecks Zuzugsgenehmigung zu bewilligen.
Ihnen im voraus dankend, zeichne ich hochachtungsvoll,
Julius Brumsack[110]

Wenn die Männer im Dorfe ganz unter sich waren, wenn der Bürgermeister beim sonntäglichen Frühschoppen im Gasthaus erzählte, dass er in regelmäßigen Abständen Briefe von einem gewissen Joseph Braun erhalte, oder einem gewissen Jeffrey Barclay, die Auskunft über den Verbleib der Familie Brumsack und ihr Eigentum verlangten, dass sie demnächst persönlich erscheinen wollten, dann stierten die Anwesenden stumm in ihre Schnapsgläser, dann war die ausgelassene Stammtischstimmung mit einem Male futsch, dann rätselte man darüber, wer das wohl sein könnte. Joseph Brown? Und Jeffrey Barclay? Das klang Englisch. Ob möglicherweise Julius dahintersteckte, der aus der Ferne agierte? Oder gar ein Spion in seinem Auftrag? Immer wieder dieselben Sätze, wie ein Pingpongball zwischen den Männern hin- und hergeworfen, nur unterbrochen von einem kurzen „Dän man Proost".

„Ik glöiv dat nich, dat Julius för immer torüchkömt."

„Worüm glövst du dat denn nich?"

„Wat schall he bi den Tommies?"

„Jo, ober wat schall he hier? Sünt doch al dood, de Brumsacks."

„Ik segg di wat: Blaffers sünd keen Bieters."

Bellende Hunde beißen nicht. Für Julius traf es nicht zu.

Sie mussten viel trinken, um viel zu vergessen.

„Na, dein Julius ist noch immer in der Armee? Wie kann das denn angehen?", wurde Emmi oft gefragt. Sie antwortete mit einem freundlichen Lachen:

„Der kommt schon noch. Dauert nur noch ein bisschen."

4 Heimkehr

Anfang 1947 war der Auftrag seiner Besatzungstruppe in Deutschland beendet, Julius wollte bleiben, stellte ein Gesuch zur Versetzung in eine andere Truppe, schrieb Bittbriefe an die Kommandantur. Seine Hoffnung erwies sich als naiv. Er musste nach England zurückkehren und war untröstlich. Julius war ab jetzt wieder in London stationiert.

„Briefe Emmi und Julius", steht auf einem Aktenordner. Fast jeden Tag schrieb er Emmi, jeden einzelnen Brief nummerierte er und heftete ihn ab. Der letzte trug die Nummer 399.

Auf einem nicht minder dicken Ordner steht „Divorce".

Im Dorfe tuschelte man über die verlassene Braut, so ein Filou, dieser Julius, ließ „sin Deern" hier einfach sitzen, gefiel ihm wohl nur zu gut in England, hätte man sich doch gleich denken können, dass er wieder mal über den Ärmelkanal abgehauen war.

Die Schnaars konnten ihr Glück kaum begreifen. Und waren erleichtert und sicher, dass das Recht auf ihrer Seite sein würde.

Trotz eifriger Mitleidsbekundungen der Bewohner, trotz neugieriger Fragen, wenn Emmi einen Laden betrat, blieb sie bei ihrem offiziellen Statement „Der Julius kommt bald, der muss noch dringende Dinge in England erledigen."

Die Erledigung dieser dringenden Dinge vollzog sich in drei Akten: Der erste war die Entlassung aus der Armee, der zweite seine Scheidung und der dritte die Repatriierung.

Vom zweiten Akt des Dramas hatte Emmi bis Anfang 1947 nicht die geringste Ahnung, bis er ihr eines Tages per Brief eröffnete, dass er bereits seit sechs Jahren verheiratet sei, dass er sich im Scheidungsverfahren befinde, deshalb verzögere sich seine Rückkehr. Häppchenweise tischte Julius ihr die Wahrheit auf. Zwei Monate später gestand er ihr, dass er einen fünfjährigen Sohn hatte.

Emmi fühlte sich getäuscht, ihr bedingungsloses Vertrauen zu ihrem Geliebten bekam Risse. Den Eltern erzählte sie kein Wort davon, sie hätten unverzüglich ihre Abreise aus Beverstedt gefordert.

Emmis Eltern waren Sozialdemokraten, die Mutter Marktverkäuferin, der Vater Steiger in der Zeche „Vereinigte Constantin der Große" im Stadtteil Bochum-Riemke, die Erziehung der Tochter liberal. Es spielte keine Rolle für sie, dass er, Julius, ein Jude, Emigrant und Besatzungssoldat war, außerdem ein Habenichts. Aber verheiratet und dazu ein Kind in England? Das wäre selbst für sie zu viel gewesen.

Emmi verlor den Boden unter den Füßen. Ihr Julius, ein Don Juan, der ihr leere Versprechungen gemacht hatte und eine Doppelexistenz führte? Sie fühlte sich einsam und weinte viel, trotz der leidenschaftlichen Briefe, die er ihr fast täglich schickte, trotz der selbst verfassten Gedichte, trotz aller Liebesschwüre und regelmäßiger Care-Pakete mit Nylonstrümpfen, Tee und Cadbury-Schokolade, welche er nicht nur ihr schickte, sondern auch den inzwischen ungeduldig gewordenen Eltern, in der Hoffnung, dass er ihnen das Warten auf ihren zukünftigen Schwiegersohn auf diese Weise versüßen konnte. Aber seine Rückkehr verschob sich immer und immer wieder.

Monatelang schrieb Julius Bittgesuche um Entlassung aus der Armee. Vergeblich. Er habe sich bis zum Friedenschluss freiwillig verpflichtet, es gebe noch keine Regelungen für die *refugees*, man müsse die politischen Entwicklungen abwarten. Aber der Hitlerismus sei doch schon längst besiegt! Er empfand das Hinhalten als Schikane und hasste die Armee inzwischen abgrundtief.

Ein jüdischer Armeearzt riet, die Sache mit Chuzpe anzugehen. Er solle den Depressiven mimen. Julius, ohnehin ein Nervenbündel, fiel das nicht besonders schwer. Am 28. September 1947 wurde er aus der britischen Armee entlassen.

Bei der Überwindung der zweiten Hürde, der Scheidung von seiner Frau Hanna, half ihm die Chuzpe wenig, sondern nur ein teurer Anwalt und ein noch teurerer Privatdetektiv. Die Kosten seiner Scheidung verschlangen fast seinen gesamten Entlassungssold aus der Armee.

Hanna hatte bereits seit mehreren Jahren einen Liebhaber. Er hieß Kurt Voigt, ein deutscher Soldat. Sie lernte ihn während ihres Lazarettdienstes in Camarthen kennen, nachdem er in britische Gefangenschaft geraten war. Sie, eine Jüdin, die fliehen musste und deren Familie von den Nazis verfolgt und ermordet worden war, hatte sich in einen deutschen Soldaten verliebt! Julius war fassungslos, bekam einen Nervenzusammenbruch und wurde für mehrere Tage krankgeschrieben.

Natürlich sahen beide die Schuld für das Scheitern ihrer Ehe jeweils beim anderen Partner. In ihrer Hasskorrespondenz nannte Julius seinen Widersacher „Nazi" oder „Object", seine ehemalige Frau siezte er. Hanna umgekehrt torpedierte ihn mit finanziellen Forderungen. Zu Leslies fünftem Geburtstag, so schrieb sie, habe er seinem

Leslie mit seiner Mutter Hanna in Camarthen (Wales 1943)

Sohn noch nicht einmal eine Karte geschickt, ganz zu schweigen von seinen unterlassenen Unterhaltszahlungen. Er möge ihr endlich Geld schicken, damit sie Leslie wenigstens ein paar Schuhe kaufen und den Schullunch bezahlen könne.

Es gibt ein Foto, es muss Mitte der vierziger Jahre aufgenommen worden sein: Leslie, ein kleiner hübscher Junge, auf dem Arm seiner Mutter. Hanna mit strahlendem Gesicht, ganz im Gegensatz zu ihrem Sohn. Andere Bilder zeigen verwahrloste Häuser, wie vom Krieg zerstört. Es waren die Slums von Camarthen in Wales.

Das Scheidungsverfahren zog sich über mehr als zwei Jahre hin. Julius erhielt eine gerichtliche Vorladung vor den High Court of Justice in Camarthen wegen der Unterhaltsverpflichtungen für Leslie und Hanna („Maintenance of wife and child") und musste die Gründe seines Scheidungsantrages darlegen:

> I am a German Jewish refugee from Nazi-Oppression, and so is my wife. But because of my wife's association with a German POW [Prisoner of War] named Kurt Voigt, a man who served in the Nazi-Army, one of those people, who killed our own next-of-kin and relatives, I have not only this good reason for not paying her, so that she can keep and enjoy herself with this POW, but it is also my holy duty, to dissolve such a marriage as quick as possible. [...]
> To prove this association, I have Mr. Evans from No. 12 Woods Row, a next door neighbour here as a witness, who has seen and heard what was going on.[111]

Am 15. Mai 1948 wurde Julius von Hanna schuldlos geschieden und musste fortan weder für sie noch für seinen Sohn Unterhalt zahlen. Leslie wuchs bei seiner Mutter und seinem Stiefvater auf.

Am 9. Juli 1948 schrieb Hanna an ihren ehemaligen Mann:

> I am going to marry Kurt Voigt. He doesn't mind me being a Jewess. He has already returned and has got a home ready for me and Leslie. Leslie is going to take his name. Kurt and I will not stay in Germany its only for the time being. You have made a mistake by writing that Leslie belongs to you as well. He is my child only. You gave him up to me. But I am quite willing for you to see him. Hanna[112]

Erst Jahre später bekannte sich Julius auf Druck von Emmi zu seinem Sohn und schickte regelmäßig Unterhaltszahlungen nach England. Leslie erlernte die deutsche Sprache nicht, Hanna und Kurt sprachen nur Englisch mit ihm.

Nach der Kapitulation begann in Europa eine nie dagewesene Völkerwanderung in alle Himmelsrichtungen. Die Aktivitäten der Siegermächte konzentrierten sich zunächst auf den Austausch von Millionen von Kriegsgefangenen, die Organisation der Unterbringung und Rückführung von Zwangsarbeitern, befreiten Häftlingen aus den Konzentrationslagern, Vertriebenen und Flüchtlingen aus den ehemaligen ostdeutschen Gebieten. Die *refugees*, auch die deutschen Juden in britischer Uniform, standen auf der Liste der Prioritäten an letzter Stelle.

Julius haderte mit allen Seiten: den Briten, die ihn nicht gehen lassen wollten, der britischen Besatzungsmacht und der deutschen Bürokratie, die ihm Fragebogen um Fragebogen schickten. Die Fragen empörten ihn, man wollte wissen, ob er in der NSDAP gewesen sei, ob er einer kriminellen Vereinigung angehört habe, ob er vorbestraft sei, ob er bei seiner Rückkehr in seine Heimat einen Arbeitsplatz nachweisen, ob er sich selbst ernähren könne. NEIN, ist seine lapidare Antwort, in Großbuchstaben mit einem Ausrufezeichen quer über den Fragebogen geschrieben. Seine ganze Wut über so viel Zynismus blitzte in diesem einzigen Wort auf.

Die jüdische Remigration nach 1945, die Rückkehr der Flüchtlinge aus ihren Gastländern, gestaltete sich für die meisten von ihnen schwierig. Auch im Falle von Julius. Das Erlebte geht im Makrokosmos der Geschichte auf. Die abstrakten historischen Fakten verblassen vor dem konkreten Schicksal.

Es gab nur eine kleine rückkehrwillige Minderheit in England, nur vier bis fünf Prozent der ehemals „rassisch Verfolgten" wollten nach dem Krieg zurück nach Deutschland.[113] Bis April 1947 wurden 600 Anträge gestellt, lediglich 309 *refugees* durften bis Ende des Jahres in die britische Zone zurückkehren.[114]

Die Gründe dafür lagen auf der Hand: Manche hatten sich in England längst eine neue Existenz aufgebaut, anderen erschien die Rückkehr in das Land der Verfolger emotional unmöglich, und darüber hinaus blieb es ihnen nicht verborgen, dass die Haltung der meisten Deutschen gegenüber jüdischen Emigranten dieselbe geblieben war. Sie blühte, nach dem ersten Schock der Niederlage, schnell wieder auf, zeigte sich in ihrer ganzen Dimension von verdeckter Abwehr bis zum offenen Antisemitismus.[115] In dieser Beziehung gab es keine „Stunde Null".

Umgekehrt fürchtete die britische Besatzungsmacht durch die Rückkehr der „rassisch Verfolgten" ein erneutes Aufflammen des Antisemitismus. „Vaterlandsverräter", so war Julius genannt worden, so konnte er es immer wieder lesen und hören, waren in Deutschland unerwünscht, dazu gehörten vor allem die ehemaligen Flüchtlinge in britischer Uniform. Hatten sie doch einfach Reißaus genommen und im Ausland das „angenehme, sorgenfreie Leben eines Fahnenflüchtigen" geführt, während die Daheimgebliebenen ihrem Volk „in schwersten Zeiten treu gedient" hatten. Die Geflüchteten waren eine Störung im Programm der Reeducation, ein Stolperdraht im You-must-learn-Democracy-Prozess der Alliierten.

Um sein Einreisevisum zu erhalten, schrieb Julius mehrere Dringlichkeitsanträge, bat um Zuzugsgenehmigung in die britische Zone, wöchentlich wurde er beim Foreign Office vorstellig und immer wieder abgewiesen. Zigmal schrieb er an die Militärregierung in der britischen Zone, die Control Commission for Germany (CCG),[116] sie hatte bereits seit Dezember 1946 die Befugnisse über die Eingliederung der Remigranten an deutsche Verwaltungsinstanzen abgegeben, wenn auch unter Kontrolle der Besatzungsmacht.

Nach der Entlassung aus der Armee lebte Julius bei Annelise und Martin Stone in London. Abends, wenn er in die Redbourne Avenue zurückkehrte, erschöpft von sinnlosen Bittstellungen beim Foreign Office, müde vom Herumirren in der City, frustriert von erfolglosen Schwarzmarktgeschäften, empfing ihn Martin mit den immer gleichen Vorwürfen: „Ich versteh dich nicht. Wie kannst du nur in das Land der Mörder deiner Familie zurückkehren? Wie kannst du dir das nur antun? Wie kann man sich das als Jude überhaupt antun?"

Für Annelise und Martin gab es keinen Zweifel, sie würden niemals zurückkehren. Es dauerte Jahre, bis sie Beverstedt wieder betraten.

Abends flüchtete sich Julius früh auf seine Couch, zog sich die Decke über den Kopf. Er hatte Heimweh nach Beverstedt und dachte an die wenigen Aufrechten, die zu seiner Familie gehalten hatten. Und er verzehrte sich vor Sehnsucht nach Emmi.

Herzliebstes – meine große Sehnsucht Du!

Jetzt sitze ich wirklich „wie auf heißen Kohlen", es wird einem wirklich garnichts geschenkt, alles, sogar die Heimkehr muß man sich ganz mühselig erkämpfen – es ist zum Verzweifeln, Herzele. – Nun hat mir doch die Dame vor vierzehn Tagen, als ich mein Dokument zwecks Eintragung des Visums persönlich hinbrachte, ganz fest versprochen, daß es mir zum 11. ds. M. zugesandt würde – aber bislang schweigt alles, [...] also gleich angerufen, wo ich einem Herrn meinen Fall wieder auseinanderlegte und der mir dann sagte, sie hätten bislang noch keine Nachricht zurück von Deutschland, wohin wohl jede Repatriierung gemeldet werden muß. [...] denn es dauerte immerhin einige Wochen, bis die Nachricht aus Deutschland zurückkäme, wo alles erst überprüft werden muß, ob meine Angaben auch der Wahrheit entsprechen. So sitzt dein Tüti nun hier wirklich auf heißesten Kohlen, ich bin total fertig und nervös, glaub' es mir – – diese Ungewißheit schlägt sehr auf meine Gesundheit, denn man darf sich ja gar nichts mehr vornehmen, denn alles kommt ganz anders. – – Und Liebstes, ich möchte dich doch keinesfalls länger warten lassen, möchte dich niemals enttäuschen und deshalb muß ich Dir offen schreiben, sei ganz tapfer, ich komme sofort, wenn ich s. G. w. [so Gott will] das Visum empfange, und du wirst dann telegraphisch von mir hören, damit du mich von Bremen s. G. w. abholen kannst. An mir liegt es nicht – wie gesagt, ich sitze hier jetzt und bin total fertig und enttäuscht, denn ich hatte fest damit gerechnet s. G. w. spätestens am kommenden Dienstag zu fahren, sodaß ich dann Mittwochfrüh Zuhause gewesen wäre. – aber jetzt????????????????????? Ich will und darf eben garnichts mehr denken – ich muß mich von diesem Schlag erst erholen [...]. Oh, ich habe die Nase gestrichen voll von diesen Behörden. Wie machtlos und elend fühle ich mich!"[17]

Emmis Optimismus über die baldige Rückkehr ihres Bräutigams war inzwischen so aufgebraucht wie ihre letzten Geldreserven. Bis zu ihrer Evakuierung aufs Land hatte sie in Bochum als Drogistin gearbeitet, das Ersparte war jetzt bis auf ein paar Mark geschrumpft.

Ähnliches galt für Julius. In den letzten Monaten, nachdem er bereits aus der Armee entlassen worden war, jedoch noch nicht aus seiner Ehe, fand er manchmal Gelegenheitsjobs, aber auch das wurde schwieriger. Arbeitsplätze waren in erster Linie für die englische Bevölkerung vorgesehen. Ein paar Pfund gab er an Annelise für Kost und Logis ab, den Rest investierte er in Geschäfte.

Die Briefe zwischen Emmi und Julius kreisten in dieser Zeit um drei Themen: die Geldsorgen, die Rückerstattung, die Liebe.

Emmi strickte Kinderkleidchen und schickte sie nach England, Julius verkaufte sie bei Bekannten und an kleine Läden; von den Resten seines Entlassungssolds erwarb er auf Flohmärkten kiloweise Perlen, reihte sie auf, kreierte kunstvolle Ketten, versuchte sie wiederum auf Flohmärkten zu veräußern.

Zu Freundschaftspreisen erwarb er bei der britischen Armee säckeweise Fallschirmseide und recycelte sie zu Zelten und Hängematten.

Aber die Geschäfte liefen nicht gut, in der Nachkriegszeit war der Bedarf an Perlen, Zelten und Hängematten nicht besonders groß. Das änderte sich erst in Beverstedt.

Aber seine Abreise zögerte sich immer wieder hinaus, sein Antrag zur Repatriierung schien eingefroren zu sein. Die Wochen und Tage vergingen zwischen Zuversicht und Verzweiflung, er hasste das Land, das ihn gerettet hatte, und war ihm zugleich unendlich dankbar. An das Home Office des Alien-Department in London schrieb er am 22. Juli 1948:

> I have tried again and again to see if it would be possible to get the necessary Entry-Visa for the British Zone of Germany, on reasons of restitution etc., but this could never be granted. [...]
> I am leaving Great-Britain as a true friend of this country, for whose people I have most admiration – a brave country which has done more to those uncounted refugees than any other country in the world. It is this BRITAIN alone whom I owe that I am alive today.[118]

Der Familie Schnaars kündigte er bereits seine dauerhafte Rückkehr an und stimmte sie auf die kommenden schlechten Zeiten ein:

> Werter Herr Schnaars!
> Durch meine Braut wird Ihnen gewiß bekannt sein, daß ich so Gott will im Laufe der nächsten Woche für immer heimkehre in meine Heimat und mein Geburtshaus, Meyerhofstr. 2. Ihnen wird desgleichen zur Genüge bekannt sein, daß ich die notwendigen Schritte seit langer Zeit unternommen habe, um wieder in den rechtlichen Besitz unseres Grundstückes zu gelangen. – Ihnen ist des weiteren bekannt, daß dieses Grundstück, welches Sie jetzt bewohnen und seinerzeit vom Nazi-Staat kauften, ja niemals von meinen Lieben, d. h. von meiner lb. sel. Mutter noch von meinem sel. Onkel Siegmund verkauft wurde. [...]
> Leider aber hatten Sie sich selbst wohl niemals die Folgen eines solchen Kaufes vor Augen geführt, es war doch, ganz offen gesagt, etwas gewagt, denn man wußte genau, daß Annelise und ich seinerzeit nach England auswanderten, auch nur als Flüchtlinge ohne einen Pfennig – unsere Zukunft blieb also immer noch „unser Zuhause". – Natürlich, jetzt, nachdem der Krieg Gott sei Dank beendet wurde, war es meine allererste Pflicht mich nach meinen Lieben und unserem Eigentum zu erkundigen. Ich suchte deshalb seinerzeit sofort unser Haus auf, wie Sie sich ja noch gut entsinnen können. Ich habe diese, unsere Besitzungen natürlich sofort den zuständigen Behörden angemeldet, ein Jeder hätte genauso gehandelt, der sich in meiner Lage befände. Einige Jahre sind

inzwischen vergangen, doch war Ihnen persönlich von dem Moment an sicher klar, daß ich natürlich unser Grundstück sofort zurückverlangen würde – es war und ist ja mein Recht, es wurde ja niemals von uns verkauft, trägt doch kein Kaufvertrag die Unterschrift einer der Familien Brumsack? [...]

Ich will Ihnen mit diesem, meinem Schreiben, keinesfalls einen Schrecken einjagen, das liegt mir fern – ich möchte Ihnen nur im voraus ganz offen und ehrlich schreiben, damit Sie ebenso genau wissen, woran Sie sind und entsprechende Vorbereitungen treffen können. – Das Schicksal spielt nun einmal mit einem, aber Sie müssen ja selbst ehrlich zugeben, daß das Schicksal mit uns nun mal sehr hart gespielt hat. Ich will wirklich nur mein Recht, sonst gar nichts – deshalb bleibt die alte Bekanntschaft doch bestehen und dürfen Sie ganz unbesorgt sein, denn alles wird sich in Ruhe und gutem Einverständnis lösen.

Ich hoffe, daß wir uns in den nächsten Tagen so Gott will in bester Gesundheit wiedersehen und begrüße Sie bis dahin freundlichst

Ihr Julius Brumsack[119]

Die Rückkehr am 28. September 1948 kam auch für Julius letzten Endes überraschend.

Einen halben Tag vor seiner Ankunft schickte er sein Jubel-Telegramm an Emmi: „Baby, coming home forever. Love, your Juli.“ Mit Ausnahme von Fräulein Wiedenroth und einigen wenigen Soldaten, die aus britischer Kriegsgefangenschaft mit ein paar mageren Brocken Englisch heimgekehrt waren, verstand kaum ein Mensch in Beverstedt diese Sprache, dennoch musste irgendjemand das Sieben-Wörter-Telegramm entziffert haben, denn sein Inhalt verbreitete sich im Dorf wie ein Lauffeuer, noch bevor Emmi durch das Fräulein vom Amt die erlösende Nachricht persönlich überbracht werden konnte.

Knapp zwei Monate später, am 11. November 1948, heirateten sie in Bochum. Die einzigen Gäste waren Emmis Eltern und ihr Bruder, ein Spätheimkehrer von der Straße war ihr zweiter Trauzeuge. Es gab westfälische Hochzeitssuppe und rheinischen Sauerbraten mit Rosinen und Kartoffelknödel, Birnenkompott als Nachtisch, von der Mutter am Tag zuvor gekocht.

Am nächsten Morgen fuhren sie mit der Bahn wieder zurück nach Beverstedt.

Am Tag darauf begann Julius sein drittes Leben, mit Emmi und 347 DM Bargeld, in zwei Zimmern seines Elternhauses. Und mit dem alten Bobbie und der neuen Katze, die ebenfalls Mine hieß.

Für 30 Mark kaufte er sich ein gebrauchtes Herrenfahrrad, ließ es in der alten Schmiede zu einem Lastenfahrrad mit einem überdimensionalen Gepäckträger umbauen und legte damit den Grundstein für seine Existenzgründung. Sie bestand aus gebrauchten Mehlsäcken, die er von der britischen Armee fast geschenkt bekommen hatte. Daraus ließ er Handtücher, Bettwäsche, sogar Kleidung schneidern, und eröffnete damit einen ambulanten Warenhandel.

Nach ein paar Monaten verdiente er so viel Geld, dass es für einen bescheidenen Lebensunterhalt reichte.

5 Einfach weg

Sie wechselten die Straßenseite, sobald sie ihn kommen sahen. Er klapperte die Häuser ab, klopfte bei ihnen an, stand mit Stift und Notizbuch vor ihren Türen. Sie fertigten ihn ab wie einen blinden Hausierer, der ihnen Schnürsenkel und Bürsten verkaufen wollte. Manchmal öffneten sie erst gar nicht. Seine Briefe blieben meistens unbeantwortet, er drohte ihnen mit juristischen Konsequenzen.

Julius erschien den Beverstedtern wie ein Wiedergänger, ein Untoter, der in die Welt der Lebenden zurückgekehrt war, vor dem sie sich fürchteten wie der Teufel vor dem Jüngsten Gericht. Irgendwann waren sie mürbe und redeten doch, zumindest einige.

> Es galt natürlich herauszufinden, wie man sich seitens der Bevölkerung unseren Lieben gegenüber benommen hatte. So fand ich heraus, daß sich besonders der damalige Nachbar „Henkel" persönlich durch Schmährufe hervorgetan hatte, sodaß die Lieben sich kaum in den Garten wagten; ebenso soll er einmal die Haustürgriffe mit Fäkalien verschmutzt haben; auch andere in SA-Uniformen beteiligten sich rege mit antijüdischen Parolen und Liedern, wie es wohl überall seinerzeit in Nazideutschland üblich war.[120]

Und die anderen, die dennoch stumm blieben, zwang Julius durch einstweilige Verfügungen zum Reden. Die meisten hätten sich gewundert, dass die Brumsacks plötzlich verschwunden seien, einfach weg, man habe doch gar keine Ahnung gehabt, wie denn auch? Ja, sie seien „evakuiert" worden, „gen Osten", zum „Arbeitseinsatz", ja, davon habe man gehört.

Es gab mehrere Versionen über den Ablauf der Deportation am 17. November 1941. Da waren die Geschichten der Nachbarn, die hinter den Gardinen ihrer guten Stube gestanden hatten und alles gehört und gesehen haben wollten. Man habe die Brumsacks eines Tages ganz früh abgeholt, es seien SA-Leute gekommen, aber Beverstedter seien nicht daran beteiligt gewesen, nein, nein, ganz bestimmt nicht, damit habe man nichts zu tun gehabt, aus der Stadt seien sie gekommen. Das seien fremde Männer gewesen, keiner habe sie gekannt. Aber das mit der „Evakuierung" sei schon schlimm gewesen.

Und dann gab es noch die Version, dass der Fuhrmann Kracke das Gepäck frühmorgens abgeholt habe und alle fünf zu Fuß die vier Kilometer nach Stubben zum Bahnhof gegangen seien. Zwei Wochen vorher hätten sie die Aufforderung zu ihrer „Evakuierung" erhalten, von der Gestapo aus Bremerhaven, überbracht vom Polizeiwachtmeister Toskowski.

Genügend Zeit, um den Katalog der Anweisungen für die „Abreise" abzuarbeiten: Haus und Hof in bestem Zustand hinterlassen, alle offenen Rechnungen begleichen, Listen für Vermögensaufstellungen anfertigen, die Haustiere im Bürgermeisteramt abliefern, alle Wohnungsschlüssel bei der Polizei abgeben.

So erzählte man sich, so ähnlich erzählte es auch der Dorfchronist Ludwig Behrens.

> Beverstedt seit dem 17.11.1941 judenfrei, Anordnung der Reichsregierung, vom Bürgermeister Viereck überbracht am 14.11.1941. Sie mußten am Montag, den 17.11.41, 13 1/2 Uhr in der Lettow-Vorbeck-Turnhalle in Bremen sein. Jeder durfte 50 kg Gepäck mitnehmen. Angezogen haben sie sich doppelt und dreifach. Rollfuhrmann Kracke, hier, brachte ihnen die Sachen nach Stubben zum Bahnhof [...].[121]
>
> Wohin die 6 Juden aus Beverstedt von Bremen aus abtransportiert sind, wissen wir nicht, wir vermuten nach dem Osten. Inventar, Haus und Land sollen vom Finanzamt öffentlich verkauft werden. Kurz vor dem Abtransport gab hier die Gaufilmstelle den Film „Jud Süß" von Veit Harlan. Die Judenfrage wird nicht durch Sentimentalität gelöst, von wegen, sind auch Menschen. Warum noch „auch"?
>
> Die rührseligen Argumente zurückgebliebener Judenfreunde sind mehr von der Angst als von der Humanität aus vorgebracht. Die Maßnahmen der Regierung ist die Sühne der geschichtlichen Schuld des Judentums. [...] Diese und die voraufgegangenen Eintragungen erfolgten in Rücksicht auf die Nachwelt. Wenn sie diese Zeilen liest, wird sie (evtl. nach 50 oder 100 Jahren) staunen, daß 1941 noch 6 und 100 Jahre zurück sogar 15 Juden wohnten, die hier einen eigenen Friedhof hatten.[122]

Wenn Julius mehr erfahren wolle, solle er doch Toskowski fragen, der sei schließlich dabei gewesen, habe die ganze Aktion überwacht und auch später bei der Versteigerung für Ruhe und Ordnung sorgen müssen.

Auch Polizeiwachtmeister Toskowski ließ sich lange bitten, aber er war ein zuverlässiger Zeuge, in seiner ausführlichen Berichterstattung vom 28. Dezember 1948 vor dem Wiedergutmachungsausschuss Wesermünde beschrieb er detailliert, wie er die ihm übertragenen Amtsaufgaben in sorgfältigster Pflichterfüllung erledigt hatte:

> Die Familien Siegmund und Witwe Emma Brumsack wohnten in Beverstedt, Meyerhofstr. 2, in einem Haus, das der Witwe Emma Brumsack

gehörte. Die Meyerhofstr. gehörte zu meinem Dienstbezirk. Folglich unterlag mir die Ordnung über die Behandlung der beiden Familien. Mein Postenbereich gehörte zum Gruppenposten Beverstedt. Eine besondere Anordnung über die Behandlung der beiden Familien habe ich nicht erhalten. Ich habe daher auch nichts gegen beide Familien unternommen. Etwa 6 Wochen vor der Deportierung erhielt ich vom Landratsamt den schriftlichen Auftrag, bis zur Deportierung der Familien darauf zu achten, daß aus dem Hause nichts herausgeschafft werde. Etwa 8 Tage vor der Deportierung erhielt ich einen weiteren Auftrag, den Hausschlüssel beim Verlassen der beiden Familien in Empfang zu nehmen, abzuschließen, zu sichern und den Schlüssel beim Bürgermeister in Beverstedt zur Aufbewahrung abzugeben. Nach Empfangnahme des Schlüssels, am Abreisetag um 6 Uhr morgens, von Siegmund Brumsack (Tag ist mir nicht mehr erinnerlich), plombierte ich außerdem noch beide Haustüren und die Türen des Stallgebäudes und übergab den Schlüssel dem Bürgermeister in Beverstedt mit der Anweisung, die Schlüssel ohne meine Zustimmung nicht auszuhändigen. Anschließend wurde dem Landratsamt hierüber Meldung erstattet. In der nachfolgenden Zeit, bis zur Versteigerung der Sachen, habe ich des Öfteren nachgesehen, ob die Plombierung in Ordnung war. In der ersten Woche nach der Deportierung fand ich bei der Nachkontrolle, daß der Draht der Plombe der Haupteingangstüren gerissen und wieder zusammengedreht war. Vom Bürgermeister Viereck erfuhr ich dann, daß ein Finanzbeamter aus Wesermünde das Haus betreten habe. Ich habe hierauf dem Landratsamt Meldung erstattet und lehnte jede Verantwortung ab. Nach Anlegung einer neuen Plombe wurden die Kontrollen dann weiter durchgeführt und stets in Ordnung befunden.
Ein Auftrag, das Grundstück Meyerhofstr. 2 laufend zu beobachten, war vom Landratsamt erteilt, um Spionage zu verhüten. Gewarnt wurden von mir auch keine Personen, die Brumsacks besuchen wollten. Hierzu lag auch keine Anweisung vor.
Am Nachmittage, gegen 16 Uhr, vor dem Tag der Abreise, suchte ich die Fam. Brumsack und Witwe auf, um festzustellen, wann sie am darauffolgenden Tage das Haus verlassen wollten. Siegmund Brumsack sagte mir hierbei, daß sie am nächsten Tage um 6 Uhr früh das Haus verlassen würden. Ich antwortete ihm, daß ich pünktlich zur Stelle sein würde. Brumsack freute sich, daß ich die Schlüssel in Empfang nehmen würde und bedankte sich. Auf meine Frage, warum denn alle über 60-jährigen mit fortgingen, antwortete er, daß er seinen Sohn nicht alleine fortge-

hen lassen wollte und sie hätten beschlossen, alle mitzugehen. In seiner Gegenwart war ich noch zum Herd gegangen, um festzustellen, ob das Feuer im Herd gelöscht war. Letzteres gehörte noch zu meinem Auftrag. Die Angehörigen der Familie Brumsack durften je 50 kg Gepäck und 50 RM bei sich führen.

Eine Kontrolle über das Gewicht des Gepäcks konnte ich nicht vornehmen, da ich keine Dezimalwaage zur Verfügung hatte. Meine Frage, ob sie mehr Geld als 50 RM bei sich hatten, wurde verneint. Bei meinem Eintreffen um 6 Uhr stand der Spediteur Kracke aus Beverstedt vor dem Haus und hatte das Gepäck verladen.[123]

Er habe nur das gemacht, was man ihm aufgetragen habe, sagte Toskowski. Es klang wie das Vaterunser, das die Befragten gebetsmühlenartig aufsagten, genauso wie der Pastor an jedem Sonntagmorgen in der Dorfkirche seiner Christenpflicht nachging, indem er seinen Gottesdienst stets mit einem „Gott segne euch und unseren Führer Adolf Hitler“ abschloss. Nein, auch der Pastor habe nur seine Pflicht getan.[124]

Aber auch diejenigen gab es, die nicht ihre „Pflicht“ getan hatten, die sich nicht um die Verbote geschert hatten. Das waren die zurückgebliebenen „Judenfreunde“.

Im Gegensatz dazu möchte ich aber auch bemerken, dass einige kleine Bauernfamilien umgekehrt meinen Lieben mit Lebensmitteln halfen, die sie in der Dunkelheit überbrachten, da sie ja keine Lebensmittelmarken mehr erhielten.[125]

Von allen Seiten tönte es Julius im Gleichklang entgegen: Der Nationalsozialismus habe in Beverstedt keine große Rolle gespielt – das „Unglück“ sei wie eine Naturkatastrophe über ihren Ort hinweggefegt. Genau genommen Schicksal. Nazis in Beverstedt? Nein, davon habe man nichts gehört. In der Chronik würden sie später etwas anderes über sich lesen, würden sich dann vielleicht verwundert die Augen reiben. Über die anderen, die Nazis.

Sonntag, 29.06.1941

Alle Beverstedter sitzen seit 11 Uhr ununterbrochen am Lautsprecher, um die Berichte aus dem Führerhauptquartier, die gewaltigen Waffenerfolge unserer tapferen Wehrmacht *gegen die rote Armee* seit dem 22.06.1941 zu hören. Wir kommen aus dem Staunen und der Bewunderung nicht heraus!!! Ja, Deutschlands Söhne, Deutschlands Helden, großer Gott, wir loben dich. Deutsche Freiheitskämpfer sterben, aber weichen tun sie nicht! Deutschlands Freiheitskampf ist zu einem europäischen Kampf gegen die teuflischen Geister der Unterwelt, Plutokratie

und Judentum geworden. Im Osten leuchtet das Morgenrot einer neuen Zeit.[126]
Samstag, 20.09.41
Den Davidstern tragen die hiesigen 7 Juden (3 Männer und 4 Frauen) nach Vorschrift seit dem 19. September 1941, gelb, sechszackig mit Inschrift Jude.[127]
Montag, 13.10.1941
Die Genialität des Führers, die Tapferkeit und Ausdauer des deutschen Soldaten, die Güte unserer Waffen haben gesiegt über die sowjetische „Masse" an Raum, Kriegs- und Menschenmaterial. Von dem jüdisch-bolschewistischen Sterilisierungsplan wird nichts mehr. Der deutsche Siegfried hat den bolschewistischen Drachen getötet.[128]

Der Weltöffentlichkeit wurde bereits seit April 1945 durch Schrift, Wort und Bild, durch Wochenschauen und Tageszeitungen vor Augen geführt, was u. a. in Bergen-Belsen, nur knapp 150 Kilometer von Beverstedt entfernt, was in Buchenwald, in Sachsenhausen, in Dachau geschehen war, und wohin „Auswanderung", „Abreise", „Abmeldung", „Abschiebung", „Umsiedlung", „Evakuierung", „Verschickung", „Osttransport" geführt hatten. Nach Auschwitz, nach Treblinka. Nach Majdanek, Sobibor, Belzec. Nach Minsk, nach Maly Trostinez.

Obwohl es auch in Beverstedt Wochenschauen und Zeitungen gab, obwohl die Nachrichten über die Ermordung der europäischen Juden bis Oktober 1945 bereits auch in Deutschland bis in den letzten Winkel gedrungen waren, wollte man in Julius' Heimatort davon nichts wissen. Insbesondere der Bürgermeister nicht.

Für ihn und seine Beverstedter waren sie „ausgewandert" – wohin sie gekommen waren, darüber mochte man sich keine Gedanken machen.

Julius brauchte fast zwei Jahre, um die Geschehnisse um seine Familie zwischen April 1939 und November 1941 zu rekonstruieren. Es blieben Leerstellen, Widersprüche, Fragezeichen, Vermutungen. Auch heute, in Zeiten der alles umfassenden Google-Suchmaschine, ist es nicht gelungen, sie vollständig aufzuspüren.

Die Spuren von Julius' Familie endeten mit dem 18. November 1941 in Bremen. Das Einwohnermeldeverzeichnis von Beverstedt vermerkte ihre „ordnungsgemäße" Abmeldung. Unter der Spalte „Zukünftiger Wohnort" steht: „Evacuiert nach dem Osten", der „Meldeort" lautet: „Bremen-Lettow-Vorbeck Turnhalle."[129] Dort verbrachten die Brumsacks ihre letzte Nacht. Zuvor raubte man ihnen das Wenige, was sie noch besaßen: Die letzten Rudimente ihrer Habseligkeiten und die ihrer Menschenwürde, bevor man sie früh morgens in der Dunkelheit und in kleinen Gruppen, dem Misstrauen der Bremer Bevölkerung vorbeugend, zum Lloydbahnhof trieb. In den Tageszeitungen würde man davon nicht berichten.

Gewiss wurden auch die Brumsacks gezwungen, diese Erklärung zu unterzeichnen:

> Ich, der unterzeichnete Jude, bestätige hiermit, ein Feind der Deutschen Regierung zu sein und als solcher kein Anrecht auf das von mir zurückgelassene Eigentum, auf Möbel, Wertgegenstände, Konten oder Bargeld zu haben. Meine deutsche Staatsbürgerschaft ist hiermit aufgehoben und ich bin vom 18. November ab staatenlos.[130]

Gemeinsam mit 442 jüdischen Menschen aus Bremen und 130 Personen aus dem Regierungsbezirk Stade, unter ihnen 63 Kinder, wurden sie über Hamburg mit ca. weiteren 500 Juden nach Minsk deportiert.[131] In unbeheizten Güterwaggons. Drei Tage später trafen sie dort ein. Einige starben bereits unterwegs.

In Minsk war das Lager überfüllt, die Organisation eines Ghettos war schließlich kein Kinderspiel, und da man dringend Platz für die 7000 Neuankömmlinge aus dem Reichsgebiet schaffen musste, wusste man sich zu helfen und erschoss kurzerhand 12 000 weißrussische Juden. Die Beseitigung der Toten hatte man nicht rechtzeitig vor dem nächsten Ansturm geschafft, das mussten jetzt die Neuankömmlinge erledigen. Als sie in die Baracken kamen, lagen überall verstreut Leichen herum, zusammengeschossen, zusammengeklappt an den Tischen über den Resten ihrer letzten Mahlzeit.

Es gibt Listen über die Deportation der Bremer Juden, jedoch sind es unvollständige, nach dem Krieg rekonstruierte Verzeichnisse. Der Name Brumsack steht nicht darauf. Auf der Liste befinden sich jedoch zwei ehemalige, nach Bremerhaven verzogene Bewohnerinnen aus Beverstedt: die dreißigjährige Margot Goldberger und ihre achtjährige Tochter Ingeborg. Von den Bremer Deportierten überlebten sechs Männer.[132]

Die Frage, wie seine Familie zu Tode gekommen war, nagte ein Leben lang an Julius.

Es war denkbar, dass sie sie bereits im Winter 1941/42 gestorben waren. Für das Morden erfanden die Mordkommandos in Minsk zahlreiche Varianten. Tötung durch Hunger, Durst, Kälte, in Baracken mit

Öfen ohne Heizmaterial, ohne Licht, ohne Wasser, nur draußen ein Brunnen, bei extremen Temperaturen von minus vierzig Grad.

Wilhelm Kube, der Generalkommissar für Weißruthenien, bat seinen Kollegen Hinrich Lohse, den Reichskommissar für das Ostland (besetzte Ostgebiete), am 16. Dezember 1941 um „Unterstützung zur Lösung der Judenfrage".

> Mein lieber Hinrich!
> Ich bitte dich persönlich um eine dienstliche Anweisung für das Verhalten der Zivilverwaltung gegenüber den Juden, die aus Deutschland nach Weißruthenien deportiert worden sind. Unter diesen Juden befinden sich Frontkämpfer. Unter diesen Juden sind auch Facharbeiter. Die Juden selbst werden wahrscheinlich in den nächsten Wochen erfrieren oder verhungern [...].
> Ich bin gewiß hart und bereit, die Judenfrage mit lösen zu helfen, aber Menschen, die aus unserem Kulturkreis kommen, sind doch etwas anderes, als die bodenständigen vertierten Horden. Soll man die Litauer und die Letten, die hier auch von der Bevölkerung abgelehnt werden, mit der Abschlachtung beauftragen? Ich könnte es nicht.[133]

Oder aber man hatte sie erst im Sommer 1942 im Rahmen der Massenmordaktionen in der Nähe des Dorfes Maly Trostinez erschossen, sie zusammen mit Tausenden von anderen Juden an die äußersten Ränder der Gruben getrieben und mit Genickschüssen in den Abgrund geschossen, während aus den Lautsprechern der Erschießungskommandos das Lied vom Tode gespielt wurde: „Es geht alles vorüber, es geht alles vorbei."

In dem Bericht von Wilhelm Kube hieß es dazu:

> In Minsk-Stadt sind am 28. und 29. Juli [1942] rd. 10.000 Juden liquidiert worden, davon 6.500 russische Juden, überwiegend Alte, Frauen und Kinder – der Rest bestand aus nicht einsatzfähigen Juden, die überwiegend aus Wien, Brünn, Bremen und Berlin im November v. J. nach Minsk auf den Befehl des Führers geschickt worden sind.[134]

Oder sie waren vergast worden und ihre Mörder hatten sie unter dem Vorwand einer Ausflugsfahrt eingeladen, in den schönen Wald von Blagowschtschina. Die LKW sahen aus wie Möbelwagen, ein heimeliger Anblick, aufgemalte Fenster, sogar Gardinen, Fensterläden, hübsch dekorierte Blumenkästen. Ja, sie besaßen sogar einen Schornstein, die Nazis hatten einen Sinn fürs Idyllische. Und auch die Fahrzeugtypen hatten einen gefälligen Namen, „Diamond" hieß ein Modell. Es waren umgebaute Gaswagen, quasi ein Mini-Auschwitz auf vier Rädern, der

Einsatz wurde ab Frühjahr 1942 erstmalig erprobt, das manuelle Töten, eine Kugel für jeden Einzelnen, war zu wenig effektiv, zu zeitaufwendig, zu teuer, zu blutig.

In einem der Schuhkartons aus Julius' Nachlass befindet sich ein abgenutzter *Spiegel*-Artikel aus dem Jahr 1966 mit der Überschrift „Der Nerven wegen".

Wie oft mochte Julius ihn gelesen haben? Es war ein Bericht über den Prozess zu den in Minsk begangenen Gewaltverbrechen, über die Aussagen der angeklagten SS-Täter, ihre Mordmethoden. Als der ehemalige SS-Mann Friedrich Pradel vom Richter über den Zweck der Gaswagen befragt wurde, antwortete dieser: „Es sollte eine humanere Hinrichtungsart sein." „Für wen humaner – für die Hinzurichtenden oder die Exekutionskommandos?", fragte der Richter. Keine Antwort.

Und auch das stand in dem *Spiegel*-Artikel:

> „Es hat immer gut geklappt. Der Wagen hat nicht gewackelt, und die Leute haben nicht geschrien", so gab 1961 der Gasauto-Chauffeur Erich Gnewuch nach seiner Verhaftung zu Protokoll, bevor er in der Berliner JVA Moabit Selbstmord beging.[135]

Das Haus in der Meyerhofstraße 2 wurde unmittelbar nach der Deportation der Familie Brumsack vom Deutschen Reich übernommen, im April 1942 kaufte es die Familie Schnaars für 11 000 RM.

6 Schnäppchenjagd

In den folgenden Jahren führte Julius zwei Leben in einem. Am Tage kämpften Emmi und er gemeinsam mit den Schwierigkeiten ihrer Existenzgründung, am Abend hämmerte er Brief um Brief in seine Schreibmaschine. Mit jedem Satz schrieb er sich ins Leben zurück.

Nicht selten erschien er persönlich bei den Behörden und trug seine Ansprüche vor, verlangte die Vernehmung von Beschuldigten und Zeugen, wie vor dem Wiedergutmachungsamt in Stade, das er jetzt regelmäßig „heimsuchte“. Oder er verlangte die Herausgabe von Beweismitteln, wie beim Finanzamt in Bremerhaven, und harrte so lange vor der Amtstür des neuen Vorstehers aus, bis dieser ihm die Papiere aushändigte, die sein Vorgänger einst unterzeichnet hatte.

Herrn
Heinrich Jäger
Beverstedt
Betr.: Verwertung des Hausrats der abgeschobenen Juden Sara [= Grete], Hans, Siegmund, Ros[a] und Emma Brumsack in Beverstedt, Meyerhofstr. 2
Ich erteile Ihnen hiermit die Versteigerung des im Hause Meyerhofstraße 2 befindlichen Hausrats der oben genannten Juden. Die Aufnahme des Hausrats wird Ihnen, wie bereits mit Ihnen besprochen, telefonisch von mir mitgeteilt werden.
Gez.: Oswald[136]

Julius wollte es genau wissen. Wie ein Detektiv arbeitete er an der Rekonstruktion der Geschehnisse, den Spurensicherungen, den Ermittlungen der Tatumstände und der Fahndung nach den Tätern, den Zeugen, vor allem suchte er nach Beweisen.

Nach einigen Monaten der Recherche glaubte er zu wissen, wie die Versteigerung des Hausrats der Familie Brumsack am 8. Dezember 1941, drei Wochen nach ihrer Deportation, abgelaufen war:

An jenem Montagnachmittag war es kalt und nass gewesen, stark bewölkt mit etwas Regen, ein eisiger Wind fegte durch die Meyerhofstraße 2. Die Bewohner Beverstedts und der umliegenden Dörfer kamen in Scharen zur „Auktion“. Vermutlich hatten die Organisatoren dieses Ereignis zuvor in der *Nordwestdeutschen Zeitung* bekanntgegeben, sie hatten gewiss auch daran gedacht, es per Aushang im Bürgermeisteramt zu verkünden, genau an der Stelle, wo fünf Jahre später Julius’ Brief an die Beverstedter Bevölkerung hängen würde.

Möglicherweise gab es zur Stärkung Kaffee und Butterkuchen, vom Bäcker Prenzler, dem neuen Besitzer des Brumsack'schen Weidelandes, für ein paar wenige Pfennige feilgeboten, wie es in Sehnde ein halbes Jahr später geschehen würde. Aber dort fand die Versteigerung im Saal eines Gasthauses statt.

Es dauerte lange, bis Julius alle Einzelheiten der „Auktion" in Erfahrung bringen konnte. Die Beverstedter weigerten sich, sich zu erinnern, es sei ja schon acht Jahre her. Wozu er das überhaupt noch wissen wolle? Da halte man sich doch lieber an Johann Strauß: „Glücklich ist, wer vergisst, was nicht mehr zu ändern ist."

Der Hausrat sei im Haus verkauft worden, es sei zu kalt gewesen, zu umständlich, um alles nach draußen zu schaffen, so berichtete später der Auktionator Heinrich Jäger. Nein, eine Liste über den versteigerten Hausrat habe es nicht gegeben, sie sei wahrscheinlich im Altpapier gelandet. Und eine Liste mit den Namen der Käufer? Nein, die erst recht nicht.

Der ganze Ort eine Bürgerwehr aus Schweigen.

Einen Zeugen gab es jedoch: Polizeimeister Toskowski. Er war, so wie bereits bei der Deportation, auch am Tag der Versteigerung in der Meyerhofstraße in amtlicher Funktion tätig, konnte infolgedessen auch darüber verlässliche Auskünfte erteilen.

So lautete der Bericht des Polizeimeisters Toskowski:

> Das Haus und Grundstück befanden sich in einem guten Zustand, soweit ich es beurteilen konnte. Zerstörungen sind bis zur Versteigerung des Mobiliars nicht vorgenommen worden. Einen Diebstahl habe ich nicht feststellen können. Über das zurückgebliebene Inventar, sowie Haus- und Hofgeräte, Feuerung usw. kann ich keine Angaben machen, da ich zur Feststellung dieser Sachen keinen Auftrag hatte. Die Versteigerung des Mobiliars fand durch den Auktionator Jäger aus Beverstedt statt.
>
> Das Grundstück wurde nach der Deportation, soweit es mein Dienst gestattete, des öfteren kontrolliert. Vor der Versteigerung habe ich einmal dem Auktionator Jäger mit einem Finanzbeamten zur Aufnahme des Mobiliars das Haus geöffnet. [...]
>
> Bei der Versteigerung war ich anwesend, sorgte für Ruhe und Ordnung. Einen besonderen Auftrag hierzu hatte ich nicht. Diese Diensthandlung gehörte zu meinen gewöhnlichen Dienstobliegenheiten. Außerdem war noch 1 Beamter der Preiskontrolle anwesend. Soweit ich mich entsinnen kann, wurden sämtliche Gegenstände versteigert. Nach der Versteige-

rung habe ich den Hausschlüssel nicht mehr abverlangt, da ich hierzu keinen Auftrag hatte. Bei meinem Verlassen des Gebäudes waren noch einige Möbelstücke in den Räumen, die wohl versteigert, aber noch nicht abgeholt waren. Über Feuerung, Gartengeräte und Waschkessel kann ich keine Angaben machen, da ich hierauf nicht geachtet habe.

Über abgegebene oder hinterlassene Papiere und Dokumente der Familie Brumsack ist mir nichts bekannt. Ich kann daher hierüber auch keine Angaben machen.[137]

Dagegen verweigerte der Auktionator Heinrich Jäger beharrlich jegliche Auskunft, leugnete weiterhin die Existenz der Käuferlisten, wie auch die meisten anderen jegliche Beteiligungen leugneten. Sie hielten fast ein ganzes weiteres Jahr durch. Irgendwann platzte Julius der Kragen und er wandte sich an das Wiedergutmachungsamt in Stade, um eine einstweilige Verfügung gegen Heinrich Jäger zu erwirken:

Ich habe eine klare Auskunft auf schriftliche Anfragen, um welche Sachen es sich handelte, welcher Erlös erzielt wurde, welche Personen Gegenstände erworben haben und welche Gegenstände diese waren, von ihm nicht erhalten können.

Ich überreiche das Original seines Antwortschreibens vom 15.06.49 und beantrage nunmehr, im Wege der einstweiligen Verfügung anzuordnen, daß Heinrich Jäger über die Vorgänge vor, während und nach den beiden Versteigerungen eine erschöpfende Auskunft mir zu erteilen hat, auch darüber, was ihm über die angebliche Ablieferung von Sachen an die NSV [Nationalsozialistische Volkswohlfahrt] bekannt ist und wer diese Sachen in Empfang genommen hat.[138]

Die einstweilige Verfügung löste seine Zunge. Und auch die von anderen. So gab der Auktionator Jäger am 14. Dezember 1949, knapp drei Wochen nach Julius' Antrag, vor dem Wiedergutmachungsamt in Stade seine Sichtweise der Vorgänge zu Protokoll:

Ich erhielt s. Zt. vom Finanzamt in Bremerhaven den Auftrag, gewisse Teile des Brumsack'schen Hausrats zu versteigern. Ich konnte diesen Auftrag garnicht ablehnen, wenn ich mich nicht ausserordentlichen Erschwerungen in meinem Geschäft aussetzen wollte. Ich hatte an sich bei der Partei, deren Angehöriger ich seit 1937 war, keine gute Nummer und musste, falls ich den Auftrag des Finanzamts als meine vorgesetzte Dienststelle ablehnte, damit rechnen, dass sie mir in meiner Tätigkeit und ausserhalb dieser, grosse Schwierigkeiten bereitete. Persönlich war ich mit der Familie Brumsack gut bekannt; alle Familienmitglieder waren in Beverstedt sehr angesehen. Die von dem ersten

Versteigerungserlös und von den späteren Erlösen einbehaltene 5 v. H. [von Hundert] des Erlöses sollte ich mit Genehmigung des Finanzamtes als Ersatz für meine Auslagen und für Sonderaufwendungen rechnen. Ich habe daher aus der ersten grösseren Versteigerung 5 v. H. = 175 RM erhalten. Ich kann heute natürlich nicht mehr ziffernmässig angeben, wie hoch meine baren Ausgaben gewesen sind, ich schätze sie auf etwa 120 RM. Der Mehrerlös war die Abgeltung meiner besonderen Tätigkeit in dieser sehr viel Zeit in Anspruch nehmenden Sache. Daneben haben die Erwerber an mich auch 5 v. H. = 175 RM Verkaufsgebühr entrichtet. Sämtliche Erwerber wussten natürlich ganz genau, dass es sich bei den versteigerten, in Wirklichkeit verkauften Sachen um die Sachen der Familie Brumsack handelte. Das Schicksal der Angehörigen Brumsacks war auch allgemein in Beverstedt und Umgegend bekannt. Es herrschte aber damals während des Krieges ein empfindlicher Mangel an Textilien und Gebrauchsgegenständen aller Art, und dieser Mangel war es, der die Leute zum Kauf trieb und sie das dahinter stehende Schicksal der Familie Brumsack vergessen liess. Vor der Terminanberaumung erschienen damals bei mir der Leiter des Finanzamts Bremerhaven, ein Oberregierungsrat Ostwald [sic] und ein gewisser Steuerinspektor Schweinfurt. [...]

Die erzielten Erlöse habe ich selbst festgesetzt, und zwar auf Grund der seit 1936 geltenden Preisstoppverordnung. Selbstverständlich hätte ich bei einer wirklich freien Versteigerung das Vielfache erzielen können.

Ob und welche Sachen die NSV von dem Brumsack'schen Hausrat erhalten hat, vermag ich nicht anzugeben. Der damalige Leiter war Friedrich Teschen.[139]

Julius versuchte zu begreifen, was nicht zu begreifen war, er hörte nicht auf, sich immer wieder dieselben Fragen zu stellen: „Warum haben sie dabei mitgemacht? Kein Mensch hat sie gezwungen."

Und immer wieder die gleichen Antworten: Es seien halt schwere Zeiten gewesen, mitten im Krieg, man hatte nichts, es fehlte doch am Allernötigsten. Bittere Not. Und außerdem: Julius könne doch gar nicht mitreden, er sei schließlich nicht dabei gewesen.

Er fragte sich, wie die Menschen die „Versteigerung" erlebt hatten, es waren sogar Nachbarn unter den Käufern, jeder kannte die Brumsacks, jeder wusste, dass man sie deportiert hatte, wusste, wessen Hab und Gut hier verhökert werden sollte.

Er stellte sich die Menschen vor, ihre Stimmung, ihre Gesichter, sie müssten doch bekümmert, sie müssten doch beschämt gewesen sein.

Aber wenn es so gewesen wäre, dann hätten sie gewiss nicht daran teilgenommen. Überhaupt, was für ein Wort: „Versteigerung“.

Überhaupt, was für Wörter für all die Dinge, die dort geschehen waren: „Veräußerung“, „Verwertung“, „Sicherstellung“, „Einziehung von Vermögenswerten“.

Vielleicht war es auch ein unterhaltsames Spektakel gewesen, ein dichtes Gedränge wie im Winterschlussverkauf. Man begrüßte sich, rief „Gooden Dag“ oder „Moin“, man klönte, eine gute Gelegenheit, um alte Bekannte wiederzutreffen. Oder man tauschte sich über das Weltgeschehen aus, über den gestrigen Angriff der Japaner auf Pearl Harbour, den Kriegseintritt der Amerikaner, „über Deutschlands Helden, über Deutschlands Freiheitskampf“.[140]

Und immer und immer wieder dieselben Gedanken, die in seinem Kopf herumspukten: wie es gewesen sein mochte, als sich die Kauflustigen durch die Küche, durch die kleine und große Stube, das Esszimmer und die drei Schlafzimmer, durch Waschküche, Boden und Scheune schoben, wie sie begierig ihre Hände hochschnellen ließen, zum ersten, zum zweiten, zum dritten, für Sessel, Stühle, Sofas, Kommoden, Lampen, Gardinen, Tischdecken, Kissen, Wanduhren, Tassen, Teller, Gläser, Liegestühle, Blumentöpfe, Schaufeln, Spaten, Teppichklopfer, selbst für das Nachtgeschirr. Wie sie sich um die Kleidungsstücke rissen, die die NSV, die Nationalsozialistische Volkswohlfahrt, nicht einkassiert hatte, um Siegmunds, Arnolds und Hans Leos Anzüge, Hüte und Schlipse, wie sie nach Emmas, Gretes und Rosas Kleidern, Unterwäsche, Strümpfen griffen.

Dann fand der Auktionator sie überraschenderweise doch, die vermeintlich entsorgten Listen der zwei Versteigerungen, sieben eng beschriebene Seiten.[141] Es kamen Hektik und Aufregung in den Ort, die Nachricht glich einem Beben.

Wie oft mochte Julius sie studiert haben? Dort standen sie alle, die Namen und die Anzahl der Käufer, ihr Wohnort, die Gegenstände und der gezahlte Preis. 385 Gegenstände und 124 Käufer, einige wenige erwarben nur einen einzigen Artikel, viele machten einen Großeinkauf. Sie wohnten nicht nur um die Ecke. Der Familienausflug, der Weg aus Appeln, Bokel, Donnern, Freschluneberg, Geestenseth, Heerstedt, Lübberstedt, Osterndorf, Stubben, Wehdel, Wehldorf, Wellen, Westerbeverstedt, Wollingst und woher sie sonst noch kamen, sollte sich gelohnt haben. Das Christkind stand in gut vierzehn Tagen vor der Tür, es war höchste Zeit, an Weihnachtsgeschenke zu denken.

Vielleicht hatte es sich so zugetragen, vielleicht aber auch anders. Vielleicht nur ein bisschen anders.

Auch der Polizeiwachtmeister war an diesem Tag nicht nur in amtlicher Funktion tätig, sondern packte die günstige Gelegenheit beim Schopf, wollte offenbar seiner Frau eine kleine Freude machen und erwarb einen Bohnerklotz für eine Reichsmark.

Einige Familien freuten sich gleich über mehrere Schnäppchen. Auf den Listen fanden sich die Namen unmittelbarer Nachbarn, Paula Roenicke, die Mutter von Bernie, Julius' späterem Nachbarfreund, erstand das Klavier von Emma, eine Leiter, eine Säge, Feuerholz, Torf und Kochtöpfe.

Auch Fuhrmann Kracke war dabei, er ergatterte einen Treppenläufer, einen elektrischen Wasserkocher, Bilder, Gläser und Porzellan. Die komplette Stube (Nr. 281) ging für 280 RM weg.

Gretes Schlafzimmer wurde erst am 7. April 1942 versteigert, den Grund dafür sollte Julius nie erfahren. Auf dieser Liste standen 52 Gegenstände, der teuerste war ein Kleiderschrank für 50 RM, einer der günstigsten ein Nachteimer für 1,50 RM; ein Bild, eine Gardine, eine Decke, ein Kissenbezug wurden für eine Reichsmark gekauft.[142]

Karl Schnaars erwarb die Nummer 11 auf der Versteigerungsliste, es war die Stehlampe mit dem bernsteinfarbenen Glasschirm für seine zukünftige neue Wohnstube. Er hätte er sie dort gleich stehenlassen können. Es wäre praktisch gewesen. Neun Tage später kaufte er das Haus vom Deutschen Reich.

Auch gab es Gaffer, die neugierig waren auf das einmalige Spektakel. „De Lüt häb sick op de Feut trampelt, so voll wör dat", erzählte später einer, der nach eigenem Bekunden dabei gewesen sei, aber nichts gekauft habe.

Die NSV hatte das Hausinventar bereits zuvor gesichtet, neben den Kleidungsstücken für das Winterhilfswerk auch die vier Fahrräder, die beiden Teppiche aus den Wohnzimmern einkassiert, den großen Kühlschrank, den sich der Bürgermeister, der inzwischen Viereck hieß, in sein Haus liefern ließ, ebenso wie das Telefunken-Radio. Und all die anderen Dinge, die nicht auf der Liste standen, weil sie vorab von der Gestapo geraubt worden waren. Schmuck, Silberbesteck, Wertsachen, Federbetten, Matratzen, alle Vorräte aus dem Garten, Kartoffeln und Steckrüben, das eingemachte Sauerkraut, die eingekochte Pflaumen- und Erdbeermarmelade, die Weckgläser mit Äpfeln, Birnen und Pflaumen, Essiggurken und Stangenbohnen.

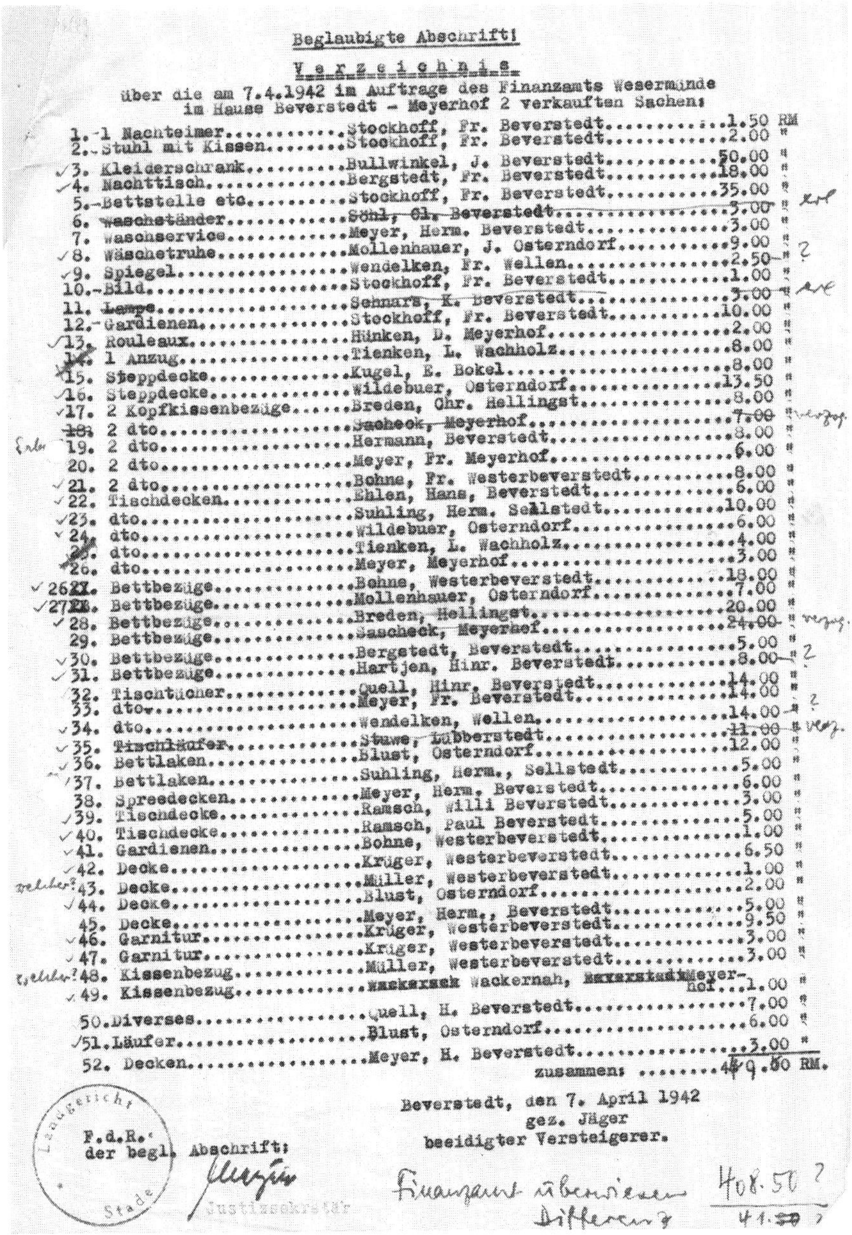

Beglaubigte Abschrift!

V e r z e i c h n i s.

über die am 7.4.1942 im Auftrage des Finanzamts Wesermünde
im Hause Beverstedt - Meyerhof 2 verkauften Sachen:

1. 1 Nachteimer..........Stockhoff, Fr. Beverstedt..........1.50 RM
2. Stuhl mit Kissen.......Stockhoff, Fr. Beverstedt..........2.00 "
3. Kleiderschrank.........Bullwinkel, J. Beverstedt..........50.00 "
4. Nachttisch.............Bergstedt, Fr. Beverstedt..........18.00 "
5. Bettstelle etc.........Stockhoff, Fr. Beverstedt..........35.00 "
6. ~~Waschständer~~...........~~Söhl, Cl. Beverstedt~~..........~~3.00~~ "
7. Waschservice...........Meyer, Herm. Beverstedt..........3.00 "
8. Wäschetruhe............Mollenhauer, J. Osterndorf..........9.00 "
9. Spiegel................Wendelken, Fr. Wellen..........2.50 "
10. Bild..................Stockhoff, Fr. Beverstedt..........1.00 "
11. ~~Lampe~~.................~~Schnars, K. Beverstedt~~..........~~3.00~~ "
12. Gardienen.............Stockhoff, Fr. Beverstedt..........10.00 "
13. Rouleaux..............Hünken, D. Meyerhof..........2.00 "
14. 1 Anzug...............Tienken, L. Wachholz..........8.00 "
15. Steppdecke............Kugel, E. Bokel..........8.00 "
16. Steppdecke............Wildebuer, Osterndorf..........13.50 "
17. 2 Kopfkissenbezüge....Breden, Chr. Hellingst..........8.00 "
18. 2 dto.................~~Sacheck, Meyerhof~~..........~~7.00~~ "
19. 2 dto.................Hermann, Beverstedt..........8.00 "
20. 2 dto.................Meyer, Fr. Meyerhof..........6.00 "
21. 2 dto.................Bohne, Fr. Westerbeverstedt..........8.00 "
22. Tischdecken...........Ehlen, Hans, Beverstedt..........6.00 "
23. dto...................Suhling, Herm. Sellstedt..........10.00 "
24. dto...................Wildebuer, Osterndorf..........6.00 "
25. dto...................Tienken, L. Wachholz..........4.00 "
26. dto...................Meyer, Meyerhof..........3.00 "
26 27. Bettbezüge............Bohne, Westerbeverstedt..........18.00 "
27 28. Bettbezüge............Mollenhauer, Osterndorf..........7.00 "
28. Bettbezüge............~~Breden, Hellingst~~..........20.00 "
29. Bettbezüge............~~Sacheck, Meyerhof~~..........~~24.00~~ "
30. Bettbezüge............Bergstedt, Beverstedt..........5.00 "
31. Bettbezüge............Hartjen, Hinr. Beverstedt..........8.00 "
32. Tischtücher...........Quell, Hinr. Beverstedt..........14.00 "
33. dto...................Meyer, Fr. Beverstedt..........14.00 "
34. dto...................Wendelken, Wellen..........14.00 "
35. ~~Tischläufer~~...........~~Stuwe, Lübberstedt~~..........~~11.00~~ "
36. Bettlaken.............Blust, Osterndorf..........12.00 "
37. Bettlaken.............Suhling, Herm., Sellstedt..........5.00 "
38. Spreedecken...........Meyer, Herm. Beverstedt..........6.00 "
39. Tischdecke............Ramsch, Willi Beverstedt..........3.00 "
40. Tischdecke............Ramsch, Paul Beverstedt..........5.00 "
41. Gardienen.............Bohne, Westerbeverstedt..........1.00 "
42. Decke.................Krüger, Westerbeverstedt..........6.50 "
43. Decke.................Müller, Westerbeverstedt..........1.00 "
44. Decke.................Blust, Osterndorf..........2.00 "
45. Decke.................Meyer, Herm., Beverstedt..........5.00 "
46. Garnitur..............Krüger, Westerbeverstedt..........9.50 "
47. Garnitur..............Krüger, Westerbeverstedt..........3.00 "
48. Kissenbezug...........Müller, Westerbeverstedt..........3.00 "
49. Kissenbezug...........~~[illegible]~~ Wackernah, ~~[illegible]~~ Meyerhof..........1.00 "
Quell, H. Beverstedt..........7.00 "
50. Diverses..............Blust, Osterndorf..........6.00 "
51. Läufer................Meyer, H. Beverstedt..........3.00 "
52. Decken................

zusammen: ....449.50 RM.

Beverstedt, den 7. April 1942
gez. Jäger
beeidigter Versteigerer.

Landgericht Stade

F.d.R. der begl. Abschrift:
Justizsekretär

Finanzamt überwiesen 408.50 ?
Differenz 41.00 ?

Liste der zweiten Versteigerung des Hausrats von Familie Brumsack am 7.4.1942

Als der Auktionator Jäger am Ende des Tages Kassensturz machte, verzeichnete die Bilanz insgesamt 3 739,90 RM, er überwies die Summe an das Finanzamt Wesermünde, Dienststelle für die Einziehung von Vermögenswerten, davon bereits abgezogen waren insgesamt 10 % Provision für seine Dienste, die er jeweils zur Hälfte von den Käufern und dem Finanzamt erhielt. Der Erlös für die Versteigerung von Gretes Schlafzimmer betrug 408,50 RM.

Mit fast der gleichen Energie wie in Beverstedt machte sich Julius an die Aufklärung in Sehnde, er schrieb ebenfalls einen öffentlichen Brief an die Einwohnerinnen und Einwohner, und er forderte den Bürgermeister zu Nachforschungen auf.

Aber in Sehnde war es nicht anders als in Beverstedt. Es war vielleicht sogar noch schlimmer.

Über das Schicksal seiner Verwandten wollte zunächst niemand etwas wissen, außer der Tatsache, dass sie „evakuiert" worden seien. Nur Bedauern darüber, dass man nichts wusste. So schrieb der Obersteuersekretär Eggers vom Finanzamt Burgdorf an Julius:

> Bezug: Ihre Anfrage vom 27. April 1946
>
> Ich bedaure, Ihnen über die Vermögensangelegenheiten Ihrer Verwandten keine Auskunft geben zu können, da ihre Steuerakten – wie auch die erledigten Steuerakten der übrigen Pflichtigen – s. Zt. eingestampft worden sind. Auch ist mir nicht möglich, Ihnen Angaben über
>
> a) den Verkauf des Hauses an Wessler,
> b) die Versteigerung des Inventars und
> c) den Auktionator
>
> zu machen, da ebenfalls hierüber keine Akten vorhanden sind und die hier noch beschäftigten Beamten und Angestellten nicht in der Lage sind, entsprechende Auskunft zu geben.[143]

Julius wollte es nicht glauben. Ein ganzer Ort stellte sich taub und stumm.

> Man kann es einfach nicht verstehen, weshalb nun die Leute so feige geworden sind und sich scheuen, offen hervorzutreten, denn es ist ja damit keinesfalls gesagt, daß diese nun evtl. die Sachen wieder herausgeben müssen. […] Und nun plötzlich findet sich keine Seele in ganz Sehnde, um ehrlich hervorzutreten und zu sagen, das und jenes habe ich auf der Versteigerung gekauft. Daß eine öffentliche Versteigerung durch das Finanzamt Burgdorf stattfand, liegt amtlich fest und füge ich Ihnen gesondert eine Abschrift eines Briefes vom Finanzamt Burgdorf

mit bei. – Scheint es da nicht direkt absurd, wenn sich k e i n Mensch meldet, der etwas von der Aktion kaufte?[144]

Er schrieb erneut an die Gemeindeverwaltung in Sehnde, aber deren Strategie war: Schweigen.

Auf mein letztes Schreiben hin bekam ich bislang leider immer noch keinen konkreten Bescheid, obwohl es doch nicht schwer ist, bei den nächstliegenden Personen die Auskünfte einzuholen. – Fest steht, daß das Inventar meiner Angehörigen seinerzeit verkauft bezw. verschenkt wurde und auch Ihnen ist bekannt, daß es sich um einen sehr großen und reichhaltigen Haushalt handelte. Irgendwo müssen die Sachen ja wohl geblieben sein, es ist nur traurig, daß bislang keine Person den Mut aufbrachte, hierüber ehrliche Auskunft zu geben.[145]

Julius wurde selbst aktiv, spürte sechs Zeugen im Ort auf, darunter die Gastwirtsfrau, die Frau des verstorbenen Auktionators und einen Steuerbeamten a. D., die berichteten, dass eine öffentliche Versteigerung des Hausinventars von Onkel und Tante in der Gastwirtschaft Ehlers auf dem Saal stattgefunden habe. Aber kaum einer von ihnen erinnerte sich an mehr als an die bloße Tatsache der Versteigerung oder an Geschichten vom Hörensagen. So schrieb Frau Hoffmann, eine ehemalige Kundin des Schragenheim-Geschäftes, an Julius:

Geehrter Herr Brumsack!

[...] Über den Verbleib ihres Haushaltes [Paula und Salli] weiß ich nun folgendes: Um den Lebensunterhalt zu bestreiten, haben sie wohl einen Teil der Sachen veräußert, aber an wen und wo, weiß ich nicht. Auch bin ich nicht zur Versteigerung gegangen, man traute sich durch die schweren Fliegerangriffe nicht mehr aus dem Hause, denn unser Opa [war] auch schon alt, konnte ich nicht alleine lassen. [...]

Wo steckt Hans und die anderen jungen Mädels [Gemeint sind Hans Leo, Grete und Annelise]?[146]

Nur die Gastwirtsfrau wusste zu berichten, dass es übervoll gewesen sei, dass es Kaffee und Kuchen gegeben habe, für knapp eine Reichsmark ein komplettes Gedeck. Alles andere hatte man vergessen, es wurde weggeschwiegen. Die Listen der Versteigerung des Hausinventars von Salli und Paula sind bis heute verschwunden.

7 Wäschekorb und Teegeschirr

Das Schlafzimmer von Grete war komplett versteigert worden, bis auf zwei Dinge, die Wäsche und das Teegeschirr. Erst viele Monate später, da hatte Julius längst die zwei Zimmer in seinem Haus bezogen, konnte er sich überwinden und holte die Sachen von den Molls ab.

Nach der Nachricht von ihrer Deportation hätten Emma und Grete, so berichteten Gertud und Emil, Stück für Stück einzeln aus dem Haus geschafft, abends, mit dem Fahrrad, wenn Polizeimeister Toskowski und Nachbar Henkel ihre Observierungsposten verlassen hatten, seien die beiden Frauen im Schutz der Dunkelheit zu ihnen geradelt, in der Tasche die Wäsche und das Geschirr.

Was Julius in dem Korb fand: zwei Paradekissen mit Lochstickereieinsatz und umhäkelten Spitzen, sechs große Leinendamast-Tischdecken mit floralen Mustern, sechs Bettbezüge und sechs Bettlaken, sechs kleinere Tischdecken, vier Tischläufer mit einer Hohlsaumbordüre, zwölf Servietten, zwölf weitere Handtücher aus Leinen, sechs Handtücher mit dem eingewebten Motiv des Trompeters von Säckingen. Allen Wäschestücken war das Monogramm GB, Grete Brumsack, aufgestickt.

Die Legefalten hatten teilweise gelbbraune Ränder, hier und da fanden sich Rost- und Stockflecken. Die Monogramm-Stickereien zeigten noch die Spuren ihres Herstellungsprozesses: An den ausgestickten Buchstaben G und B waren blaue Ränder erkennbar, anhand von Schablonen mit einem blauen Kopierstift aufgetragen. Und es gab einige wenige Wäschestücke, deren Monogramm-Zeichnungen noch nicht ausgestickt waren, die nur aus den blauen Umrissen bestanden.

Ganz unten im Korb lag ein weiteres Leinenhandtuch mit dem Motiv des Trompeters von Säckingen auf seinem Pferd und dem Spruch „Behüt dich Gott!“, der Anfang eines Volksliedes, dessen zwei letzte Zeilen lauten: „Behüt dich Gott, es wär’ zu schön gewesen / Behüt dich Gott, es hat nicht sollen sein.“ Auch dieses Tuch war mit dem Monogramm GB versehen, das G war bereits ausgestickt, aber das B schien noch auf seine Vollendung zu warten, der Stamm, das Grundgerüst des Buchstabens war fertig, der erste Bogen bis zur Einbuchtung ebenfalls, aber der zweite Bogen des B fehlte noch, ein kurzer Stickfaden mit der verrosteten Nadel hing daran, die zweite Hälfte des B wurde nicht mehr beendet. Es war, als ob Grete kurz bei ihrer Stickarbeit unterbrochen worden wäre, als habe sie nur eine kleine Pause gemacht, als käme sie gleich wieder, als warte ihr Werk immer noch auf seine Vollendung.

Es gab ein paar wenige Wäschestücke, die benutzt worden waren, sie trugen die Initialen ES, Emma Schragenheim, der Mädchenname von Julius' Mutter. Oder die Wäschestücke gehörten Elise Schragenheim, ihrer Schwester.

Julius hatte die Wäsche bis zu seinem Tode in seinem Schlafzimmerschrank aufbewahrt, dort fanden seine Kinder sie in einem alten, vermutlich aus der Vorkriegszeit stammenden rechteckigen Weidenkorb, zugedeckt mit ein paar pastellfarbenen Frotteetüchern und einer hässlichen gelb-orangenen Tischdecke aus den siebziger Jahren. Es schien, als ob er die Hoffnung niemals aufgegeben hatte, dass seine Schwester eines Tages zurückkommen würde, um ihren Namen zu vollenden.

Es war Gretes Aussteuerwäsche. Sie hatte einen Freund oder, besser gesagt, einen Bräutigam, so wusste Julius zu berichten, er hieß Fritz Levy. Er habe damals in Berlin-Schöneberg gewohnt, sie hatten sich in Sehnde kennengelernt, ein Freund der Familie Schragenheim, auch Julius kannte ihn gut.

Am 24. Juni 1939 hatte Fritz einen Brief an Julius in Glasgow geschrieben, auf dem Briefkopf stand links oben seine Wohnadresse: Fritz Israel Levy, Berlin-Schöneberg, Herbertstraße 11. Es war ein Brief voller Hoffnung:

Lieber Julius!

Ich freue mich sehr über die mir zugesandte Karte, da ich daraus sehe, dass auch Du, wie schon so mancher meiner Bekannten, es geschafft hast, ins Ausland zu kommen. Wie hast du denn das angestellt? Und was hast du weiter für Pläne? Du kannst dir denken, dass das alles mich interessiert. Ich sitze leider immer noch hier und muss zusehen, wie einer nach dem anderen abhaut. Ich habe zwar vom amerikanischen Arbeitsministerium eine Arbeitserlaubnis für 1 Jahr. Aber das nutzt mir nicht viel, denn ich bekomme keine Einreiseerlaubnis, wenigstens konnte ich sie bisher trotz vieler Verhandlungen mit dem Konsulat noch nicht kriegen. Ich glaube, ich hatte schon erzählt, dass amerikanische Freunde von uns drüben eine große Fabrik einrichten, die schon im Bau ist und in der ca. 500 Mann beschäftigt werden sollen. Für die Einrichtung werde ich auch dringend gebraucht, weshalb auch die Arbeitserlaubnis erteilt wurde. Ich nehme an, dass es unseren Freunden möglich sein wird, die Erlaubnis so ergänzen zu lassen, dass die Einreise damit möglich wird.

Leider dauert das alles sehr viel Zeit. Wie viele Monate habe ich schon gewartet, bis nur die Arbeitserlaubnis da war, und wie viele Monate wird es jetzt wieder dauern, bis die Erlaubnis so weit in Ordnung ist, dass es endlich losgehen kann. Aber ich lasse die Hoffnung noch nicht sinken und versuche auch hier noch alles mögliche, um doch noch das Visum zu bekommen.

Nebenbei habe ich jetzt auch noch meine Beschäftigung verloren, und ich werde wohl bald auch so weit sein, auf der Strasse zu arbeiten, wie Du es schon gemacht hast. Nun, das ist ja nicht das Schlimmste. Nur für dauernd würde es mir keinen Spaß machen.

Meine Eltern sitzen noch in Köln auf einem Zimmer, mein Bruder in Mailand. Er hat so gut wie keine Aussicht wegzukommen.

Was machen denn deine Lieben? Ich danke sehr für die mir gesandten Grüsse und bitte sie, wenn du nach Hause schreibst, herzlichst zu erwidern.

Dein Fritz[147]

Von Fritz hatte er nie wieder etwas gehört, Nachforschungen nach dem Krieg waren erfolglos geblieben.

Was mit Fritz Levy geschehen war, würde Julius nicht mehr erfahren. In dem Verzeichnis des Gedenkbuchs im Bundesarchiv tragen 2207 Ermordete den Namen Levy, 15 davon den Vornamen Fritz. Einer davon ist Gretes Bräutigam.

Fritz Levy mit seinem Auto in Sehnde (1938)

Levy, Fritz
Geboren am 31. März 1907 in Köln/Rheinprovinz
wohnhaft in Berlin (Schöneberg)
Deportation: ab Berlin
18. Oktober 1941, Litzmannstadt (Lodz), Ghetto
09. April 1942, Posen, Autobahnbau.[148]

Fritz befindet sich auf der Deportationsliste des ersten Transports der Berliner Juden, sie umfasst 68 Seiten. Er steht auf der Seite 32. Er war einer von den 1094 Menschen, die an diesem 18. Oktober vom Bahnhof Grunewald nach Lodz deportiert wurden. Außer seinem Namen, Vornamen, Geburts- und Todesjahr sind dort seine Adresse, seine Kennnummer (1154), sein Beruf (Bankbeamter) und sein Familienstand (ledig) vermerkt. Am rechten Rand gibt es die Spalte „Bemerkungen", links daneben „RM", hinter fast jedem Namen auf dieser Liste steht ein Geldbetrag.

Fritz trug am Tag seiner Deportation 36,25 RM bei sich, die sechsköpfige Familie Treuherz mit ihren Kindern Ingeborg (11), Helga (7), Ruth (5) und Rudi (3) hatte 432,50 RM in ihrem Gepäck. Und es gibt eine weitere Spalte „Arbeitsfähig", unter der elfjährigen Ingeborg steht „Ja".

Hinter den Namen fast aller Kinder sind zwei waagerechte Striche, über Stephan, den zehnjährigen Sohn der Familie Bornstein, kann man erfahren, dass er acht Reichspfennige mit sich führte, auch bei einigen Erwachsenen steht ein waagerechter Strich. Ob sie geahnt hatten, dass sie kein Geld mehr benötigen würden? Ob sie ihren letzten Pfennig ausgegeben oder verschenkt hatten?

Am Ende des Tages wird Kassensturz gemacht, auf der ersten Seite der Transportliste befinden sich, ganz oben rechts am Rand, ein paar schwer zu erkennende Buchstaben und Wörter, man kann sie mit der Lupe entziffern: „Heute 104.010,– RM."[149] So steht es dort.

Grete hatte Fritz Levy zuletzt Mitte September in Berlin besucht, vier Wochen vor seiner und acht Wochen vor ihrer Deportation.

Auch das Teegeschirr aus Keramik wurde in nächtlichen Aktionen gerettet.

Es hatte immer seinen besonderen Platz in einer Nische im Wohnzimmerschrank von Emmi und Julius gehabt, war so auffällig anders gewesen, man konnte es nicht übersehen. Im krassen Kontrast zum Hutschenreuther- und Rosenthal-Geschmack der dreißiger und vierziger Jahre mit den gefällig geschwungenen dünnwandigen Porzellanformen, den Goldrändern und naturalistisch blassen pastellfarbenen Blumendekoren bestand dieses Service aus einer schlichten schnörkellosen Form und einem streng geometrisch-abstrakten Farbmuster aus knalligen orangefarbenen, gelben und braunen Quadraten und Rechtecken, dazu die kubistisch-kantigen Formen der Keks- und Butterdose und des Marmeladentopfes, gewissermaßen ein Geschirr der Neuen Sachlichkeit im Bauhausstil. Auf der Unterseite des Bodens stand „Schramberger Majolika-Fabrik". Alle Teile waren nummeriert. Ihre Schöpferin hieß Eva Zeisel.[150]

Stück für Stück schafften Emma und Grete das Teeservice aus Keramik, bestehend aus Tellern, Teekanne, Butterfass, aus Zuckerdose, Keksdose und Eierbechern zu den Molls. Vermutlich hatten sie es in die Wäsche eingewickelt, als Einkauf getarnt, auf dem Rückweg bei Gertrud und Emil abgeliefert. Wie mochten sich die Frauen, im Gefühl des Verbotenen, in der Angst, denunziert zu werden, aus dem Haus geschlichen haben? Wenn schon nicht ihr Leben, dann wollten sie zumindest ihr Geschirr in Sicherheit bringen.

8 Das Verhör

Für die ersten Unterstützungen und Entschädigungen der Verfolgten waren unmittelbar nach dem Kriege in Niedersachsen, wie auch in den anderen Bundesländern, zunächst die Kreissonderhilfsausschüsse in den einzelnen Regierungsbezirken zuständig, ab 1949[151] richteten die Verwaltungs- bzw. Regierungspräsidenten zusätzlich Wiedergutmachungsämter ein, die Verfahren wurden von ihnen übernommen oder verliefen parallel. Die Kreissonderhilfsausschüsse (KSHA) bestanden aus drei Personen: einem juristisch ausgebildeten Vorsitzenden und zwei Beisitzern. Ein Beisitzer musste ein anerkannter Verfolgter des Nationalsozialismus sein, der andere dagegen ein Mitglied der Kommunalvertretung, er sollte ebenfalls aus dem Kreis der NS-Opfer stammen. Alle Vorsitzenden und Beisitzer in den KSHA durften zudem niemals Mitglied der NSDAP gewesen sein. Aber die Realität sah oftmals anders aus, es gab nicht genügend unbelastete Juristen. Das galt für alle Instanzen der Gerichtsbarkeit.

Nachdem am 22. September 1948 ein „Gesetz über Gewährung von Sonderhilfen für Verfolgte der nationalsozialistischen Gewaltherrschaft (Personenschaden)“[152] erlassen worden war, stellte Julius im Juli 1949 beim Kreissonderhilfsausschuss in Stade einen Antrag für ein Darlehen von 3000 DM zum Aufbau seines Textil- und Bekleidungsgeschäfts, das er unmittelbar nach seiner Rückkehr mit einem ambulanten Warenhandel begonnen hatte. Gleichzeitig erbat er die Anerkennung als „rassisch Verfolgter des Nationalsozialismus“:

> §1 (1) Nach den Vorschriften dieses Gesetzes erhält Sonderhilfe, wer unter nationalsozialistischer Herrschaft seit dem 30. Januar 1933 wegen seiner politischen Überzeugung oder aus Gründen der Rasse, des Glaubens oder der Weltanschauung verfolgt oder unterdrückt wurde und hierdurch Schaden an Leib und Leben (Personenschaden) erlitten hat.

Der Paragraf 2 des Gesetzestextes, Absatz 6, lautete:

> Gewährung eines Darlehns zur Eröffnung des neuen Betriebes, wenn er ohne das Darlehn nicht lebensfähig wäre. Das Darlehn soll 5.000.– DM nicht übersteigen, zinslos oder zu niedrigem Zinsfuß gewährt werden.

Der für Julius zuständige Kreissonderhilfsausschuss bestand aus dem Vorsitzenden Dr. Obernauer, einem Rechtsanwalt aus Bremerhaven, dem Pastor von Busch aus Ringstedt, der ein erklärter Gegner der „Reichskirche“ und der „Deutschen Christen“ gewesen war und damit auch des Nationalsozialismus und seiner Ideologie, außerdem zwei weiteren Beisitzern, dem Zimmermeister Louis Behnke und dem Kreisoberinspektor i. R. Jürgensen als Beauftragtem des öffentlichen Interesses.

Nach Prüfung seines Antrags erhielt Julius von dem Vorsitzenden Dr. Obernauer am 13. August 1949 folgende Antwort:

> Ihr Schreiben vom 2. Juli 1949 ist in der letzten Sitzung des Kreissonderhilfsausschusses besprochen worden.
>
> Nach §6 des Gesetzes können Sie einen Anspruch nach Maßgabe des Gesetzes auf Sonderhilfe geltend machen, wenn Sie die deutsche Staatsangehörigkeit besitzen. Auf diese formelle Voraussetzung muss verwiesen werden, weil es nach Ihrem Schreiben zweifelhaft sein kann, ob Sie nicht nach 1933 ausgewandert sind und eine ausländische Staatsangehörigkeit haben. Ist die formelle Frage zu Ihren Gunsten erledigt, so kann nach §2 des Gesetzes eine Sonderhilfe durch Gewährung eines Darlehens zur Eröffnung eines neuen Betriebs gewährt werden, wenn dieser ohne das Darlehn nicht lebensfähig wird. Das Darlehn soll 5.000,– nicht übersteigen.
>
> Es erscheint in Ihrem Interesse liegend, wenn Sie einmal zur Besprechung der Angelegenheit in der Geschäftsstelle, Kreisverwaltung Bremerhaven-G., Johann Gantenbeinstraße vorsprechen und etwa vorhandene Unterlagen mitbringen.[153]

Julius fuhr nach Bremerhaven, zwecks „Besprechung der Angelegenheit", ja, es lag in seinem Interesse. Aber die Besprechung war keine Besprechung, sie war auch keine Befragung, sie war ein Verhör. Allein an ihren Gesten, an ihren Blicken spürte er ihre Ablehnung.

Das dreiköpfige Untersuchungsgremium plus Schriftführer erschien ihm wie ein Tribunal, in England hatte man ihn damals als Flüchtling freundlicher behandelt. Julius fühlte sich gedemütigt, wie ein Angeklagter, wie ein jüdischer Nutznießer, der unberechtigt Vorteile einheimsen wollte. Ob er nicht wüsste, fragte er den Vorsitzenden, dass er die deutsche Staatsbürgerschaft niemals freiwillig abgegeben habe. Ob Herr Obernauer nicht ausreichend das Gesetz studiert habe, darin stehe doch eindeutig in Paragraf 7, Absatz 2, dass er bei „Eintritt des schädigenden Ereignisses die deutsche Staatsangehörigkeit besessen habe".[154]

Julius wusste es, das Urteil war längst gefällt. Er schrieb dem Ausschuss anschließend, dass er keine Almosen verlange, aber auf seinem Recht beharre. Er wolle wenigstens wie Flüchtlinge aus den ehemaligen ostdeutschen Reichsgebieten, der Gruppe A, behandelt werden, das stehe ihm rechtlich zu.

In dem Protokoll zu der Sitzung am 24. September 1949 hieß es:

> Antragssteller [Julius Brumsack] nimmt Bezug auf die Angaben im Antragsbogen und ergänzt wie folgt:
> „Zum Nachweis, daß ich die deutsche Staatsangehörigkeit besitze, lege ich vor den mir auf Vordruck B (für Inländer) am 16.09.1949 vom Landkreis Wesermünde erteilten Wandergewerbeschein.
> Im übrigen nehme ich Bezug auf den Akteninhalt und trage noch vor: Ich habe mich als Jude den Verfolgungen entzogen und habe in Hannover als Straßenbauarbeiter bei der Firma Fr. Huchthausen, Straßenbauunternehmen, Hannover Linden, Davenstedterstr. 135 gearbeitet. Ich wohnte damals bei Königsberger, Hannover, Cellerstr. 21. Dort schritt die Polizei ein. Dabei wurde ich gestellt und bei Feststellung meiner jüdischen Abstammung kam ich unter die Kontrolle der Gestapo und wurde von dieser zur Auswanderung gezwungen. Ich habe trotz meines Dienstes in der englischen Armee meine deutsche Staatsangehörigkeit behalten. Als Zeugen für die Ausrottung meiner Familienangehörigen beziehe ich mich auf die Auskunft des Bürgermeisters in Beverstedt.
> Ich stelle den Antrag auf Gewährung eines Darlehens von 3000, – DM."
>
> ---
>
> Beschlossen:
> 1) Es soll ein Strafregisterauszug eingefordert werden.
> 2) Der Antragsteller soll nach Stellung eines formularmäßigen Antrags durch das Gesundheitsamt Langen untersucht werden.[155]

Es wurde somit ein Strafregisterauszug eingefordert, denn, so stand es weiterhin in Paragraf 1, Absatz 2, des Gesetzes für die Gewährung von Sonderhilfen:

> Sonderhilfe kann nicht beanspruchen, wer wegen asozialen Verhaltens oder wegen nationalsozialistischer Betätigung einer Sonderhilfe unwürdig erscheint.[156]

Mit Menschen, die „wegen asozialen Verhaltens" „unwürdig" erschienen, waren neben Vorbestraften auch Sinti, Roma und Homosexuelle gemeint. Mit der „nationalsozialistischen Betätigung" nahm man es umgekehrt vonseiten derjenigen, die über die Anträge zu befinden hatten, nicht immer so genau. Der Staatsanwalt teilte dem Kreissonderhilfsausschuss mit, dass weder Verurteilungen noch frühere politische Strafen vermerkt worden seien.

Pastor von Busch schien in diesem Gremium der Einzige zu sein, dem Julius vertraute, der seine Kränkungen verstand. Julius schrieb ihm anschließend:

Sehr geehrter Herr Pastor von Busch!

Betr. Kreissonderhilfs-Ausschuß

[...] Ich möchte [...] heute auf die seinerzeitige Sitzung am 24. September 1949 zurückkommen. – Absichtlich richte ich an Sie diesen Brief, denn meiner Meinung haben Sie als damaliger Mitbetroffener ja ein weitaus größeres Verständnis für unsere Angelegenheiten als es ein Herr Dr. Obernauer hat. – Der Verlauf dieser Sitzung brachte mir schlaflose Nächte ein, Sie werden selbst gemerkt haben, wie überaus empört ich über das Verhalten des Dr. Obernauer war – und es noch bin. Ich kam sehr verstört hier an und meine Gattin merkte sofort, daß etwas nicht stimmte. Schon der Beginn mit der bloßen Frage und Feststellung, ob ich überhaupt „deutscher Staatsangehöriger" sei, war eine Mutmaßung sondergleichen, worauf ich ja auch begründeter Weise mit den Worten reagierte: Wie kommen Sie darauf? Ich erzählte hierüber inzwischen anderen Persönlichkeiten, die sämtlich gleicher Meinung waren und eine solche Fragestellung unerhört fanden, wahrscheinlich wäre Herrn Dr. Obernauer nicht bekannt, daß die Nazi-Rassen-Gesetze längst durch alliierte Gesetze für ungültig erklärt wurden – oder ob er sich immer noch daran hielte??? Ich persönlich wäre ja schließlich nicht als Engländer zurückgekehrt; ich emigrierte unter Zwang der Gestapo und rettete eben dadurch mein Leben, denn was mit meinen übrigen sämtlichen Angehörigen und Verwandten geschah, das müßte ja zur Genüge bekannt sein. Des weiteren wurde ich durch Herrn Dr. Obernauer dadurch sehr gekränkt, indem er sagte, daß ja bei einem etwaigen Kredit meinerseits keine Sicherungen vorhanden seien. Man kommt aus der Emigration in seine alte Heimat zurück und hofft natürlich die n i e m a l s von meinen Angehörigen verkauften Eigentümer inkl. unser Grundstück sofort zurück zu bekommen. Wenn das leider juristisch immer noch nicht geschah, so fühle ich mich aber trotzdem moralisch und auch ganz berechtigt als Eigentümer unseres Grundstückes und weise energisch zurück, daß ein Herr Dr. Obernauer dann sagt, das Grundstück sei noch keine Sicherheit, da es ja noch momentan dem Besitzer gehöre, der es 1942 vom Nazistaat kaufte, n i c h t aber von uns!!! – – Wenn Herr Dr. Obernauer denkt, in diesen Angelegenheiten nur rein juristisch zu handeln, und dabei die moralischen und menschlichen Hintergründe total vergißt, dann kann ich einfach nicht verstehen, weshalb er gerade die Interessen der Verfolgten vertreten soll.

Ich will von diesem Staat wirklich keine Geschenke – und erst recht keine Almosen – aber ich w i l l und v e r l a n g e mein gutes Recht. – Ich möchte nicht obendrein noch durch Personen solcher Art innerlich erregt werden, wodurch in mir die früheren Nazizeiten wach werden und mich wiederum an all das Grausame erinnern, das ich allmählich zu vergessen glaubte, denn nach der Rückkehr aus der Emigration hoffte ich, daß man sich gebessert hätte. Aber Herr Dr. Obernauer hat durch sein Verhalten in mir alte Wunden aufgerissen und mich dadurch gekränkt, denn schließlich habe ich noch mein Ehrgefühl und bin als DEUTSCHER zurückgekehrt [...].[157]

Kein Grundstück, kein Haus, also keine Sicherheit. Es klang logisch. Formaljuristische Begründungen hatten in diesen Zeiten gewiss Hochkonjunktur. Bis Julius wieder der Eigentümer seines Hauses geworden war, würde noch mehr als ein Jahr vergehen.

Der Antwortbrief von Gerd von Busch erfolgte umgehend:

Sehr geehrter Herr Brumsack!

Ihr Brief hat mich ernstlich bewegt. Es ist uns als redlichen Deutschen und Christenmenschen ganz gewiß eine schwere Not gewesen, als wir erfuhren, welche Schande und Greuel man Ihren Familien angetan hat. Aus diesem Grunde möchte ich alles versuchen, Ihnen zu helfen. Ich muß es Ihnen zugeben, daß die Anklagen in Ihrem Brief berechtigt sind, aber leider sind wir im Hilfsausschuß äußerst gehemmt durch die genauen Vorschriften. Und es ist auch gewiß ein Skandal, daß man in Deutschland den wenig überlebenden Juden noch immer nicht die gestohlenen Güter zurück gegeben hat. Das ist der Fluch des Bürokratismus. Mit Dr. Obernauer gedenke ich am 22. noch über Ihre Angelegenheit zu reden. Soweit ich ihn aber kenne, glaube ich, daß bei seinen Sie verletzenden Fragen die formaljuristische Enge maßgebend gewesen ist. Warum Ihr Antrag noch nicht weitergekommen ist, ist mir freilich verwunderlich. Ich werde das auf dem Büro nachforschen. Der Ausschuss selbst tagt nur einmal im Monat, also am Sonnabend. Ich möchte Ihnen raten, wenn es Ihnen möglich ist, doch noch zu kommen, damit ich Ihre Sache zur Verhandlung bringen kann.

Herzlichst grüßt Sie

Ihr G. v. Busch[158]

Die versöhnlichen Worte des Pastors von Busch vermochten Julius sicherlich kurzfristig zu trösten, aber die empfundenen Kränkungen über die unerhörte Fragestellung, über das grundsätzlich ablehnende Verhalten des Dr. Obernauer konnten sie nicht heilen.

Auch Herrn Linnhoff vom Kreissonderausschuss ließ er wissen, was er von einer Untersuchung durch das Gesundheitsamt hielt:

> Ich nahm von Ihrem obigen Schreiben [Protokoll der Sitzung vom 24. September] Kenntnis, doch befremdet es mich sehr, daß man nicht in der Lage sein sollte, mich als deutschen JUDEN, die wir doch wohl genügend verfolgt wurden, auch entsprechend „offiziell" als solchen „rassisch Verfolgten" anzuerkennen. Daß dazu vorerst ein ärztlicher Befund vom Kreisarzt nötig ist, erscheint mir nicht ganz verständlich. Selbst als anerkannt rassisch Verfolgter will ich ja nun schließlich keine Almosen, sondern lediglich mein gutes Recht, was mir zusteht. Ein Jude müßte doch wohl von vornherein auch o h n e ärztlichen Befund als Verfolgter gelten, oder ist man bei Ihnen anderer Meinung hierüber?
>
> Ich bin Mitglied der Jüdischen Gemeinde Hannover und dort sind alle Mitglieder rassisch Verfolgte und als solche anerkannt. Eine Vorladung zum Kreisarzt habe ich nämlich auch jetzt nach vierwöchigem Warten immer noch nicht bekommen.[159]

Vierzehn Tage später teilte ihm Herr Dr. Obernauer nochmals mit, dass zu prüfen sei,

> ob ein Personenschaden eingetreten ist. Die Feststellung dieser Voraussetzungen erfolgt für den hiesigen Kreis durch das Gesundheitsamt in Langen. Die Akten werden sofort dorthin übersandt werden, sobald Sie den vorgeschriebenen Fragebogen, der Ihnen am 17.10. übersandt ist, ausgefüllt zurückgeben.
>
> Es wäre zweckmäßig in Ihrem eigenen Interesse, wenn Sie diese Seite der Angelegenheit, statt mündlich und schriftlich Ihrem Befremden über die gesetzlich vorgeschriebene Behandlung Ihrer Angelegenheit Ausdruck zu geben, erledigten.[160]

Kreissonderhilfsausschuss. Das Wort war unschuldig, aber es ging Julius inzwischen nur schwer von der Zunge, allein dessen Aussprache, dieser Zungenbrecher, diese harschen Zischlaute, sieben S-Konsonanten, sechs Silben, sie weckten in ihm Aggressionen.

Permanent lege man ihm Steine in den Weg. In Wirklichkeit wolle man ihm doch gar keinen Kredit geben.

So war es dann auch. Seinen Antrag ließ man acht Monate ruhen, auf seine Mahnbriefe antwortete man nicht, erst im Juni 1950 wurde die Akte an das Gesundheitsamt weitergeleitet, um diese dann sechs

Wochen später unbearbeitet an den Kreissonderhilfsausschuss zurückzugeben mit dem Vermerk des Amtsarztes:

> M. E. ist es widersinnig, Herrn B. zu untersuchen um einen evtl. Personenschaden festzustellen, wenn er selber n i c h t glaubt eine Gesundheitsschädigung als Folge seiner Tätigkeit als Strassenbauarbeiter und während der Zeit seines Aufenthaltes in Hannover davongetragen zu haben.[161]

In der Sitzung des Kreissonderhilfsausschuss vom 26. August 1950 wurde schließlich die Entscheidung bekanntgegeben:

> Es wurde der Akteninhalt erörtert und die Rückschrift des staatlichen Gesundheitsamtes verlesen.
>
> Entsprechend dem Beauftragten des öffentlichen Interesses wurde beschlossen, dem Antragsteller mitzuteilen, daß nach der vorliegenden Auskunft des staatlichen Gesundheitsamts Langen ein Darlehn nicht gewährt werden kann, weil keine Gesundheitsschädigung festzustellen ist.[162]

Aber Julius, dem *Antragssteller*, teilte man diese Entscheidung nicht mit, jedenfalls nicht bis zum 10. Oktober 1950, da schrieb er erneut einen langen Beschwerdebrief, entrüstete sich über die Untätigkeit des Kreissonderhilfsausschusses, darüber, dass ihm der Kredit noch immer nicht gewährt worden sei:

> Sie haben bislang aber auch garnichts für meine Sache getan, die zu irgendwelchen Resultaten geführt hätte. [...] Es wird zumindest Zeit, daß ich alles ins „ironische" ziehe und laut lache, alles weitere erübrigt sich total – ich habe mich lange genug geärgert.[163]

Ob man vergessen hatte, die Ablehnung des Kredits dem Antragssteller mitzuteilen, schließlich war seit seinem Antrag mehr als ein Jahr vergangen? Aber Julius vermutete etwas anderes: Man wollte ihn schlicht und einfach am ausgestreckten Arm verhungern lassen.

Auch mit der Anerkennung als „rassisch und religiös Verfolgter des Nationalsozialismus" ließ man sich Zeit, erst zwei Jahre später, im Jahre 1951, wurde sie ihm zugesprochen.

Aber in einer anderen Sache war er erfolgreicher. Im Jahre 1952 billigte ihm der Kreissonderhilfsausschuss eine ererbte Haftentschädigung für seine Mutter in Höhe von 6450 DM zu.

9 Das Haus

Der wird schon nicht mehr kommen, so hatten sie immer gedacht. Und dann stand er eines Tages plötzlich wieder vor der Tür, der Störenfried! Die Schnaars wohnten im September 1948 noch immer in der Meyerhofstraße 2. Den Krieg hatten sie verloren, aber in ihrem Haus fühlten sie sich als Sieger.

Ihr Haus sei es, wie sie stets betonten, hatten sie es doch ordnungsgemäß vom Reich erworben, alles sei mit rechten Dingen zugegangen, Haus und Garten im Grundbuch eingetragen worden, ja, renoviert habe man es sogar, jetzt sei es in allerbestem Zustand.

Als sich Julius und Emmi an dem Tag des 28. September 1948 in die Arme schlossen, als auch die Schnaars den Jubelschrei nicht zu überhören vermochten, war ihre Ruhe dahin.

Julius setzte augenblicklich das fort, was er damals, unmittelbar nach seiner Rückkehr nach Beverstedt, begonnen hatte, was durch seine Abwesenheit unterbrochen worden oder ins Stocken geraten war. Jetzt kämpfte er an allen Fronten und mit offenem Visier.

Mit den unbeweglichen Sachen schien es zunächst einfacher zu sein als mit dem beweglichen Inventar, so glaubte er. Schließlich konnte man die Existenz der Häuser und Grundstücke nicht einfach leugnen. Jedoch wussten sich die neuen Besitzer zu helfen, man tat sich zusammen, man stand schließlich in Beverstedt nicht allein da mit seinen Sorgen. Es gab ja noch andere Familien: die Buschs, die bereits im März 1939 das Wohnhaus von Annelises Eltern gekauft hatten, die Prenzlers, die die 6½ Morgen Weide- und Ackerland nicht zurückgeben wollten, und auch die Schoofs, die nur ¾ Morgen erworben hatten.

So wie bereits 1935 die Blut-und-Boden-Agitatoren des „Reichsnährstandes“[164], gemeinsam mit dem damaligen Sparkassenleiter Lüers als verlässlichem Partner, mit entsprechenden Verfügungen dafür gesorgt hatten, dass die Brumsacks durch Zwangsverkauf von Haus und Grundstücken in den finanziellen Ruin getrieben worden waren, so holten sich jetzt die Rückerstattungspflichtigen, wie man sie nannte, juristische Schützenhilfe in ihrem Kampf gegen die „ungerechtfertigten“ Rückerstattungsforderungen. Die vormals geschätzten Dienste des Reichsnährstandes konnten sie jetzt nicht mehr in Anspruch nehmen, er war am 21. Januar 1948 aufgelöst worden, ihre Interessenvertretung hieß jetzt „Niedersächsisches Landvolk“. Eine ganze

Schar von Anwälten und Beratern wurde engagiert. Die Schnaars, die Buschs, die Prenzlers und die Schoofs hatten schließlich ihr Recht zu verteidigen.

So wie Julius seins. Er hatte beschlossen, in die Konfrontation zu gehen, alles auszugraben, ihre Verlogenheiten Schicht um Schicht freizulegen, und er wusste, dass er, allein auf sich gestellt, sich sehr schnell in den Fallstricken der Justiz verfangen würde. Aber Julius kannte keine deutschen Juristen, die ihm zu seinem Recht hätten verhelfen können. Nur solche, die bei der Entrechtung seiner Familie mitgeholfen hatten.

Er erinnerte sich an Werner Lachotzki aus seiner Exilanten-Clique in London, ein deutscher Jude, der sein Jurastudium in Deutschland noch vor dem Kriege abgeschlossen hatte, der wie Julius rechtzeitig fliehen konnte, aber nach dem Krieg nicht wieder zurückgekehrt war. Er arbeitete jetzt als Anwalt der Überlebenden und eröffnete ein zweites Büro in Düsseldorf. Dr. Werner Lachotzki, der Onkel aus Hans' und Sabinas Kindertagen, wurde für die nächsten 25 Jahre Julius' Anwalt. Werner und Julius blieben ein Leben lang verbunden.

Am 20. Oktober 1947 war in der britischen Zone die längst überfällige und von Julius mit Ungeduld erwartete Allgemeine Verfügung Nr. 10 in Kraft getreten,[165] sie ermöglichte den vormals Enteigneten erstmals die Anmeldung von Ansprüchen zur Rückerstattung ihrer in Deutschland entzogenen Vermögenswerte und gleichzeitig deren Sicherstellung bis zur Entscheidung auf der Grundlage eines zu erwartenden Rückerstattungsgesetzes. Zuständig war das Niedersächsische *Zentralamt für Vermögensverwaltung* in *Bad Nenndorf*.[166]

Die Dinge entwickelten sich zunächst gut für die Gegner, sie wähnten sich im Recht. Doch auch Julius war sich seiner Sache sicher. Die Property Control Branch of Military Government, die gleich nach dem Kriege von den Alliierten zwecks Kontrolle über die Rückerstattung von enteigneten Vermögen und Schlichtung von Streitigkeiten auf Bezirks- und Kreisebene eingerichtet wurde, also auch in Stade, stellte ihm einen Treuhänder zur Seite. Hinrich Reichers, der Bürgermeister, sollte ihn bei der Anmeldung seiner Ansprüche unterstützen, sollte notwendige Unterlagen besorgen, Julius' Interessen vor allem während der Zeit seiner Abwesenheit in England vertreten.

Aber Julius traute Hinrich Reichers von Anfang an nicht, er spürte keine Solidarität, nur Gefühlskälte, Gleichgültigkeit. Seine Freundlichkeit war Fassade.

Als schließlich am 12. Mai 1949, anderthalb Jahre später als im amerikanischen Sektor, auch in der britischen Zone das Militärregierungsgesetz Nr. 59 zur Rückerstattung feststellbarer Vermögensgegenstände der nationalsozialistischen Unterdrückungsmaßnahmen[167] erlassen wurde, sah Julius einen Lichtstrahl. Seine Forderungen nach Rückerstattung wurden endlich auf belastbare juristische Füße gestellt.

„Wir beantragen, die Anträge des Antragsstellers abzuweisen."[168] So endeten fast alle Verteidigungsschriften der Gegner. Das ganze Repertoire post-nationalsozialistischer Argumentationsmuster wurde aufgetischt, sie waren so austauschbar wie die Namen der damaligen Käufer. Nein, so stellten deren Rechtsvertreter fest, alle im Gesetz Nr. 59 aufgeführten Merkmale einer „unrechtmäßigen Entziehung" seien im Falle der Forderungen von Julius Brumsack nicht gegeben: Die Erwerbungen seien „gutgläubig" und zu einem reellen Preis vollzogen worden, mit nationalsozialistischen Verfolgungsmaßnahmen hätten sie rein gar nichts zu tun gehabt.

So bescheinigte, vorsorglich, bereits am 19. Mai 1947 der Makler Georg Joost auf Wunsch der Käuferin Marie Busch den Kaufvertrag zwischen den Geschwistern Brumsack für das am 24. März 1939 käuflich erworbene Haus nebst Grundstück zum Preis von 9 100 RM.

> Zugleich bestätige ich Ihnen hiermit, dass mir zu diesem Verkauf der Auftrag von dem früheren Schlachtermeister Siegmund Israel Brummsack [sic!] erteilt worden ist, und dass der Kaufvertrag von den beteiligten Verkäufern freiwillig, ohne jeden Zwang und Druck derzeit unterzeichnet worden ist. Es war vielmehr der Wunsch des Herrn Brummsack [sic!], dass Sie Eigentümerin des fragl. Gebäudegrundstücks wurden.[169]

Siegmund *Israel* – auch dem Makler Joost fiel es anscheinend schwer, sich von alten Gewohnheiten zu verabschieden.

Im Übrigen sei man kein Mitglied der Partei gewesen, nein, lediglich „nominelles Mitglied", niemals aktiv. So klang unisono der Chor der Entrüsteten. Und vor allen Dingen, so ließ H. Nöhring, der Anwalt von Marie Busch, Julius in dem Brief vom 1. Februar 1950 wissen, seien die Familien nachbarschaftlich verbunden gewesen, man habe ihnen sogar bei den Vorbereitungen zu ihrer Deportation geholfen:

> Noch wenige Tage vor der Deportation der Familie Brumsack hat der Ehemann Busch ein Reisebügeleisen für sie instandgesetzt und Frau Busch hat für sie mit ihrer Verschließmaschine Dosen mit Gänsefleisch verschlossen.

Nach dem vorgetragenen Sachverhalt wäre der Kaufvertrag seinem wesentlichen Inhalt nach auch ohne die Herrschaft des Nationalsozialismus abgeschlossen worden.

Als die Eheleute Busch im Jahre 1939 das Grundstück kauften, konnten weder sie noch die Fam. Brumsack auch nur ahnen, dass drei Jahre später die Juden aus Deutschland deportiert würden.[170]

Es waren nicht drei Jahre später, es begann schon viel früher. Auch in Beverstedt. Die Briefe, die Julius von den Anwälten seiner Gegner erhielt, waren alle nach demselben Grundmuster gestrickt. So lautete die Stellungnahme des Geschäftsführers des Niedersächsischen Landvolks (Kreisverband Wesermünde) am 16. März 1950 an Julius:

Die angeführten Verfolgungsmassnahmen waren in der ländlichen Gemeinde Beverstedt unbedeutend. Es mag sein, dass in den Tagen, in denen von höherer Stelle die Aufstellung von Posten angeordnet war, zeitweilig auch in Beverstedt der Judenboykott propagiert wurde. Es handelte sich hierbei jedoch nur um Ereignisse, die auf die Bevölkerung keinen Eindruck machten.

Im Übrigen sei der Grund für den Rückgang der Geschäftsumsätze nicht der „Judenboykott“ gewesen, sondern die Tatsache, dass ein

Annelise, Martin und Sylvia Stone, Dr. Lachotzki, Emmi und Kinderfrau mit Hans (1951)

zweiter junger Schlachter sich im Ort niedergelassen habe, und außerdem die Brumsacks keine Nachfolger gehabt hätten.

> Die geschilderte Situation lässt verständlich werden, dass die Kreditgeber Rückzahlung des Kredites wünschten. Es kam dabei garnicht darauf an, dass der Betriebsinhaber Jude war, sondern einzig und allein darauf, dass die Umsätze und damit der Verdienst ständig zurückgingen. Der Kaufpreis ist dann auch dazu verwendet worden, um die Darlehnsschuld abzubezahlen. Hierdurch hat der Antragssteller einen Vorteil, den er sich in voller Höhe anrechnen lassen muss.[171]

Julius war außer sich, wieder einmal. Darüber, dass man log, was das Zeug hielt. Man drehte den Spieß ganz einfach um, die Folgen waren jetzt die Ursache.

Und auch die anderen logen wie gedruckt, wie z. B. der Rechtsbeistand von Prenzler, der einer ähnlichen Strategie folgte:

> Der Erwerbspreis vom 4.000,– RM für die knapp 7 Morgen Land von durchschnittlicher Bonität (um 30 Punkte) muss als überaus angemessen bezeichnet werden. [...]
>
> Es sprechen auch keinerlei Umstände dafür, daß die Veräusserer im Jahre 1935 schon unter irgendeinem Zwang zum Verkauf wegen ihrer Rasse standen. Das ergibt sich eindeutig schon aus der Tatsache, daß der frühere Miteigentümer Siegmund Brumsack damals nach wie vor sein Viehgeschäft und die Schlachterei unbehelligt betrieb. Und dieses erst wesentlich später aufgab. Ebenso scheiden politische Momente völlig aus. Der Erwerber Wilhelm Prenzler sen. und sein Sohn Eduard gehörten niemals der Partei oder einer ihrer Organisationen an, der jetzige Eigentümer wurde 1937 lediglich wegen der Zuweisung der Siedlung nominelles Parteimitglied und ist entnazifiziert.
>
> Unter keinem Gesichtspunkt kann daher auch bei Anlegung eines strengen Maßstabs von einer „Entziehung" im Sinne des Erlasses vom 28.10.1948 (Niedersächsische Rechtspflege Nr. 10) und der Allgemeinen Verfügung Nr. 10 vom 7.08.1948 die Rede sein.[172]

Wie bitte? Man sei lediglich nominelles Mitglied der Partei gewesen und sein Onkel habe auch nach 1935 seinen Betrieb „unbehelligt" weiterführen können? Julius wies die Verteidigung der Antragsgegner vehement zurück:

> Es steht hier nicht zur Sache, was verkauft wurde, sondern die wirkliche Tatsache der Verfügung des Landesbauernführers vom 8. August 1935, die uns zum Verkauf unserer beständigen Werte zwang, indem uns mittels dieser Verfügung ein laufender Kredit bei der Bank gekündigt

wurde und wir wirtschaftlich mehr und mehr ausgeschaltet wurden. [...] Von Wichtigkeit für mich ist hier lediglich, daß wir zu den verschiedenen Käufen gezwungen wurden, denn ohne Hitlerismus wären wir ja wirtschaftlich niemals boykottiert worden, wir hätten genau dieselben Schlachtkontingente erhalten als die seinerzeitigen „arischen Schlachtereien" – wir hätten weiterhin mit Vieh handeln dürfen und man hätte den Bauern sowie der gesamten Bevölkerung auch niemals den „Judenhaß" eingeflößt, noch die Leute jemals behindert, bei uns zu kaufen bezw. mit uns zu verkehren. – Diese Dinge liegen klar auf der Hand, da gibt es kein [H]erumreden!

Für uns selbst war gerade diese Weide lebenswichtig, selbst wenn das von den Rückerstattungspflichtigen bestritten wird – das ist für mich völlig uninteressant. Außerdem weise ich strikt zurück, daß wir nur für „dritte Hand" handelten – wir fuhren direkt zu den verschiedenen Viehmärkten (Hamburg, Köln usw.); der Viehhandel war kein Nebenerwerb, wir waren als „Schlachterei und Viehhandel" eingetragen. [...]

Was die Verfolgungsmaßnahmen anbetrifft, so ist es empörend noch heute zu erwähnen, daß diese in der Gemeinde Beverstedt unbedeutend waren. – Ich möchte nicht auf Einzelheiten eingehen, finde es aber mehr als charakterlos, diese von oben befohlenen und von den kleinen Nazis bzw. der aufgehetzten Jugend von Beverstedt ausgeführten Verfolgungsmaßnahmen plötzlich als „unbedeutend" zu propagieren. [...]

Sie wissen es doch selbst ganz gut, warum sagt man nicht ganz offen und gibt es auch zu, daß nur die Maßnahmen der Nazis (Judenboykott usw.) uns Juden ruinierten; ich verstehe nicht, wie man noch mit dummen Phrasen solcher Art kommen kann.[173]

Die Antragsgegner holten sich Verstärkung bei der im Jahre 1950 gegründeten „Bundesvereinigung für loyale Restitution", einem Interessensverband der sogenannten Rückerstattungsgeschädigten. In Hamburg nannte man sie „Judengeschädigte".[174]

Ihr Agitationsorgan gegen das alliierte Rückerstattungsgesetz war die im selben Jahr gegründete Zeitschrift *Die Restitution*. In fast allen Bundesländern wurden Landesverbände gegründet, so auch in Niedersachsen, man forderte von den Alliierten Gesetzesänderungen zu Gunsten der Rückerstattungspflichtigen, einen „loyalen Umgang" mit den Ansprüchen der „Judenheimkehrer", man sah „schonungslose Rückerstattungsspekulanten" am Werk:

Um den Staatsbankerott zu vermeiden, ist die schon längst ersehnte und geforderte Milderung des Rückerstattungsgesetzes bezw. die Milderung der Auslegung desselben vordringlich. Das Schicksal des deutschen Volkes hängt in weitgehendem Mahse [sic!] davon ab. Selbst gerecht denkende Juden sind entsetzt über die Schandflecke von „Wiedergutmachung". Woher kommt der ungeheure Widerstand gegen die sehr berechtigten Vorwürfe gegen die Auslegung dieses Gesetzes [Militärregierungsgesetz Nr. 59], das dem verarmten deutschen Volk viele Milliarden herauspresst, in dem die sogenannten R.E.-Berechtigten [Rückerstattungsberechtigten] in meist schamloser Weise völlig unberechtigte Bereicherungen einheimsen.[175]

Man erklärte sich selbst zum eigentlichen Opfer. Und vor allen Dingen: Man reaktivierte lang eingeübte antisemitische Denkmuster.

Dr. von Schaper hieß jetzt der neue Anwalt der Familie Schnaars – und anderer „Judengeschädigter". Er arbeitete nebenberuflich als Syndikus bei der „Landesvereinigung für loyale Rückerstattung und Wiedergutmachung" in Hannover, hauptberuflich als Referent im Niedersächsischen Vertriebenenministerium.

Auch wenn es kaum vorstellbar war: Die Familien Schnaars und Brumsack, Nutznießer und Beraubte, lebten halbwegs einträchtig unter einem Dach. „Um des lieben Friedens willen", so sagte Julius.

Es gibt ein Foto, es muss im Garten des Hauses in der Meyerhofstraße 2 aufgenommen worden sein, wahrscheinlich im Sommer 1947. Zwei handarbeitende Frauen im Liegestuhl, eine dritte auf einer Bank, eine Holzwanne auf ihrem Schoß, sie scheint Erbsen zu schälen, in der Mitte Frau Schnaars, gescheiteltes, straff nach hinten gekämmtes Haar, in dunklem Kleid und grauer Schürze, links daneben Emmi, den konzentrierten Blick auf ihre Handarbeit gerichtet.

Emmi wurde 1957 Patentante des Enkels von Karl und Meta Schnaars. Julius nahm an der Taufe nicht teil.

Man gab sich auf beiden Seiten Mühe. Die Schnaars brachten die Lampe[176] freiwillig zurück, verzichteten auf den Geldgegenwert. Ob sie hofften, dass sie für diese großzügige Geste belohnt wurden, im Gegenzug dazu das Haus behalten konnten?

Julius riss sich zusammen. Vor allem, weil er zunächst fest davon überzeugt war, dass er das Haus sehr schnell zurückerhalten würde, auch wenn die Schnaars genau vom Gegenteil überzeugt waren. Und weil es Emmi immer wieder gelang, ihren Juli zu mäßigen und dafür zu sorgen, dass er seine Wutanfälle über die „bodenlosen" Ungerechtigkeiten nur in ihren zwei Zimmern austobte.

Emmi mit Frau Schnaars und ihrer Tochter im Garten (1947)

Ja, es klang für ihn wie Hohn, fast wie ein böser Witz, dass er immer noch unter seinem eigenen Dach als Mieter leben musste, dass er dafür seit 1946 monatlich 22,50 DM an Schnaars zu zahlen hatte.

Von seinem Treuhänder Hinrich Reichers verlangte er, dass dieser sich für ihn einsetzen solle, dass von der „ungerecht bezahlten Miete Abstand genommen“ würde,[177] dass auch Schnaars und Buschs und

Prenzlers für die Nutzung der Häuser und Grundstücke Miete und Pacht zu zahlen hatten, schließlich sei es ja sein Haus, aber das geschah nicht, entgegen der Zusicherung durch den Bürgermeister.

Julius protestierte erneut beim Wiedergutmachungsamt, der Antrag wurde als unbegründet abgelehnt. Er wandte sich an höhere Instanzen, bat den Landrat des Landkreises Wesermünde um Unterstützung.

Zu diesem Zeitpunkt war er bereits wieder in London und Emmi allein in Beverstedt. Er fühlte sich wehrlos. Auch wenn Emmi alles tat, um notwendige „Behördengänge", so steht es in den Briefen, für ihn zu erledigen.

Julius durchlief erneut einen zwei Jahre währenden Beschwerdemarathon, er schrieb an die Property Control Branch in Herford, an den Vorsitzenden des Parlamentarischen Rats in Bonn, Dr. Konrad Adenauer. Auf zwei eng bedruckten Seiten legte er die Ignoranz der Politik, ihre „schmähliche" Behandlung der „Wiedergutmachung und Rückerstattung des gestohlenen Besitzes" dar.

Sehr geehrter Herr Vorsitzender!

[...]

So kehrte ich jetzt zurück in „unser Haus", das aber bislang auf Grund der Umschreibung im Grundbuch, ja garnicht mehr unser Haus zu sein scheint. Ich selbst bewohne lediglich ein paar Zimmer mit meiner Gattin [...]. Ja, meine Herren, würden Sie Miete zahlen in Ihrem „eigenen Hause"? Wie hätten Sie gehandelt, wenn man Ihnen sämtliche Angehörige ermordet und danach ihr Hab und Gut einfach verkauft hätte; plötzlich kehren Sie als überlebender Sohn aus der Fremde in die Heimat zurück, die Heimat, die Ihnen alles bedeutete. Würden Sie da eine Miete bezahlen, in dem Bewußtsein, daß Ihre Angehörigen niemals ihr Grundstück verkauften?

[...] Man hat Angst, darüber zu sprechen, weil es eben zu viele Deutsche angeht, die in den Hitlerjahren durch diese Nazi-Maßnahmen ihre herrlichen Vorteile hatten, ihre schönen Geschäfte, die ihnen ja von den deutschen Juden, die sie gegründet hatten, geschenkt wurden. Und heute nach den vielen Jahren des Kriegsendes, da fühlen sich diese Herren immer noch als die Nutznießer, sie leben nicht nur, nein, es geht ihnen sogar glänzend, es ist ja wiederum eine fette Zeit für sie, und der bloße Gedanke, daß eine Rückerstattung und Wiedergutmachung kommen könnte, macht sie zu größten Biedermännern – sie waren ja sämtlich k e i n e Nazis, sie hatten lediglich aus purer Gutmütigkeit und

> Menschlichkeit diese Grundstücke, Geschäfte, Fabriken und dergleichen übernommen. [...] Diese vielen Millionen unschuldig und grausam Gemordeten verlangen, für ihre paar Hinterbliebenen, aus ihren Massengräbern klagend, die ehrlich gemeinte WIEDERGUTMACHUNG! [...] – Wir JUDEN waren die ERSTEN Leidtragenden und sind jetzt noch die LETZTEN – während die Nazis in der Hitlerzeit schwelgten, waren wir vogelfrei – jetzt, am Verlust des Krieges, dürfen wir uns beteiligen![178]

„Ja, meine Herren, würden Sie in Ihrem eigenen Hause Miete zahlen?" Diese Frage stellte er auch den anderen Empfängern seiner Wutbriefe, dem Bürgermeister von Hamburg, Max Brauer, und dem Ministerpräsidenten des Landes Niedersachsen, Hinrich Wilhelm Kopf. Wenn er damals gewusst hätte, dass er den Falschen um Unterstützung gebeten hatte, dass dieser in nationalsozialistische Verbrechen verstrickt war, was erst 2013 ans Licht kam – ob er sich dann auch an ihn gewandt hätte?

Über die Antworten war er enttäuscht, vor allem war er empört darüber, dass kaum jemand seine Empörung zu teilen schien. Man habe Verständnis, er müsse Geduld üben, er solle sich an das für ihn zuständige Wiedergutmachungsamt wenden.

Die Rückerstattungspflichtigen hielten es zunächst für undenkbar, als Verlierer aus dem Rechtsstreit hervorzugehen, aber für den eher unwahrscheinlichen Fall einer Niederlage wollten sie jedoch vorbeugen und beauftragten Julius' Treuhänder gleich nach Inkrafttreten der Allgemeinen Verfügung Nr. 10 am 20. Oktober 1947 mit der Ergreifung vermögensrettender Maßnahmen.

Julius hatte es schon immer geahnt: Der Bürgermeister, der seine Ansprüche zu treuen Händen vertreten sollte, spielte ein doppeltes Spiel. Reichers, von Beruf gelernter Steuerhelfer, verfasste im Auftrage der Rückerstattungspflichtigen Gutachten über die beiden Häuser und Grundstücke und schickte sie an den Officer der Property Control und an den Anwalt der Antragsgegner, Dr. von Schaper. Über das „Eigentum Karl Schnaars", das im Dezember 1941 vom Deutschen Reich „übernommen wurde", schrieb er:

> Das Reich bot das Grundstück dem Invaliden Schnaars zum Kauf an. Schnaars war seinerzeit in einer bedrängten Lage. Er mußte für sich und seine Familie Wohnraum schaffen.[179]

Über das Haus in der Poststraße 21 mit den Geschäftsräumen hieß es:

> Die Eigentümerin Marie Busch hat das Grundstück von den ehemaligen Besitzern [...] laut Verkaufsurkunde vom 24.03.39 [...] ordnungsmäs-

sig erworben. Laut einer Abrechnung des Häusermaklers Georg Joost ist der Erlös des Grundstücks in Höhe von 9.100 RM an die Verkäufer Brumsack zur Auszahlung gekommen.[180]

Die Inhalte der beiden Gutachten über den Zustand der Häuser waren identisch, die Formulierungen wie aus dem Argumentationsbaukasten der „Landesvereinigung für loyale Rückerstattung und Wiedergutmachung“ entliehen:

> Baulicher Zustand (Meyerhofstraße 2)
> Bei der Übernahme waren viele Mängel vorhanden. Diese wurden durch grosse Instandsetzungsarbeiten beseitigt. Der bauliche Zustand ist heute sehr gut.
> [...] Der heutige Verkehrswert beträgt etwa 13.600 RM.
>
> Baulicher Zustand (Poststraße 21)
> Bei der Übernahme war der bauliche Zustand nicht gut, infolge Instandsetzung sind heute die Gebäude in bester Ordnung.
> [...] Der heutige Verkehrswert beträgt etwa 14000 RM.[181]

Erwartungsgemäß kam man auch bei der Bewertung der Liegenschaften zu einem ähnlichen Urteil:

> Die strittige Weide ist nicht als „gut“ zu bezeichnen. Es handelt sich um eine durchschnittliche Bodenqualität.[182]

Fazit: Die damaligen niedrigen Kaufpreise für die Häuser (9100 RM und 11 000 RM) und Grundstücke (4000 RM und 600 RM) seien aufgrund ihrer Mängel „überaus angemessen“ gewesen, dementsprechend sei ihr Wert nach der Instandsetzung der Häuser heutzutage entsprechend höher zu veranschlagen.

Julius ahnte lange nichts von den Umtrieben seines Treuhänders, erst die Property Control setzte ihn darüber in Kenntnis.

Wieder einmal beschwerte sich Julius, dieses Mal beim Bezirksamt in Stade, einer Außenstelle des Landesamtes für die Beaufsichtigung gesperrten Vermögens: Natürlich sei es Unsinn zu behaupten, dass Schnaars seinerzeit in einer „bedrängten Lage“ gewesen sei, wie Reichers in seinem „Gutachten“ behauptet hatte. Im Gegenteil, er hätte ohne Weiteres mit dem ihm zur Verfügung stehenden Mitteln sein damaliges Wohnhaus umbauen und erweitern können, das Grundstück sei groß genug gewesen.

> Außerdem wußte Schnaars, daß es sich um ein unehrlich erworbenes, vom Staat übernommenes jüdisches Grundstück handelte – er mußte sich deshalb auch der Konsequenzen für später vollauf bewußt sein.[183]

Auch das Wiedergutmachungsamt ließ er wissen, was er von Reichers „Gutachten" hielt:

> Das Grundstück und das Haus in der Poststraße 21 befanden sich 1939 keinesfalls in einem schlechten Zustand. Ich wundere mich hingegen nicht, daß man jetzt das damals von den Juden erworbene Gut schlechter macht, während man doch seinerzeit sicher nur die vielen Vorteile in Betracht zog.[184]

Ob Julius auch noch dafür bezahlen solle, wenn er irgendwann sein Haus zurückbekommen würde? Das Gegenteil sei wohl eher der Fall, schließlich habe er ein Anrecht auf Nutzungsentschädigungen und Ausgleichszahlungen. Und außerdem, es sei kein Kauf, es sei Diebstahl gewesen!

In einem anderen Brief an das Wiedergutmachungsamt in Stade machte er seinem Ärger erneut über zwei Seiten Luft:

> Ich bin inzwischen mehr als nur verärgert, daß die Rückerstattung nicht vorankommt; wann endlich darf man auf eine Gerechtigkeit hoffen – oder hofft man an anderen Stellen, daß die Angelegenheit im Sande verlaufen wird? Ich v e r l a n g e, daß nun e n d l i c h etwas Positives getan wird, besonders der Fall gegen SCHNAARS liegt doch klar auf der Hand – weshalb wird da immer noch gezögert – weshalb muß ich noch momentan eine Miete im eigenen Haus zahlen? Klingt es nicht verhöhnend – fast wie ein böser Witz? Es ist ein großer Schandfleck, daß diese Ungerechtigkeiten immer noch nicht anständig wieder gut gemacht werden. Jeder Tag kostet doch Volksvermögen – da werden Akten über Akten angefertigt, Formulare über Formulare – und wo bleibt das RESULTAT?
>
> Ich glaube, ich habe jetzt lange genug gewartet, einmal geht auch mir die Geduld zuende. Ebenso fragt meine Cousine wöchentlich bei mir an, ob die Sache noch nicht erledigt sei – ich habe fast den Eindruck gewonnen, als würde der Fall mutwillig so in die Länge gezogen. –
>
> Sie kommen mir immer mit Nebensächlichkeiten – mit Inventar-Angelegenheiten, von denen ich sowieso kaum noch etwas zu erwarten habe – es kostet mich viel Zeit und noch mehr Spesen, denn bislang hat man mir auch meine Reisen, Benzin usw. n i c h t vergütet – ich habe keinen Pfennig von irgendeiner Seite bekommen und mußte mir mit etwas geliehenem Geld in mühseligster Arbeit eine kleine Existenz aufbauen, um zumindest meine Familie ernähren zu können. Ich habe nicht um fremde Hilfe angefragt, nein – ich fordere mein RECHT und will nichts an den Schandtaten der Nazis verdienen, denn meine Lieben

und die uns zugefügten seelischen Leiden kann man uns niemals ersetzen.
Nazis gewesen zu sein wäre wohl weitaus besser gewesen – ein großer Teil sitzt wiederum in weichen Pöstchen, sie bekommen Pensionen, Entschädigungen, Soforthilfen, Hausrathilfen, Renten usw. usw. ---- w o aber bleiben die wirklichen Opfer des Nazismus, diejenigen, die vom Jahre 1933 ab leiden mußten??? Es klingt wie leerer Hohn – es ist traurig, aber leider so wahr! Wie mit Ihnen, so geht es mir auch mit dem Kreissonderhilfsausschuss – die haben mir auch nur Spesen und Aufregung bereitet, ohne daß bislang auch nur ein einziger Pfennig bezahlt wurde – das Wegnehmen und Stehlen ging in Stunden vor sich – die Rückgabe gestohlener Sachen und Eigentums aber läßt Jahre auf sich warten.
Ich werde mich an höhere Instanzen wenden, wenn ich nicht innerhalb von 8 Tagen konkret Bescheid bekommen habe.[185]

Julius bekam keine Antwort, weder innerhalb von acht Tagen noch innerhalb von acht Wochen.

Nachdem alle Schlichtungsversuche zur „gütlichen Einigung“ beim Wiedergutmachungsamt in Stade an der Renitenz des Antragsstellers scheiterten, wurde die Sache „Brumsack gegen Schnaars“ an die nächsthöhere Instanz, die Wiedergutmachungskammer beim Landgericht in Hannover, verwiesen.

Am 11. November 1950 feierten Julius und Emmi ihren zweiten Hochzeitstag. Aber vor allem feierten sie ein anderes Ereignis, für das Julius fünf Jahre gekämpft hatte. Einen Tag vorher erging durch die Wiedergutmachungskammer beim Landgericht in Hannover in der Sache „Brumsack gegen Schnaars“ folgendes Urteil:

1. Der Antragsgegner hat an den Antragssteller das Grundstück Bd. 21 Bl. 586 des Grundbuchs für Beverstedt zurückzuerstatten. Der Antragssteller ist im Grundbuch als Eigentümer einzutragen.
   Dem Antragsgegner wird eine Räumungsfrist bis zum 1.3.1951 gewährt.
2. Der Beschluss ergeht gebührenfrei.[186]

Mit der Rückerstattung von Acker- und Weideland dauerte es länger, ebenso mit dem Elternhaus von Annelise. Julius und Annelise erhielten dafür finanzielle Entschädigungen.

Schnaars, der vom Unglück anderer profitiert hatte und sein blindes Vertrauen in das „tausendjährige Reich“ nun bitter bezahlen musste, tat Julius dennoch leid. Er verzichtete ihm gegenüber auf Nutzungsentschädigungen und Ausgleichszahlungen in der Hoffnung, dass man ihm vonseiten des Staates später bei der Gewährung eines Darlehens entgegenkommen würde.

An dem Tag, an dem die Schnaars ausziehen mussten, war Julius nicht zu Hause.

10 Schützenbrüder

Ein einziges Mal, zwei Jahre nach Julius' Rückkehr, unternahmen die Beverstedter einen Versuch, ihn in das Gesellschaftsleben ihres Ortes zu integrieren.

Man lud ihn zur Sitzung in den Schützenverein ein, aus dem fünfzehn Jahre zuvor sein Onkel Siegmund hinausgeworfen worden war. Man wollte ihn als Mitglied aufnehmen. Er war sich nicht sicher und quälte sich tagelang mit der Frage, ob er hingehen sollte oder nicht. Schließlich ließ er sich von Emmi überreden. Man wolle doch in Beverstedt leben, eine Existenz aufbauen und eine Zukunft haben, also müsse man sich auch in die Dorfgemeinschaft integrieren.

Bereits auf dem Weg dorthin, vorbei am Haus seines Onkels und seiner Tante, das jetzt anderen gehörte, vorbei an den elterlichen Weiden, auf denen jetzt die Kühe von Prenzlers grasten, wusste er, dass dieses Wagnis kläglich scheitern würde.

Das Scheitern schickte seine Zeichen voraus, er fühlte ein Rumoren in der Magengegend, eine Übelkeit, die ihm die Kehle zuschnürte. Das Scheitern nahm seinen Lauf auf der Toilette des Schützenvereins. „Komm Julius, lass uns doch die dumme Geschichte mit deiner Familie vergessen. Du kennst uns doch alle. Wir waren doch keine Nazis. Und was hätten wir denn auch tun können?", sprach ihn Johann von der Seite an.

„Schwamm drüber", ergänzte sein Pissoir-Nachbar am anderen Becken. Julius kannte ihn, aber sein Name fiel ihm nicht ein.

Auf der Schützenversammlung kein Wort der Reue, dass man ihren Schützenbruder Siegmund bereits im März 1935 aus dem Verein geworfen hatte, im vorauseilenden Gehorsam, kein Wort von denen, die mit ihm befreundet gewesen waren, die seinen Ausschluss besiegelt hatten.

Julius schaute in leere Gesichter. Am Ende des Abends erhob sich die Schützenbrüderschaft von ihren Stühlen und gedachte in einer Schweigeminute ihrer gefallenen Kameraden. Von Siegmund war keine Rede, auch vier Wochen später nicht, auf der Jubiläumsfeier des Schützenvereins. Siegmund wurde einfach totgeschwiegen.

Übelkeit schnürte Julius weiter die Kehle zu, jegliche Worte, die er jetzt sagen wollte, die er für Siegmund jetzt sagen musste, blieben ihm im Halse stecken.

Am Ende wurde der Name Brumsack doch noch erwähnt, unter dem Tagesordnungspunkt „Neuzugänge". „Wir begrüßen Julius Brumsack als neues Mitglied in unserer Gemeinschaft." Applaus. Zitternd kam er zu Hause an, unfähig zu antworten, als Emmi ihn fragte, wie es gewesen sei.

Wochen später las Julius in der *Nordsee-Zeitung* vom 14. Juli 1950 unter der Rubrik „Bekanntmachungen" diese Nachricht:

> **Beverstedt feierte Jubiläumsschützenfest**
>
> [...] Eduard Hölling, Präsident des Beverstedter Schützenvereins, ernannte zu Ehrenmitgliedern Joh. Thomfohrde, Joh. Fehlow und Friedr. Teschen.[187]

Teschen wurde zum Ehrenmitglied des Schützenvereins ernannt! Teschen, der selbst Viehhändler, also Konkurrent gewesen war, der nicht nur für die Kündigung ihrer Lizenz am Schlachthof in Bremerhaven gesorgt hatte, sondern auch für Siegmunds Hinauswurf aus dem Schützenverein! Julius war fassungslos. Noch am selben Tag schrieb er an den Vereinsvorsitzenden Eduard Hölling und erklärte seinen unverzüglichen Austritt:

> Erst durch die gestrige Nordsee-Zeitung vom 14. Juli 1950 erfuhr ich, daß u. a. Friedrich TESCHEN zum „Ehrenmitglied" ernannt wurde. – Ich vermag nicht lange Worte darüber zu verlieren – und ob man sich heute wieder – oder noch wundern soll, bleibt dahingestellt. Zumindest kann mir nicht zugemutet werden, in einem Verein Mitglied zu sein, in dem ein TESCHEN, der der größte „Judenhetzer" im Ort selbst war und meinen Lieben das Leben seelisch, trotz der Hetze von oben, noch mehr erschwerte, als „Ehrenmitglied" ernannt wurde. Ich sende Ihnen deshalb meine Mitgliedsnadel zurück und gebe meinen sofortigen Austritt hiermit bekannt.
>
> Des Weiteren stelle ich aus dem Zeitungsbericht fest, daß man in einer Festrede wohl der aus dem „Krieg nicht heimgekehrten" Schützen gedachte, nicht aber des Schützenmitglieds, das dem wahnsinnigen Naziterror zum Opfer fiel – nämlich meines Onkels Siegmund Brumsack. Mit ganzem Herzen war dieser doch in früheren Jahren, genauso wie mein sel. im 1. Weltkrieg gefallener Vater, dabei – nur zu gern hat man immer das „gespendete Mett" aus dem Geschäft gegessen, nur zu gern ließ man sich freihalten. Aber solche Mitglieder sind von Seiten des Vereins total vergessen – darüber macht man sich keine Gedanken mehr – viel wichtiger ist es ja, daß die Naziprominenz wieder führend mitwirken kann.

Es ist eine reine Charakterangelegenheit – ich habe zwar bereits vergeben – ich werde aber nie vergessen !

NB: Ich bitte dieses Schreiben den Mitgliedern weiterzuleiten![188]

Die Antwort erfolgte fünf Tage später:

Ihre Austrittserklärung haben wir zur Kenntnis genommen. Anliegend senden wir Ihnen den bezahlten Beitrag für 1950 sowie das Entgelt für die Mitgliedsnadel mit zusammen 7.00 DM zurück.[189]

Julius ließ nicht locker, schrieb erneut an den Vorstand, er tat es für Siegmund.

Ich empfing Ihre Bestätigung nebst Scheck in Höhe von DM 7.00 vom 20. ds. M.

Wenn man sich auch bislang nicht schriftlich über den Grund meines Austritts geäußert hat, was ich auch nicht erwartet hatte, so möchte ich jedoch hiermit nochmals darauf verweisen, daß der Grund meines Austritts jedem Mitglied des Vereins in Form einer vervielfältigten Abschrift meines Briefes vom 15. ds. M. bekannt gemacht wird.

Sollte dieses nicht vom Verein aus, also von Ihnen, geschehen, dann werde ich mir selbst die Mühe machen, um es zu publizieren.[190]

Teschen war Parteimitglied, Ortsgruppenamtsleiter der NSV, Leiter des Schlachthofes in Wesermünde gewesen, der „größte Judenhetzer" am Ort, so nannte Julius ihn. Der dafür gesorgt hatte, dass an den Ortseingängen die Schilder angebracht wurden: „Juden sind in Beverstedt nicht erwünscht! Ist Deutschland erst von Juden rein, dann wird es froh und glücklich sein!" Und der regelmäßig kontrolliert hatte, ob die Geschäftsleute die Plakate auch tatsächlich ausgehängt hatten.

Und nach dem Krieg?

Im Januar 1946 hatte Teschen drei Wochen in Haft verbracht, aber man hatte ihm nichts nachweisen können, sein Berufsverbot wurde bald danach aufgehoben.[191]

Im Rahmen seines Entnazifizierungsverfahrens stellten Kreis-Entnazifizierungsausschuss und Entnazifizierungsgericht des Regierungsbezirks Stade fest:

Kategorie 3: „Eifriger Nazi-Unterstützer. Befund: beschäftigungsunwürdig."

Gegen die empfohlene Entlassung aus seinem Beruf als Viehhändler legte Friedrich Teschen Berufung ein.[192] Man ermittelte erneut.[193]

Aber wen hätte man auch befragen können? Die einen, die nicht in der Partei gewesen waren, folglich auch nicht an Veranstaltungen der NSDAP teilgenommen hatten, konnten nichts Konkretes sagen, die anderen, seine Parteigenossen, wollten nichts sagen.

Alle in Beverstedt Befragten waren sich einig, dass Teschen ein „großer Nationalsozialist und Judenhetzer“ gewesen sei. „Führer von Beverstedt“ – so habe man ihn genannt.[194] Im Dorf erzählte man viele Geschichten über ihn: Er habe sich persönlich bereichert und Bewohner gezwungen, unentgeltlich am Bau zweier Behelfsheime mitzuhelfen, Hetzreden gehalten und seine Konkurrenten, Siegmund und Arnold Brumsack, wirtschaftlich ausgeschaltet, er habe als Leiter der NSV bei der Versteigerung des Brumsack'schen Hausrates Gegenstände an sich genommen.

Auch Julius führte „unabhängige“ Befragungen im Ort durch, aber in der „Sache Teschen“ zeigte man sich äußerst wortkarg.

Im Mai 1949, zwei Jahre nach Beginn des Verfahrens, verfasste Polizeiwachtmeister Jahn aus Beverstedt, der Nachfolger seines inzwischen verstorbenen Kollegen Toskowski, für den Entnazifizierungsausschuss des Landkreises Wesermünde einen abschließenden Ermittlungsbericht:

> Um die tatsächliche Haltung des Teschen als führende Persönlichkeit und seine große Aktivität für die ehemalige NSDAP und sein Hervortun bei allen parteipolitischen Angelegenheiten unter Beweis zu bringen, wurden die Ermittlungen laufend und erschöpfend in allen Bevölkerungskreisen in Beverstedt und Umgebung geführt. Ausschlaggebende Beweise gegen Teschen, daß seine Handlungen zur damaligen Zeit zum Nachteil vieler antifaschistischer Personen geführt hätten, konnten jedoch nicht erbracht werden. Auch Beweise darüber, daß Teschen derjenige war, der an dem Unglück der israelitischen Familie Brumsack in Beverstedt als einer der Hauptschuldigen zur Verantwortung gezogen werden könnte, wurden bis auf die Aussagen des Herrn Julius Brumsack, Beverstedt, gleichfalls nicht erbracht.
> [...] Viele Personen dieses genannten Personenkreises brachten unzweideutig zum Ausdruck, daß sie mit derartigen Sachen nichts mehr zu tun haben wollten und nicht als Zeugen gegen ihn aufzutreten gedenken. Die Sache wäre ja jetzt lange genug vorbei und man sollte endlich damit aufhören.

Und so lautete sein Fazit:

> Die Ermittlungen gestalteten sich äußerst schwierig und zeitraubend und brachten nicht den gewünschten und ausschlaggebenden Erfolg, wie es in der Sache Friedrich Teschen erforderlich gewesen wäre. Da

auch Herr Brumsack selbst nach wiederholten Rücksprachen mit ihm keine maßgeblichen Zeugen nennen konnte, die gegen Teschen aussagen würden, scheinen weitere Ermittlungen keinen Erfolg zu versprechen.[195]

Dass allerdings Gertrud und Emil Moll, gemeinsam mit zwei weiteren Beverstedter Bewohnern, eine eidesstattliche Aussage gemacht hatten, fand in dem Ermittlungsbericht des Polizeiwachtmeisters keinerlei Erwähnung. Genauso wenig wie die Tatsache der judenfeindlichen Plakate am Eingang des Ortes und der Nötigung der Geschäftsleute zum Aufhängen derselben.

Die Erklärung der zwei Frauen und zwei Männer war „unzweideutig“:

Der Viehhändler Teschen, wohnhaft in Beverstedt, hat sich sehr aktiv für die Nazis eingesetzt. Er war derjenige, welcher an den Eingängen unseres Dorfes judenfeindliche Schilder anbringen ließ mit der Aufschrift „Juden haben keinen Zutritt und Juden unerwünscht“.

Teschen hat viele Geschäftsleute bedroht, [dass,] wenn sie nicht in die Partei eintreten, ihre Geschäfte geschlossen würden. Teschen hat die Bevölkerung zur judenfeindlichen Hetze aufgefordert, und auch für die Nazis Propagandareden gehalten.

Ich bestätige Obiges an Eides statt:

Frau Gertrud Moll, Herr Erich Troschat, Herr Emil Moll und Frau Emma Nagel[196]

Nein, man wollte mit „derartigen Sachen“ nichts mehr zu tun haben, und man war sich einig: Teschen sei nur einer von acht Millionen NSDAP-Mitgliedern gewesen, da hätte man viel zu tun gehabt, da hätte man sie doch fast alle einbunkern müssen. Die Sache sei doch längst verjährt.

Julius wollte es nicht akzeptieren. Er schrieb wiederum an den Entnazifizierungsausschuss und beendete seinen Brief mit dem Satz: „Ist die Angelegenheit Ihrerseits bereits als erledigt in den Papierkorb gewandert?“[197]

Er wandte sich, durch Vermittlung der jüdischen Gemeinde, an Dr. Horst Berkowitz, den jüdischen Anwalt und Notar aus Hannover, und bat ihn um Unterstützung. Dieser antwortete ihm:

Im Besitz Ihres Schreibens vom 6. November 1949 bin ich der Ansicht, daß die Verfolgung dieser Dinge kaum Sinn und Zweck hat. Wir wissen, daß Personen in der Art des Herrn Teschen Nazis geblieben sind und daß sie jede Unwahrheit sagen, um sich zu decken und erlangte Vortei-

Propagandaplakat am Ortseingang von Beverstedt (ca. 1940)

le behalten zu können. Wenn er in seiner Eigenschaft als Leiter der NSV die Gegenstände erhalten hat, wird sicherlich der grösste Teil an andere Personen weitergegeben sein.
Beweisen lässt sich kaum etwas und man gibt sich nur eine Blösse, wenn man bei so unsicherer Beweislage Ansprüche verfolgt. Unterliegt man dann aus Mangel an Beweisen, dann können solche Kerle wieder den Mund aufreissen und sich über uns lustig zu machen.
An sich wäre der Gegner verpflichtet gewesen, nach der allgemeinen Verfügung Nr. 10 Anzeige zu erstatten. Wie ich aus vielen Sachen weiss, ist diese Pflicht fast ständig verletzt und bisher hat sich noch niemand darum gekümmert, obwohl die Unterlassung strafbar ist.
Werfen Sie daher keine Arbeit, kein Geld und keine Nervenkraft hinterher. Wir ändern die Menschen der Nazizeit nicht und es ist klüger, sich seinen Aufgaben zu widmen, als sich mit solchen Burschen herumzustreiten.[198]

Schließlich gab Julius auf. Friedrich Teschen war seine größte Niederlage.

11 Die Wiedergutmacher

Mit der Rückerstattung des Hauses hatte Julius ein sichtbares Zeichen gesetzt: „Seht, hier bin ich wieder, in meinem Haus, auch wenn ihr meine Lieben und mich vertrieben habt, ich setze jetzt die Geschichte meiner Familie fort."

Aber damit hatte Julius seinen Kampf um „Wiedergutmachung" längst noch nicht beendet, er war höchstens in der Mitte angelangt, hatte ein Etappenziel auf dem Weg zur Erstreitung seines Rechts erreicht. Daneben gab es viele weitere Verfahren, die entweder parallel verliefen, oder die erst an ihrem Beginn standen und sich über viele Jahre hinzogen, manche über fast zwei Jahrzehnte.

Julius hatte seine Lebensgeschichte in zwanzig Ordnern dokumentiert, darunter fünf nummerierte Aktendeckel, auf jedem das Wort „Wiedergutmachung". Eine Dokumentation der Jahre 1945 bis 1972 zu einem einzigen Thema: mindestens hundert Rückerstattungs- und Entschädigungsverfahren, rund vierhundert Gerichtsakten, mehrere tausend eng bedruckte Seiten, Klagen, Urteile, Gutachten, amtliche Schriftstücke, Briefe und Notizzettel. Die Schriftstücke schienen wie im Brennpunkt eines Hohlspiegels all das zu bündeln, was zuvor die Nazis seiner Familie bis in ihre allerletzten Lebensbereiche geraubt hatten.

So lautete fast jedes amtliche Schriftstück, das er erhielt: „Über die Entschädigungssache Brumsack gegen das Deutsche Reich", „gegen das ehemalige Deutsche Reich", „gegen die Bundesrepublik Deutschland", „gegen das Land Niedersachsen", „gegen das Landgericht", „gegen den Regierungspräsidenten in Stade", „gegen folgende Personen". Es handelte sich um Beweiserhebungsverfahren, Feststellungsverfahren, Klagen, Beschlüsse, Gutachten, Vergleiche, Urteile, Revisionen durch die Entschädigungsbehörden, das Oberlandesgericht, die Wiedergutmachungsämter, Wiedergutmachungskammern, Sonderhilfsausschüsse, Kreissonderhilfsausschüsse, Entnazifizierungsausschüsse, Finanzämter und Oberfinanzämter, Landes-, Kreis- und Zentralämter für die Beaufsichtigung gesperrten Vermögens, für Vermögensverwaltung, für Versicherungen, in Stade, Bremerhaven, Wesermünde, in Hannover, Celle, Bad Nenndorf, Bremen, Hamburg, Oldenburg, Cuxhaven. In Berlin und in Bonn.

Mehr als 25 Jahre lang war er Kläger, Gegner, Rückerstattungsberechtigter, Antragssteller in Rechtstreitereien gegen die Antragsgegner, die Rückerstattungspflichtigen, die Beklagten, von denen nicht wenige beklagten, dass das, wessen man sie heute anklagte, nicht Unrecht sein konnte, weil es damals Recht war. Manchmal hießen sie nur Beteiligte. Das Wort „Schuld" tauchte nirgendwo auf. Das Wort „Entschuldigung" erst recht nicht.

Bis in die siebziger Jahre flatterten ihm die Briefe „in der Sache Julius Brumsack" ins Haus, immer wieder die fast gleichlautenden Standardformulierungen, sie klangen wie ein amtlicher Leitfaden, wie eine straff gespannte Richtschnur, verschickt von der obersten „Wiedergutmachungsbehörde" an die untergeordneten Behörden, zwecks Vereinfachung der Abwicklung.

Damit keine falschen Versprechungen gemacht wurden. Wie abgesprochen, als seien sie noch immer alle unter sich, wie in alten Zeiten.

Immer wieder und wieder teilte man ihm mit, dass es bislang noch „keine gesetzlichen Grundlagen" gebe, die seine Ansprüche regeln könnten, dass man „abwarten" müsse, dass er „Beweise für die Berechtigung seiner Anträge" einzubringen habe, da man ohne Beweise seine Ansprüche abweisen müsse, dass es sich um „nicht feststellbare Vermögensgegenstände" handle. Es gab viele Gründe.

So teilte der Vorsteher des Finanzamts Wesermünde-Bremerhaven Julius mit:

> Ich kann Ihnen heute das endgültige Ergebnis der angestellten Ermittlungen bekanntgeben. Es konnten keinerlei schriftliche Unterlagen (Aktenaufzeichnungen usw.) festgestellt werden, so daß nunmehr kein Zweifel mehr darüber besteht, daß sowohl in Wesermünde als auch in Bremen beim Oberfinanzpräsidium das einschlägige Material durch die Kriegsereignisse vernichtet ist.[199]

Und wenn nicht der Krieg an der Vernichtung des „einschlägigen Materials" schuld war, dann waren es andere Umstände: durch Wasserschaden zerstört, verbrannt, versehentlich vernichtet, auf ungeklärte Weise abhandengekommen. Oder man war einfach nicht zuständig:

> Die in Ihrem Schreiben vom 17. und 23.08.49 gewünschten Aufklärungen können diesseits nicht gegeben werden, es muss vielmehr Ihnen selbst überlassen bleiben, sich die notwendigen Auskünfte gemäss Art. 28 R.E.G. zu beschaffen.[200]

Ja, Julius solle sich die Auskünfte gemäß Art. 28 des Rückerstattungsgesetzes Nr. 59 selbst beschaffen:

> Die Beteiligten sind einander zur Auskunftserteilung über alle Einzelheiten verpflichtet, die für Ansprüche nach diesem Gesetz von Bedeutung sind.[201]

Eigentlich erteilte er ständig Auskünfte, das Problem war jedoch, dass die Beteiligten dieser Verpflichtung umgekehrt nur zögerlich, unwillig oder gar nicht nachkamen.

Julius verlangte eine Gegenüberstellung mit den Beamten des Finanzamts Bremerhaven, den Befehlsempfängern und Vollstreckern der Deportation und der Versteigerung, aber sie seien entweder verstorben oder verzogen, sie würden nicht mehr in der Behörde arbeiten, ihre Adressen unbekannt, eine Einflussnahme stehe außerhalb des Wirkungsbereichs der Behörde.

Ständig erhielt er Briefe mit dem Hinweis, dass sich die Zuständigkeiten inzwischen geändert hätten, er solle sein Anliegen „nach hiesiger Ansicht am anderen Ort zur Kenntnis bringen". Nur fragte er sich oft, an welchem „anderen Ort"?

Jetzt gehöre ihm das Haus doch wieder! Was er denn noch wolle? „Nu hett he doch sien Will."

Nein, Julius hatte immer noch nicht seinen Willen. Er verlangte, dass jeder Käufer, jede Käuferin der versteigerten Gegenstände zur Rechenschaft gezogen werden sollte. Das Wiedergutmachungsamt in Stade war jetzt der amtliche Vollstrecker für den Vollzug seiner Forderungen.

Für jeden einzelnen Anspruch musste er einen gesonderten Antrag stellen, allein für die Rückerstattung bzw. Entschädigung des versteigerten Hausrats waren es 385 Anträge und 385 Formblätter, er füllte sie aus und schickte sie an das Zentralamt für die Sicherstellung gesperrten Vermögens in Bad Nenndorf, dieses prüfte seine Ansprüche im sogenannten Sicherstellungsverfahren, für die Prüfung benötigte man Monate, danach schickte das Amt das Ergebnis seiner Prüfung an das Wiedergutmachungsamt, dieses wiederum an die Rückerstattungspflichtigen, begleitet von einem einseitigen Formblatt, das alle Details über das juristische Prozedere enthielt.

Im Auftrag des Amtsgerichtsrates Groneberg wurde im Namen von Julius angeordnet: Sofern die Gegenstände vorhanden waren, mussten sie an Julius zurückgegeben werden; sofern sie nicht mehr existierten, mussten die Beteiligten „zum Ersatz in Geld veranlaßt werden"; und schließlich hatten, je nach Lage der einzelnen Sache, die Antragsgegner „bestimmte Summen als Wertersatz oder Nachzahlung zu leisten“. Die entstandenen Verfahrenskosten seien von den jeweils Beteiligten zu zahlen. Außerdem müsse innerhalb von zwei Monaten eine Erklärung abgegeben werden, ob die Beteiligten die gestellten Ansprüche für gerechtfertigt hielten oder ein Ersatz für die Aufwendungen zu verlangen sei, man könne den Anträgen widersprechen. Für Letzteres könne ein Termin anberaumt werden, der die „Herbeiführung einer gütlichen Einigung bezweckt“.[202]

Falls sich die Beteiligten nicht einigen konnten, hatte das Oberste Rückerstattungsgericht zu entscheiden, in der britischen Besatzungszone das Board of Review in Herford.[203]

Die amtliche Aufforderung zur Rückgabe der Gegenstände fand bei den meisten der „Beteiligten“ erwartungsgemäß wenig Zuspruch, hatten sie doch ihrer Meinung nach einen fairen Preis an den Staat gezahlt. Julius erreichte eine Flut von Briefen. Die Reaktion der 124 Rückerstattungspflichtigen war so unterschiedlich wie ihre Verdrängungsleistungen. Er beharrte darauf, dass jeder Gegenstand auf der Liste bei ihm persönlich abgeliefert wurde.

Julius’ bloße Existenz war eine Provokation für sie, jeder Antrag ein Schuldvorwurf. Manche stellten die Gegenstände, mit dem unterschriebenen Formblatt versehen, bei Nacht und Nebel vor die Haustür, manche legten Widerspruch ein, mit ausführlichen Begründungen, dass sie die Gegenstände ehrlich erworben hätten, wie zum Beispiel Frau Kugel:

> Zu Ihrem Schreiben vom 30.03. möchte ich Ihnen mitteilen, daß es damals eine öffentliche Versteigerung war, ohne Namensnennung. Wir wohnten noch nicht lange in der Gegend, wussten also auch nicht, wem die Sachen gehörten, es war auch nur der letzte Teil der Sachen, besonders für kinderreiche Familien bestimmt und weil uns die Betten fehlten für die Kinder, man aber sonst nichts kaufen konnte, habe ich die Decke, die schon sehr abgenutzt war, auch beschädigt, zum Höchstgebot von 8 RM erstanden, auf Barzahlung. Damals war das Geld knapp und die Preise nicht so hoch, 24 RM kosteten die neuen Decken vorm Krieg. Darum habe ich auch kein Unrecht darin gesehen, daß ich die Decke kaufte, wo Herr Jäger mit dem Geld geblieben ist, weiß ich nicht. Wir haben nie Vermögen gehabt, da immer Landarbeiter und 5 Kinder. Auch jetzt bei den hohen Preisen nur von einer Woche zur Andern, für den Lebensunterhalt genug haben, auch durch Kriegseinwirkung allerlei verloren haben.[204]

Andere empfahlen Julius, er sollte sich doch mit seiner Forderung an das Finanzamt wenden. Aber der Staat weigerte sich. Der Staat war außerdem pleite.

> In der Rückerstattungssache des Kaufmanns Julius Brumsack und Schwester [gemeint ist Annelise] in Beverstedt möchte ich folgendes mitteilen:
>
> Ich, Frau Johanne Hanneken habe im Krieg die Möbel gekauft ohne irgendeine Begründung. Wir waren keine PG. Wenn Herr Brumsack doch das Geld zurückhaben möchte, soll er sich doch an das Finanzamt wenden, die damals das Geld eingezogen haben. Wir wissen nicht, wo wir von bezahlen sollen, haben 4 Kinder, Alter 5–13 Jahre, das 5. Kind kommt. Haben ausser die Möbel noch 500–600 DM Schulden.
>
> Ich nehme an, daß Herr Brumsack Verständnis hat.[205]

Und es gab auch solche, die ihre Bereitschaft zur Rückgabe bekundeten. Jedoch nur unter bestimmten Bedingungen. So teilte Johann Grahl dem Wiedergutmachungsamt im Landgericht Stade mit:

> In der Wiedergutmachungssache Brumsack / Peters u. A. erkenne ich den Anspruch auf Rückgabe der von mir am 8.12.41 gekauften beiden Wanduhren nicht an.
>
> Ich habe die Uhren in einer öffentlichen Versteigerung erworben und den vollen Wert damals an den Auktionator mit 55,– RM gezahlt.
>
> Falls ein Rechtsanspruch trotzdem auf Grund des Wiedergutmachungsgesetzes bestehen sollte, muß mir der Wertersatz heute in vollem DM geleistet werden. Wenn mir daher 55,– DM von dem Wiedergutmachungsberechtigten (Julius Brumsack) erstattet werden, bin ich bereit, die beiden Wanduhren wieder herauszugeben.
>
> Anderenfalls bitte ich um Entscheidung.[206]

Julius sollte ihm für die Wanduhren den „vollen Wert“ von 55 DM zurückerstatten? Johann Grahl war nicht der Einzige, der so dachte.

Es gab auch andere, die die Wahrheit leugneten, die ihnen schwarz auf weiß präsentiert wurde, die die Verpflichtung zur Auskunftserteilung schlichtweg ignorierten, die nicht daran dachten, die Gegenstände zurückzugeben. Julius wollte sie nicht davonkommen lassen.

Andere ließen ihm ausrichten, dass die Gegenstände längst unbrauchbar geworden seien. Ob er sie überhaupt noch haben wolle? „Wat will he mit den ollen Tüüg?“

Manche schrieben ihm, dass die Käufer, ihre Eltern, inzwischen tot seien, der Bruder, der Vater vermisst. Dann war die Sache für ihn erledigt. Und wiederum andere taten ihm leid, schließlich hatte der Staat das Geld einkassiert, jetzt sollten sie dafür doppelt bezahlen. Aber es fehlte ihnen das Geld dafür. Auch in diesen Fällen verzichtete er. Wie zum Beispiel im Fall von Frau Kugel und ihren fünf Kindern. Und wie im Fall von Frau Hanneken.

Und schließlich gab es auch einige wenige, die den Mut fanden, bei ihm vorbeizuschauen, die fragten, wie es ihm gehe.

Julius schrieb die Versteigerungslisten ab, vermerkte hinter den Käufernamen die Ergebnisse seiner Rückforderungen: „erledigt", „verzichtet", „Anzahlung von ...", „will nicht zahlen", „Vergleich", „Pfändung".

Die Rückerstattungsverfahren um das Hausinventar dauerten mehr als drei Jahre. Es ging Julius schon sehr bald nicht mehr um Schüsseln und Schalen, Decken und Gardinen, um die penible bürokratische Aufrechnung eines jeden einzelnen Gegenstandes, um die Auseinandersetzungen mit Käufern über Dinge, die nach neun Jahren in den meisten Fällen sowieso nicht mehr verwendbar waren. Es ging ihm um die direkte Konfrontation mit den Nutznießern, um das Bekenntnis zu ihrer moralischen Schuld, darum, jedem Einzelnen einen Spiegel vorzuhalten, ihm ins Gesicht zu schauen, ihm zumindest Worte des Bedauerns abzuringen, aber in seinen Unterlagen tauchen sie nirgendwo auf, stattdessen oftmals Antworten, die das Gegenteil bezeugen.

Irgendwann sollte für ihn damit Schluss sein: mit den Klagen der Käuferinnen und Käufer, ihrem Selbstmitleid, den ständigen Nachfragen des Wiedergutmachungsamtes, ob inzwischen „ausseramtliche Einigung" erfolgt sei. Mit den Bestrafungen – denn das waren sie ja.

Im März 1950 schickte Julius eine Übersicht an das Wiedergutmachungsamt mit der Bemerkung:

> Folgende hierunter aufgeführte Personen sind bislang nicht bei mir gewesen zwecks einer gütlichen Einigung; aus diesem Grunde bitte ich das Wiedergutmachungsamt diese Personen zur Zahlung aufzufordern und zur Überweisung der Beträge binnen einer gesetzten Frist an das Wiedergutmachungsamt Stade, da nur das allein die Zugkraft besitzt, sodaß mein Name ausgeschaltet bleibt.[207]

Jetzt gab es noch vierzig unerledigte Nummern auf der Versteigerungsliste. 1952 zog er die verbliebenen Rückerstattungsansprüche zurück und übertrug sie „auf den Staat zwecks Regelung bei einem in Aussicht stehenden Entschädigungsgesetz". Als das Bundesrückerstattungsgesetz 1957 endlich in Kraft trat, verzichtete er auf das erneute Einreichen der noch ausstehenden Forderungen.[208]

Aber manchmal beharrte er auf einem Gegenstand, auf dem Wäscheschrank, auf dem Klavier seiner Mutter, dann ging es ihm um etwas anderes. Um die Erinnerung. Um den Schmerz der Erinnerung. Wie im Fall von Gretes Schrank.

> Was das Verfahren Wg. A. 58/49 gegen die Witwe Johanna Kattau anbelangt, so ist ja dieserhalb am 7.3.1952 ein Rückerstattungsbeschluss ergangen. Sofern Frau Kattau gegen den Beschluss nicht Einspruch einlegt, wird er insoweit ab 18.4.1952 rechtskräftig. Sollte Frau Kattau bis dahin den Schrank nicht freiwillig herausgegeben haben, wollen Sie hier beim Wiedergutmachungsamt unter Einsendung des Ihnen hier zugestellten Beschlusses eine vollstreckbare Ausfertigung anfordern, damit Sie den Beschluß mit Hilfe eines Gerichtsvollziehers vollstrecken können. Das Wiedergutmachungsamt hat leider keine Handhabe, gütlich auf die Antragsgegnerin einzuwirken.[209]

Auch Julius vermochte es nicht, gütlich auf die Antragsgegnerin einzuwirken. Er wollte nicht klein beigeben. Der Schrank wurde erst herausgegeben, als der Gerichtsvollzieher bei ihr vor der Tür stand.

Ebenso forderte Julius von der Nachbarin Paula Roenicke (Meyerhofstraße 26) Gretes Klavier zurück. Diese teilte dem Wiedergutmachungsamt Stade mit:

> Meines Erachtens bin ich nicht kompetent, da ich das Klavier nicht ersteigert habe.
>
> Ich habe das Klavier am Versteigerungstag von Herrn Gremke, Wellen, als Holzwert übernommen, da es zu einem anderen Zweck nicht mehr zu gebrauchen war; sonst hätte Herr Gremke es wohl mitgenommen.
>
> Ob meinerseits eine Bezahlung, in Höhe des Ersteigerungswertes, an Herrn Gremke erfolgte, kann ich nicht mehr sagen, es ist aber sehr wahrscheinlich.
>
> Das Klavier befindet sich also nicht mehr in meinem Besitz, es ist vielmehr noch am Versteigerungstag zu Brennholz verarbeitet worden und hat somit den Weg allen Irdischen angetreten.
>
> Hochachtungsvoll! Gez. Paula Rönicke[210]

Das Klavier sei zu Brennholz verarbeitet worden? Das Klavier, auf dem seine Mutter und Schwester so oft gespielt hatten, als Begleitung zu den Schabbat-Liedern am Freitagabend, auf Familienfeiern, nach dem Abendessen!

Über Emmi ließ Paula Roenicke ebenfalls mitteilen, dass auch die Leiter, die Säge und die Töpfe nichts getaugt hätten, der Torf längst aufgebraucht worden sei.

Julius sprach nie wieder ein Wort mit ihr. Erst nach ihrem Tode, nachdem auch sie „den Weg allen Irdischen“ angetreten hatte, knüpften Bernie, ihr Sohn, und Julius enge nachbarschaftliche Beziehungen.

Jedoch auf der Rückgabe bzw. dem Geldersatz der vier NSU-Fahrräder bestand er, sie waren einst vom Finanzamt konfisziert worden. Mit dem Staat zu verhandeln, so glaubte Julius, müsse doch einfacher sein als mit den privaten Nutznießern. Aber er irrte. Angeklagt war das Deutsche Reich, das nicht mehr existierte. Und der neue Staat wurde nicht selten von Menschen in Roben vertreten, die jetzt ein Unrecht an den Pranger zu stellen hatten, von dessen Gegenteil sie zuvor überzeugt gewesen waren.

Das „Beweiserhebungs- und Beweisfeststellungsverfahren über den Wert der vier NSU-Fahrräder im Zeitpunkt der Beschlagnahme durch die NSV“ wurde schließlich vor der nächsthöheren Instanz, der Wiedergutmachungskammer II des Landgerichts Hannover verhandelt, da Julius einen Vergleich ablehnte.

Mit der Beschlagnahme der Fahrräder waren drei Richter befasst: Mundt, Dr. Nagatz und Piepenbrink, sowie Justizobersekretär Wiese als Urkundsbeamter. Sie ermittelten Tatbestand, Tatobjekte (die Räder), die Umstände der Wegnahme, befragten Zeugen, auch Julius. Das Verfahren erstreckte sich über mehr als drei Jahre.

Julius vermochte sich nach so langer Zeit kaum mehr an die Beschaffenheit und den Wert zu erinnern. Es seien recht neue NSU-Fahrräder gewesen. Die Richter stellten fest, dass er kein zuverlässiger Zeuge sei, es sei schon vierzehn Jahre her, außerdem sei er parteiisch, seine Aussagen reine Behauptungen.

Die Vorladung eines Zeugen sollte schließlich Klarheit in die „Rückerstattungssache Brumsack gegen das Dtsch. Reich“ bringen:

> Es wird ein Beweisbeschluß erhoben. Die Beweiserhebung erfolgt durch die Vernehmung des Kartoffelgroßhändlers Hermann Böse in Beverstedt.[211]

Julius’ Klage fand vier Monate später ihren Abschluss in einem Feststellungsurteil, es wurde auf dreieinhalb Seiten begründet.

> Die Wegnahme der Fahrräder ist einwandfrei nachgewiesen. Wie die Bekundung des Zeugen Böse vom 3.3.1953 ergibt, bekam der Zeuge im Jahre 1941 von dem Polizeiwachtmeister Toskowski in Beverstedt, der inzwischen verstorben ist, den Auftrag, 2 Herren- und 2 Damenfahrräder, welche Mitgliedern der Familie Brumsack in Beverstedt gehörten, zum

Finanzamt nach Bremerhaven zu schaffen. Die Räder standen in einem Schuppen auf dem Grundstück der Familie Brumsack. Der Schuppen wurde von Toskowski geöffnet. Die Fahrräder wurden herausgeholt und auf den Lieferwagen des Zeugen Böse gelegt. Böse ist dann nach Bremerhaven gefahren und hat die Räder auf dem Finanzamt abgeliefert. Bei dem Finanzamt hat der Zeuge Böse erklärt, dass die Fahrräder von Brumsack stammten und auf Anweisung der Polizei abgeliefert würden. Nach dieser glaubwürdigen Bekundung hat der Zeuge zweifellos im Auftrage der Polizei gehandelt. Der Ablieferungszwang für Fahrräder beruhte auf der Anordnung über die Ablieferung von optischen Geräten, Fahrrädern usw. durch Juden, wie er in dem jüdischen Nachrichtenblatt vom 19.06.1942 bekannt gemacht worden ist. Die Wegnahme war mithin eine Verfolgungsmassnahme aus rassischen Gründen gemäß Art. 1 REG.[212]

Aber auch für den Kartoffelgroßhändler war die Ablieferung der Fahrräder beim Finanzamt in Bremerhaven immerhin schon zwölf Jahre her.

Dem Zeugen Böse sind die Marken der Räder nicht mehr erinnerlich, auch nicht irgendwelche Kennzeichen, aus denen auf den Zustand der Räder zur Zeit der Beschlagnahme geschlossen werden könnte. Er weiss nur, dass es sich um alte, stark gebrauchte Räder handelte, von denen keins mehr neuwertig oder von besonderem Wert war. Danach ist die Wertangabe der Antragssteller (Bl. 7 d. A.) nämlich 100,– DM je Rad, offensichtlich übersetzt. Die Kammer schätzt den Wert der Räder zur Zeit der Wegnahme in entsprechender Anwendung der Grundsätze § 287 ZPO auf 50 RM je Stück.[213]

So stand es in der Urteilsbegründung.

Julius bestritt die Richtigkeit der Aussagen. Nicht zu bestreiten war, dass Heinrich Böse auf der Versteigerungsliste mit vier Gegenständen vertreten war: „Nr. 40 Vorratsbort (9 RM), Nr. 162 Kissen (6 RM) Nr. 214 Spiegel, (6 RM), Nr. 256 Wanne (2 RM).“ Ob diese auch „alt, stark gebraucht, weder neuwertig noch von besonderem Wert“ gewesen seien, als Böse sie gekauft hatte, wollte Julius gern wissen.

Der Antragsgegner, das Deutsche Reich, wurde zum Schadensersatz verpflichtet, Julius’ Forderung von 400 DM auf 200 DM reduziert. Aber, so stand es in der Urteilsbegründung:

Eine Verurteilung des Antragsgegners zur Zahlung dieser Summe konnte nicht erfolgen, da es sich um eine RM-Verbindlichkeit des Reiches handelt, die nach § 14 des Umstellungsgesetzes noch nicht von

RM auf DM umgestellt worden ist. Ausserdem besteht zur Zeit keine Vollstreckungsmöglichkeit gegen das Reich. Es konnte lediglich die Verpflichtung des Reiches zum Schadensersatz festgestellt werden.[214]

Auch ein anderes Verfahren, die Rückforderung des Radios seiner Mutter, schleppte sich über Jahre hin, eine ähnliche richterliche Beflissenheit wurde an den Tag gelegt. In der Urteilsbegründung vom 2. Juni 1953 hieß es:

Dieser [Emma Brumsack] ist ein Rundfunkgerät Marke Telefunken in ihrem Haus Meyerhofstraße 2 in Beverstedt durch die Polizei im September 1939 weggenommen worden, wie die Bescheinigung des inzwischen verstorbenen Zeugen Toskowski ergibt. Diese Beschlagnahme und Wegnahme ist durchgeführt worden aufgrund der Anordnung der örtlichen Polizeistellen über Ablieferung der Rundfunkgeräte durch Juden vom 23.09.1939.[215]

Da auch Polizeimeister i. R. Toskowski bei dieser Aktion wiederum im dienstlichen Einsatz gewesen war, wurde er am 7. Mai 1949 nach den näheren Umständen der Wegnahme befragt,

[...] des Inhaltes, daß Toskowski auf Anordnung des Landratsamtes Wesermünde zu Beginn des letzten Krieges das Gerät der Frau Emma Brumsack aus deren Haus Meyerhofstr. 2 in Beverstedt beschlagnahmen musste und beim Bürgermeister sicherstellte.[216]

Sicherstellte? Es scheint die Endstation des Radios gewesen zu sein, spottete Julius.

Wie im Fall der Fahrräder lautete die Standard-Begründung des Urteils: Für das „Abhandenkommen des Gerätes“ müsse der Antragsgegner, also das Deutsche Reich, Schadensersatz leisten. Eine Verurteilung zur Zahlung der festgelegten Summe (250 DM) könne jedoch nicht erfolgen, da es sich um eine „RM-Verbindlichkeit“ handele, eine „Vollstreckungsmöglichkeit gegen das Reich“ sei daher „zurzeit“ nicht gegeben. Es könne lediglich die Verpflichtung des Reiches zum Schadensersatz festgestellt werden.

Außerdem wurde der von Julius geforderte Rückerstattungsbetrag zurückgewiesen:

Einen DM-Betrag im heutigen Werte eines guten Rundfunkgerätes kann der Antragsteller nicht verlangen. Nach den Grundsätzen über Schadensersatz des bürgerlichen Rechtes ist der Antragsteller so zu stellen, wie er ohne die Entziehung dastehen würde, d.h. wie wenn er das Gerät noch heute besässe.[217]

In ähnlicher Weise erging es Julius mit der Forderung nach Rückerstattung der vom Auktionator Jäger eingezogenen Provision. 10 % hatte dieser vom Finanzamt für seine geleisteten Dienste erhalten. Julius' Klage wurde ebenfalls abgewiesen mit der Begründung, dass ihm ja nichts entzogen worden sei, weil er seinerzeit gar keinen Anspruch auf den Versteigerungserlös gehabt habe. Nicht er, sondern das Reich sei allenfalls geschädigt worden.[218]

Er wollte in die Berufung gehen, aber Lachotzki konnte ihn vom Gegenteil überzeugen. Dass es Zeit- und Nervenverschwendung sei, sich weitere Jahre über Verzögerungs- und Verschleppungstaktiken, über lethargische und voreingenommene Richter zu empören, über Streitwerte von ein paar hundert Mark zu prozessieren, deren Zahlung erst durch ein Gesetz geregelt werden würde, das es noch gar nicht gab. Aber auch hier ging es Julius in erster Linie nicht um die Zurückzahlung der Provision, sondern es ging ihn um die Anerkennung des Unrechts. Obwohl er das Geld dringend für seinen Existenzaufbau benötigt hätte.

12 Gegen den Staat

Julius' Verfolgungsgeschichte lässt sich aus unterschiedlichen Perspektiven erzählen, aus juristischer Sicht ist sie die nüchterne Bestandsaufnahme eines beispiellosen Verbrechens, zerlegt in einzelne Schadenskategorien: „Schaden an Leben", „Schaden an Körper oder Gesundheit", „Schaden an Freiheit", „Schaden an Eigentum", „Schaden an Vermögen" „Schaden durch Zahlung von Sonderabgaben, Geldstrafen, Bußen und Kosten", „Schaden im beruflichen und wirtschaftlichen Fortkommen". „Schadenstatbestände", so wurden sie in dem Bundesergänzungsgesetz von 1953 bezeichnet. Drei Jahre später, am 29. Juni 1956, folgte in revidierter Fassung das Bundesentschädigungsgesetz.[219]

„Schaden an Leben" bedeutete Ermordung. Die anderen genannten Schadenstatbestände bezogen sich auf die ererbten Ansprüche von der Mutter, dem Onkel und der Tante in Sehnde. Ein bitteres Erbe. Und nicht zuletzt bezogen sie sich auf seine eigenen erlittenen Schäden.

Für jeden Antrag wurde Julius aufgefordert, Nachweise, „Beweismittel" zu erbringen, es wurden Beweiserhebungs-, Beweisfeststellungs-, Beweisschlussverfahren eingeleitet, mit immer den gleichen Fragen, welche Konten Mutter und Schwester, Tante und Onkel bei welcher Sparkasse führten, ob und welche Ersparnisse sie gehabt hätten, wie hoch der Kontostand gewesen sei, welche Lebensversicherungen und andere Versicherungen sie wo und seit wann führten, wieviel sie bis zu ihrer Deportation eingezahlt hätten, wie hoch ihre Renten gewesen seien, wie hoch die „Judenvermögensabgabe" und andere Sondersteuern gewesen seien, welche Schmucksachen sie im Rahmen der Gold- und Silberabgabe abliefern mussten und wie hoch ihr Wert gewesen sei, ob es Beweismittel gebe.

Nein, natürlich nicht, Beweismittel seien nicht möglich, schrieb er zurück:

> Auch hier ist Ihnen gut genug bekannt, daß wir Juden seinerzeit unsere sämtlichen Gold- und Silbergegenstände abgeben mußten. Es handelte sich um Uhren, Ringe, sonstigen Schmuck, Silberbestecke und sonstiges Geschirr. Man verlangt ja jetzt die genaue Angabe der Gegenstände, was mir möglich wäre anzugeben. Datum der Abgabe ist mir nicht mehr möglich bekanntzugeben, auch nicht, wer sie bekommen hat, und in wessen Besitz sie sich jetzt befinden. Wo sollte das wohl möglich sein, wo all meine Angehörigen, die davon genau wußten, n i c h t mehr leben??? Unterlagen aller Art sind gleichfalls n i c h t mehr vorhanden

und es hat sich hier auch keine Person gemeldet, die mir irgendwelche Unterlagen usw. zurückgaben bezw. mir Hinweise gaben, die mir hätten nützlich sein können. Im Gegenteil, man war freilich nicht einmal bereit, das zurück zu geben, was ohne unser Wissen weggenommen u. verkauft war.[220]

Aber ohne Beweismittel gab es anscheinend keine Rückerstattung, das Wiedergutmachungsamt bestand weiterhin auf Details:

Dieser Anspruch könnte im Rückerstattungsverfahren verfolgt werden, es bedarf dazu aber der Angabe, um welche Gegenstände es sich handelt, wann und an wen sie abgeführt wurden und – soweit möglich – auch wo sie sich jetzt befinden. Auch für solche Angaben bedarf es der Benennung von Beweismitteln.[221]

Auch für die von seiner Mutter geleistete „Judenvermögensabgabe" fanden sich – trotz „umfangreicher Ermittlungen in Langen und Bremerhaven sowie bei der Oberfinanzdirektion Hannover, dem Grundbuchamt in Langen und in den Rückerstattungsakten beim Landgericht Hannover" – keinerlei Unterlagen.

Die Finanzämter Wesermünde Land und Bremerhaven haben mir mitgeteilt, dass frühere Unterlagen nicht mehr vorhanden sind. Auch eine schätzungsweise Berechnung der evtl. gezahlten Judenvermögensabgabe sei nicht möglich. Der Antragssteller habe ebenfalls keine Unterlagen mehr.[222]

Emma hatte die „Judenvermögensabgabe" nicht „eventuell", sondern ganz gewiss gezahlt. Wie auch Siegmund und Elise. Wie auch Paula und Salli. Wie alle deutschen Jüdinnen und Juden mussten sie bis Ende 1939 25 % ihres Vermögens an den Staat abliefern.

1958 bot die Entschädigungsbehörde in Stade Julius eine Vergleichssumme von 300 DM an,[223] er war einverstanden. 1970 erhielt er in einem erneuten Verfahren den zehnfachen Betrag.

Der Rechtsstreit über die Entschädigung für die entzogene Kriegswitwenrente seiner Mutter vom Tage der Deportation bis zu ihrem fiktiven Todesdatum, dem 8. Mai 1945, endete ebenfalls erst 1970, nach achtzehn Jahren. Das Wiedergutmachungsamt beim Landgericht Stade verlangte von Julius Beweise für eine ungerechtfertigte Entziehung. Es sei überhaupt nichts darüber erklärt worden, aus welchen Gründen die Weiterzahlung unterblieben sei:

Gefordert wird die Erstattung der Rente von dem Tage der Deportation der Frau Brumsack bis zu ihrem Tode. Wenn dieser Anspruch auf Grund des Gesetzes Nr. 59 der Militärregierung durchgeführt werden soll, so

kann er nur auf Art. 2 des Gesetzes gestützt werden, d. h. es muß dargetan werden, daß die Entziehung der Rente aus Gründen der Rasse – die anderen Gesichtspunkte wie Nationalität, politische Gegnerschaft usw. kommen hier nicht in Frage – durch eine unerlaubte Handlung oder einen Staats- oder Verwaltungsakt oder eine Maßnahme der NSDAP oder ihrer Gliederungen erfolgt ist.
Eine gesetzliche Anordnung, die jüdischen Witwen die Kriegswitwenrente entzog, ist dem Unterzeichneten nicht bekannt. Auch die von der Jewish Trust Corporation for Germany überreichte Übersicht über die gesetzlichen und aussergesetzlichen Maßnahmen zur wirtschaftlichen Vernichtung der Juden in Deutschland während der Jahre 1933 bis 1945 enthält eine solche Anordnung nicht. Möglich wäre es, daß die Entziehung der Rente durch einen Verwaltungsakt oder eine Maßnahme der NSDAP oder ihrer Gliederungen oder durch eine sonstige unerlaubte Handlung bewirkt wurde. Eine solche Handlung, die eine ungerechtfertigte Entziehung bedeuten könnte, müsste aber von dem Antragssteller behauptet und unter Beweis gestellt werden. Das ist bisher nicht geschehen, es ist überhaupt nichts darüber geklärt worden, aus welchen Gründen die Weiterzahlung der Rente unterblieb. Möglicherweise geschah dies nur aus dem Grunde, weil die Rentenempfängerin, die bis zur Deportation die Rentenbeträge sicherlich durch die Post erhielt, dann nicht mehr in ihrem früheren Wohnort wohnte, und deshalb die Rente nicht mehr in Empfang nehmen konnte. In diesem Fall liegt jedoch kein Akt der Entziehung der Rente im Sinne des Gesetzes Nr. 59 vor. Vielmehr kann der Rechtsnachfolger der inzwischen verstorbenen Rentenempfängerin den Anspruch vor dem ordentlichen Gericht geltend machen.[224]

Ja, der Richter war anscheinend klug, seine Schlussfolgerungen klangen überaus logisch. Emma, die „inzwischen verstorbene Rentenempfängerin", wohnte nach der Deportation nicht mehr an ihrem früheren Wohnort, sie war verzogen, die Endstation hieß Minsk, genaue Adresse unbekannt.

Wie die Wut in ihm brodelte, wie er die Steinschleuder spannte, um Goliath mitten auf die Stirn zu treffen. An solchen Tagen betrat Julius nicht den Laden, sondern verzog sich in sein Büro, Emmi verstand ihn.

Julius konnte nichts beweisen, nicht einmal die Ermordung seiner Familie, kein Grab, keine Täter, nahezu alle Spuren ihres Lebens waren ausgelöscht. Und diejenigen, bei denen er anfragte, leugneten zunächst fast alles: die Existenz von Bankkonten, Sparbüchern, von Versicherungen, selbst von Renten. Keine Nachweise möglich, durch Kriegseinwirkungen zerstört. Kriegseinwirkungen. Manchmal war es nur ein anderer Name für Aktenvernichtung. Tausend-, ja millionenfach und systematisch.

Fast ein Jahr benötigte er, um die Todeserklärungen für seine Familie zu beschaffen. Ob ein Testament vorhanden sei, wollte man von Julius wissen. Nein, antwortete Julius, aber bestimmt hätten sie ihr Testament und all die anderen Dokumente mit ins KZ genommen. Er sagte es vermutlich nicht ohne Spott.

Im Übrigen war er nicht in Beverstedt gewesen, sondern in England, als die ersten, zweiten, dritten, vierten Briefe höchstpersönlich durch den Bürgermeister, Sparkassenleiter, Vorsteher des Finanzamts bei Mutter, Schwester, Tante und Onkel abgegeben wurden; von der Sparkasse, vom Finanzamt, gewiss mit einem Achselzucken des Bedauerns, und schließlich von der Gestapo, gewiss ohne ein Achselzucken des Bedauerns, und er war auch nicht dabei gewesen, als noch viele weitere folgten. Auch nicht, als der allerletzte Brief mit dem Termin der Deportation abgegeben wurde, ebenfalls persönlich überbracht, diesmal von einem Polizisten. Vermutlich war es Toskowski. Der Bürgermeister ließ schön grüßen.

Nein, Julius war nicht dabei gewesen, als man ihnen alles geraubt hatte! Und zuletzt das Leben. Wie oft hatte ihn der Gedanke daran gepeinigt, was er an jenem Montag, dem 17. November 1941, dem Tag der Deportation seiner Familie aus Beverstedt, gemacht hatte, in der Nähe von London war er stationiert gewesen, am Tage hatte er die Trümmer deutscher Bombardements beseitigt, wie so oft, den Abend mit seinen Kameraden verlebt, ein Bier getrunken, Karten gespielt. Vierzehn Tage zuvor war sein Sohn geboren worden. Vielleicht war es ein schöner Abend gewesen, die Stimmung sogar ausgelassen. Während seine Familie die Nacht in der Turnhalle der Lettow-Vorbeck-Schule in Bremen zugebracht hatte, bevor sie am nächsten in den Viehwaggon verladen wurde.

Dabei gewesen war er allerdings, als die Sparkasse ihnen im Jahre 1935 den Kredit gekündigt hatte und damit der Zwangsverkauf von Annelises und Hans Leos Elternhaus, der Schlachterei und des Weidelandes drohte, als das Finanzamt von ihm vor seiner Abreise nach England die Reichsfluchtsteuer einforderte, die Onkel Salli bezahlte. Ja, und er war auch dabei gewesen, als sie Familienrat hielten darüber, wie die angeordnete Rückzahlung des Kredits abzuwenden sei, aber das Geld hatte man nicht, ja, daran erinnerte er sich sehr wohl, die beiden Schwestern, seine Mutter und Tante Elise, weinend auf dem Sofa. Elise, Hans Leos und Annelises Mutter, die die Drangsalierungen von allen am wenigsten verkraftete, die zwei Monate vor der Deportation starb, der man eine Grabstelle auf dem jüdischen Friedhof in Beverstedt verweigerte. Sie wurde in Bremerhaven-Lehe begraben.

Im Oktober 1956 stellte Dr. Lachotzki für Julius bei der Entschädigungsbehörde in Stade einen Antrag auf Entschädigung für erlittenen Schaden in seinem beruflichen Fortkommen in dem Zeitraum von November 1938 bis Oktober 1950, der Eröffnung seines Geschäfts. Im gleichen Verfahren beanspruchte er ein Darlehen von 50 000 DM bei der Entschädigungsbehörde in Stade gemäß § 69 und § 72 des BEG:

> Der Verfolgte hat Anspruch auf zinslose oder zinsverbilligte Darlehen, soweit für die Wiederaufnahme seiner früheren selbständigen oder die Aufnahme einer gleichwertigen selbständigen Erwerbstätigkeit Geldmittel benötigt werden, die er sich nicht anderweitig beschaffen kann.[225]

Das Verfahren schleppte sich über vier Jahre hin und gelangte erst 1960 zu seinem endgültigen Abschluss. Um der Verständlichkeit willen können davon nur die wesentlichen Punkte erzählt werden, denn es scheint, dass selbst Julius als Akteur der Vorgänge manchmal den Überblick im Dickicht des Blätterwaldes verloren hatte. Viele Seiten waren von ihm, sicherlich aus Gründen der chronologischen Orientierung, nummeriert worden, dazwischen Notizzettel mit Kommentaren über die Klageschriften, Urteilsbegründungen, Berufungsverfahren, Korrespondenzen, Gutachten.

Der Paragraf 76 des Bundesentschädigungsgesetzes gab den Rahmen für die Berechnung des Entschädigungszeitraumes und die Genehmigung des Darlehens detailliert vor: die wirtschaftliche Stellung des Verfolgten vor Beginn der Verfolgung, die Schul- und Berufsausbildung, das Durchschnittseinkommen in den letzten drei Jahren, die beruflichen Entwicklungsmöglichkeiten, das Alter. Auch weitere Anhaltspunkte mussten berücksichtigt und berechnet werden, damit der Verfolgte, so verlangte es das Gesetz, in eine vergleichbare Beamtenbesoldungsgruppe eingereiht werden konnte, denn auf dieser Grundlage wurde sein Schadensanspruch ermittelt. Im Falle von Julius schienen drei Fragen besonders schwer beantwortbar zu sein, so schwer, dass damit mehr als ein Dutzend Richter vier Jahre lang beschäftigt waren: zuerst die Frage des sogenannten Schadenszeitraumes, das bedeutete, des Zeitraums seiner Verfolgung. Dann die Frage der Beweisbarkeit, die äußerst schwierig sei, denn schließlich habe er den Krieg in England verbracht. Und schließlich die grundsätzliche Frage, ob er überhaupt einen rechtlichen Anspruch auf ein Darlehen habe. Diese Voraussetzung war bereits 1955 geklärt worden, nachdem Julius erstmalig einen Antrag auf Entschädigung im beruflichen Fortkommen gestellt hatte.

Aber man wollte ganz sicher gehen, denn aller guten Dinge waren drei. Also holte man erneut Auskünfte ein, so wie bereits 1948 bei Julius' endgültiger Rückkehr nach Deutschland, so wie ebenfalls 1949 durch den Kreissonderhilfsausschuss wegen der „Soforthilfe" geschehen – so wurde jetzt der Niedersächsische Minister des Innern vom Regierungspräsidenten in Stade, vertreten durch Dr. Kapp, damit beauftragt. Dazu gehörte auch eine Anfrage bei der Dokumentenzentrale in Berlin über Julius' Zugehörigkeit zur NSDAP. Denn wer nach § 6 des Bundesergänzungsgesetzes (BEG) Mitglied der NSDAP oder einer ihrer Gliederungen gewesen war oder der „nationalsozialistischen Gewaltherrschaft Vorschub geleistet" hatte, war von einer Entschädigung ausgeschlossen.

Nein, Julius sei nicht in der NSDAP gewesen, so lautete die Antwort. Auch die erneute Auskunft aus dem Strafregister der Staatsanwaltschaft ergab: „Nicht bestraft."[226]

Die „Entschädigungssache Brumsack" verlief zunächst gut.

Im Oktober 1957 wurde Julius vom Landgericht in Stade eine Entschädigung zugesprochen, jedoch lediglich für den Zeitraum vom 1. Juli 1945 bis zum 30. September 1950, dafür erhielt er 7342 DM. Der Darlehensantrag wurde abgelehnt. Dr. Lachotzki legte gegen dieses Urteil erfolgreich Berufung ein,[227] man billigte Julius den Entschädigungszeitraum vom 1. November 1938 bis 1. Oktober 1950 zu; es wurden ihm daher weitere 3406 DM zuerkannt.

Der Richter stellte in seiner mehr als sechs Seiten umfassenden Urteilsbegründung fest:

> Es ist unstreitig, daß der Kläger gemäß § 87,88 Ziff. 5 in Verbindung mit § 76 BEG. Anspruch auf eine Kapitalentschädigung für Schaden im beruflichen Fortkommen hat, weil er Ende Oktober 1938 aus rassischen Gründen aus seiner Tätigkeit als Angestellter eines Manufakturengeschäftes verdrängt worden ist. Und erst am 1.10.1950 wieder zu einer gleichwertigen Tätigkeit gekommen ist. Der Streit besteht zunächst da-

rüber, ob dem Kläger entgegengehalten werden kann, er hätte ohne die Verfolgung in der Zeit vom 1.11.1938–30.06.1945 den gleichen Berufsschaden erlitten, weil er zum Wehrdienst eingezogen worden wäre, der Schaden also auch ohne die Verfolgung eingetreten wäre (§ 9 Abs. 5 BEG.). Ob und inwieweit eine mit dem Wehrdienst zusammenhängende berufliche Beeinträchtigung für die Berechnung einer Entschädigung berücksichtigt werden kann, braucht hier nicht entschieden werden. Denn es fehlt hier an jedem Anhaltspunkt dafür, daß der Kläger in der fraglichen Zeit ohne Unterbrechung zur Wehrmacht eingezogen worden wäre und daß er für den Fall der Einberufung keine Einkünfte gehabt hätte.[228]

Die Nachprüfung der Entschädigungskammer habe ergeben, so argumentierte der Richter, dass das „Ermessen über den Darlehnsantrag nicht in der sachlich gerechtfertigten Weise“ ausgeübt worden sei. Das Wiedergutmachungsamt habe es unterlassen, die „besondere Lage des Klägers“ zu untersuchen. Aus diesem Grunde werde die Entschädigungsbehörde beauftragt, den Darlehensantrag einer erneuten Prüfung zu unterziehen.[229]

Julius frohlockte und hoffte somit auf ein schnelles Ende des Verfahrens. Er benötigte dringend das Geld, Wohnzimmer und Flur waren inzwischen Geschäftsräume geworden, das Warenlager seines Textilfachgeschäftes für Damen- und Herrenoberbekleidung platzte aus allen Nähten.

Möglicherweise hatte der Vorsitzende Richter Dr. Kapp die Urteilsbegründung als persönliche Rüge verstanden. Denn jetzt legte die Entschädigungsbehörde des Regierungspräsidenten, vertreten durch seine Person, gegen die Entscheidung des Landgerichts Stade Berufung gegen die Berufung ein. Nicht ohne zuvor die Genehmigung bei dem Minister des Innern in Hannover einzuholen, seinerzeit Hinrich Wilhelm Kopf. Dieser war ehemals sogenannter Enteignungskommissar für die Haupttreuhandstelle Ost und hatte aktiv an der Konfiszierung des Eigentums von ermordeten polnischen und jüdischen Flüchtlingen mitgewirkt.[230]

Die „Sache Julius Brumsack gegen das Land Niedersachsen“ wurde jetzt vor dem Oberlandesgericht in Celle ausgefochten. In der Begründung für die Berufungsklage schrieb Dr. Kapp:

Der Anspruch des Antragsstellers auf Entschädigung für Schaden im beruflichen Fortkommen für die Zeit vom 1.11.1938 bis 30.06.1945 ist abgelehnt worden, weil der Antragssteller als Angehöriger des Jahrgangs

1915 im fraglichen Zeitraum seiner Wehrdienstpflicht hätte nachkommen müssen. Wenn das Landgericht demgegenüber feststellt, es fehle an jedem Anhaltspunkt dafür, dass der Antragssteller in der fraglichen Zeit ohne Unterbrechung zur Wehrmacht eingezogen wäre, so kann dem nicht gefolgt werden, weil die Zeiten der Dienstpflicht gerichtsbekannt sein müssten. Die Entschädigungsbehörde ist von dem normalen Ablauf der Verhältnisse ausgegangen und hat dabei unterstellt, dass der Antragssteller nicht so schwer verwundet worden wäre, dass er keinen Kriegsdienst mehr hätte zu leisten brauchen. Der Antragsteller wäre als kaufmännischer Angestellter mit einem Monatslohn von 100,– RM bei freier Station weder vom Kriegsdienst noch von der Dienstpflicht im Frieden freigestellt worden. Als Sohn eines im Ersten Weltkrieg gefallenen Vaters hätte er lediglich die Vergünstigung gehabt, nicht in den Fronteinsatz zu kommen. Der Antragsteller war auch nicht dienstuntauglich. Denn er war von 1939 bis 1947 Soldat beim Pionierkorps in der britischen Armee. Der Antragsteller war zum Zeitpunkt der mutmaßlichen Einberufung ledig und hätte auf Grund seines Dienstgrades (in der britischen Armee war er nur einfacher Soldat) lediglich Wehrsold und Frontzulage erhalten [...].[231]

Dr. Kapp tat jetzt alles, um zu „seinem" Recht zu kommen, die Beweisaufnahme zur Frage der Wehrdienstpflicht wurde neu aufgelegt.

Die damit befassten Juristen und Sachverständigen erfüllten ihre Pflichten mit Akribie und Leidenschaft: Man forderte erneut Nachweise, Beweise, Urkunden, Bescheinigungen, lückenlose Aufstellungen über Julius' Aufenthalte, Tätigkeiten und Verdienste für die Zeit von November 1938 bis September 1948, seiner Rückkehr aus England, für die Einkünfte bis 1957. Er beschaffte sie alle, für jedes Jahr, jeden Monat, jeden Tag, versehen mit eidesstattlichen Erklärungen von seinen ehemaligen Arbeitgebern in Glasgow, der Holzverarbeitungsfirma (The Bridge Chair Frame Makers), von Mr. Frank, dem Besitzer des Second-Hand-Shops, und vor allem von der britischen Armee, „unter Berücksichtigung der Naturalbezüge", so stand es im Gesetz.[232]

Alles war in doppelter Ausführung abzuliefern, dazu Heirats-, Scheidungs-, Geburtsurkunden in englischer Sprache einschließlich beglaubigter Übersetzungen, ebenso Zeugenaussagen von Artur, Annelise und Hanna, ebenfalls die „Glaubhaftmachung durch eidesstattliche Versicherungen".

Auf der einen Seite: Julius' Soldatensold in der englischen Armee, die Berücksichtigung der Tatsache, dass er nur ein „einfacher Soldat" gewesen sei, dass man das durch „anderweitige Verwertung der Arbeitskraft erzielte Einkommen" abziehen müsse, ebenso die „Berücksichtigung der Naturalbezüge", also die unentgeltliche Gewährung von Unterkunft und Essen.[233]

Auf der anderen Seite: die Gegenüberstellung eines fiktiven Wehrmachtseinkommens. Alles wurde in penibelster Weise gegeneinander aufgerechnet. Pence für Pence, Pfennig für Pfennig.[234] Man stellte seitenlange Kalkulationen auf und gelangte zu dem Schluss, dass Julius als Beamter im mittleren Dienst einzustufen sei.

Den geforderten Nachweis für seine Verfolgungszeit in Deutschland konnte Julius nur schwer beschaffen. Für den Lohn als Straßenbauarbeiter in Hannover in den Monaten nach der Reichspogromnacht wurde eine Arbeitgeberbescheinigung angefordert (Frage 1 des Fragenkatalogs: „Wie hoch war sein Tariflohn in der Zeit vom 8.11.1938 bis zum 27.04.1939?"), aber die Straßenbaufirma existierte nicht mehr. Ebenso wurde eine Bestätigung der Familie Königsberger über die Höhe der gezahlten Miete verlangt. Auch sie existierte nicht mehr. Georg und Rosa Königsberger waren am 15. Dezember 1941 von Hannover nach Riga deportiert worden. Sie kehrten niemals wieder zurück. Ihre Namen sind im Gedenkbuch des Bundesarchivs zu finden.

Vor allem entwarf man detaillierte Szenarien darüber, wie es gewesen sein könnte, wenn er als Soldat in der deutschen Armee hätte kämpfen müssen, denn es sei ja vom „normalen Ablauf der Verhältnisse" auszugehen.[235] Infolgedessen wäre Julius mindestens von 1938 bis 1945 in der Wehrmacht gewesen. „Für Schaden, der auch ohne die Verfolgung entstanden wäre, wird keine Entschädigung geleistet" (§ 9, Absatz 5, des Bundesentschädigungsgesetzes).

So sah es der Vorsitzende Richter Dr. Kapp. Seine Überzeugungen verfolgte er für die nächsten Jahre wie eine fixe Idee:

> Durch die Befreiung von der Wehrpflicht, die Auswanderung nach Schottland und den Dienst im britischen Pionierkorps hat der Antragsteller also gegenüber den anderen deutschen Angehörigen des Jahrgangs 1915 keinerlei Einbuße erlitten. Er hat vielmehr das Schicksal aller anderen Männer dieses Jahrganges geteilt, soweit sie überhaupt noch am Leben sind.[236]

In einem Entwurf zu der Berufungsklage fügte Dr. Knapp noch einen weiteren Satz hinzu:

> Hierbei ist zu berücksichtigen, dass gerade die Jahrgänge 1914–1917, die noch vor Kriegsausbruch die zweijährige Wehrpflicht ableisteten, ganz besonders stark dezimiert worden sind.[237]

Seine Begründungen klangen wie Sätze aus der Zeitschrift für Rückerstattungsfragen *Die Restitution*: „Ob Jude, Flüchtling oder Spätheimkehrer – sie sind alle Opfer einer unmenschlichen Zeit."[238] Ihr Erscheinen musste zwar 1954 eingestellt werden, aber die Verbände der Rückerstattungspflichtigen versuchten weiterhin durch gezielte politische Initiativen die Entschädigungsgesetzgebung in ihrem Sinne zu beeinflussen.

Endlich sprach Werner Lachotzki es aus, platzte auch ihm der Kragen, er war schließlich selbst ein Verfolgter gewesen. Es fehle der Entschädigungsbehörde an jedem Wohlwollen, an jedem Interesse an der Zukunft des Klägers, es fehle ihr überhaupt an jedem Wiedergutmachungswillen:

> Der Beklagte hat bei der Frage der Anwendung des § 9, Abs. 5 BEG stets den für den Kläger ungünstigsten Ablauf der Dinge unterstellt. Dies ist mit dem Sinn der Wiedergutmachung überhaupt nicht zu vereinbaren. Der Beklagte hat es bei der Entscheidung über den Darlehnsantrag des Klägers an jedem Wohlwollen und an jedem Interesse an der Zukunft des Klägers vermissen lassen. Auch dies entspricht nicht dem Wiedergutmachungswillen des Gesetzgebers. Eine wohlwollende Prüfung wäre schon deshalb angebracht gewesen, weil der Kläger – worauf der 1. Richter noch besonders hinweist – ohne die Verfolgung in den Genuss der gefestigten Existenzgrundlage in Sehnde gekommen wäre. Auch die Tatsache, dass der Kläger durch die Errichtung eines weitaus grösseren Unternehmens in Beverstedt mit völlig unzureichendem Kapital und mit nur behelfsmässigen Geschäftsräumen besondere kaufmännische Fähigkeit bewiesen hat, hätte den Beklagten zu einer wohlwollenden und weit gründlicheren Prüfung des Darlehnsantrages bewegen müssen.
>
> Gerade im vorliegenden Falle hätte der Beklagte seinen Wiedergutmachungswillen in ganz anderer Weise zum Ausdruck bringen müssen, als dies in dem angefochtenen Bescheid und auch in den Schriftsätzen dieses Prozesses geschehen ist. Der nationalsozialistische Staat hat den Kläger nicht nur finanziell geschädigt und seinerzeit aus seiner Heimat vertrieben, er hat es sogar fertiggebracht, die Mutter des Klägers zu deportieren und in den Tod zu schicken, obwohl es sich bei ihr um die Witwe eines Kriegsgefallenen des 1. Weltkrieges handelte.

Zu der Zeit, als die Mutter ihr Haus in Beverstedt (zusammen mit der gleichfalls ermordeten Schwester des Klägers) verlassen musste, war immer noch der Name des Vaters auf dem Beverstedter Gräberdenkmal unter den gefallenen Helden verzeichnet.

Wenn ein Staatssystem derartig unfassbare Verbrechen begeht und nicht einmal eine Kriegerwitwe von dem einer ganzen Bevölkerungsschicht [Juden] zugedachten Schicksal ausnimmt, so muss von einer mit der Wiedergutmachung befassten Behörde zumindest erwartet werden, dass sie den Wiedergutmachungswillen der Bundesregierung nicht mit dem in dem angefochtenen Bescheid enthaltenen, nachstehend wörtlich zitierten Satz in Frage stellt:

„Er (d. h. der Kläger) hat vielmehr das Schicksal aller anderen Männer dieses Jahrganges geteilt, soweit sie überhaupt noch am Leben sind."

Das Schicksal des Klägers ist mit einem nichtverfolgten Altersgenossen überhaupt nicht zu vergleichen. Es mag aber sein, dass der Beklagte durch den zitierten Satz zum Ausdruck bringen wollte, dass der Kläger froh sein könne, als Angehöriger des Jahrgangs überhaupt noch am Leben zu sein.[239]

Julius spürte es in jedem Schriftstück, in jeder Zeile – man wollte ihm anscheinend auch dieses Darlehen nicht gewähren. Er wolle keine Almosen, kein Geschenk, so schrieb er ihnen, es sei schließlich geliehenes Geld, er würde dafür Zinsen zahlen, und nicht zu wenige.

Und auch die Beweisaufnahme für den Antrag auf Gewährung des Darlehens wurde neu aufgelegt. Bilanzübersichten über die letzten sieben Jahre seit Geschäftsgründung mussten eingereicht werden, Aufstellungen über Umsätze, Reingewinne, Verluste, Lohn- und Nebenkosten, Privat- und Sonderausgaben, Steuererklärungen, Bescheinigungen des Finanzamts.

Man beauftragte einen Prüfer der Industrie- und Handelskammer Stade für eine gutachterliche Stellungnahme, er befürwortete das Darlehen, jedoch seien einerseits 30 000 DM ausreichend, aufgrund der „gut entwickelten Lage der Geschäftsverhältnisse", andererseits sei es verständlich, dass der Antragssteller von den hohen Lieferantenschulden (82 000 DM) herunterkommen wolle, um günstiger einkaufen zu können.[240]

Das Gutachten wurde von einem Wirtschaftssachverständigen der Regierungsbehörde geprüft, er kam zu dem Schluss, dass es sich um ein durchaus gesundes Unternehmen handelte; wie sein Kollege halte er 30 000 DM für ausreichend.[241]

Zwei weitere Jahre lang wurden Bilanzen analysiert, Mittelwerte errechnet und Reingewinne ausgedeutet, Zahlen gehäckselt und Wörter gespalten, dünne, eng geschriebene Seiten gefüllt über die Frage, ob Julius das Darlehen zur Festigung seiner Geschäftsexistenz oder doch nur für den weiteren Ausbau benötige, ob es im Zusammenhang mit seiner nationalsozialistischen Verfolgung stehe oder nicht. Für Letzteres sei der Antrag abzulehnen.

Der Überprüfungssucht der Juristen waren keine Grenzen gesetzt. Und auch ihrem Einfallsreichtum nicht. Ein weiterer Sachverständiger wurde zwecks erneuter Sachprüfung beauftragt und nach Beverstedt geschickt, aber nicht, wie Lachotzki es forderte, um endlich Julius' Geschäft zu besichtigen, sondern um die Konkurrenz des Ortes über ihre eigenen Umsätze und Gewinne zu befragen. Das Ergebnis der Selbsteinschätzungen der drei Geschäftsinhaber fiel mager aus, ihre Gewinne seien sehr gering. Julius' Geschäft suchte man nicht auf, auch befragte man ihn nicht. Aber man kam zu dem Schluss, dass er eine Konkurrenz im Orte nicht zu befürchten habe. Im Gegenteil.

So lautete der Bericht des Berufungsklägers Dr. Kapp für die Entschädigungsbehörde an das Oberlandesgericht Celle:

> [...] wird die Behauptung des Klägers, die er im Termin vom 26.9. aufstellte, er benötige das Darlehn, um gegenüber den in Beverstedt ansässigen fraglichen Geschäften seiner Branche konkurrenzfähig zu sein, bestritten.
>
> In Beverstedt gibt es außer dem Geschäft des Klägers 2 kleinere Fachgeschäfte sowie ein Gemischtwarengeschäft, das außer Lebensmittel und Hausrat eine Textilabteilung führt. Von diesen 3 Geschäften ist das letztere mit seiner Textilabteilung etwa doppelt so umfangreich wie die beiden kleineren Fachgeschäfte. Selbst dieses Geschäft aber erreicht weder im Umsatz noch im Reingewinn mehr als 1/3 des Umsatzes bzw. des Reingewinns des Klägers. Es kann also keine Rede davon sein, dass der Kläger unter den übrigen ortsansässigen Geschäften zu leiden habe. Das liesse sich offensichtlich eher im umgekehrten Sinne behaupten.
>
> Beweis:
>
> a) Auskunft der Industrie- und Handelskammer Stade
>
> b) Vernehmung der Inhaber der o. g. Geschäfte in Beverstedt:
>
> 1. Friedrich Kracke
> 2. Hinrich W. Jäger
> 3. O. Stürke[242]

Für den Auflagen- und Beweisbeschluss des Oberlandesgerichts Celle wurde der erste Wirtschaftssachverständige erneut um eine Stellungnahme zu Julius' Umsätzen und Gewinnen gebeten,[243] ein weiteres Gutachten in Auftrag gegeben. Der Diplom-Kaufmann Kurt Müller, ein vereidigter unabhängiger Wirtschaftsprüfer aus Bremen, reiste an, er sollte jetzt endlich auch Julius' Geschäft besichtigen.

Der Gutachter verfasste eine achtseitige Stellungnahme mit ausführlichen Beschreibungen der vorgefundenen Tatbestände:

> Um die wirtschaftliche Lage des Betriebes Brumsack überprüfen zu können, habe ich mich am 13. Mai 1959 nach Beverstedt begeben und folgende Tatbestände vorgefunden:
> [...] Das Ladengeschäft, das sich aus der Lagerhaltung für den ambulanten Warenhandel des Betriebes entwickelt hat, konnte nur dadurch eingerichtet werden, daß Herr Brumsack sich mit seiner Familie in einem fast nicht zumutbaren Maß persönlichen Beschränkungen unterwarf, das aus folgender Situationsschilderung ersichtlich ist:
> Die Verkaufsräume sind in dem rd. 150 qm umfassenden Wohnraum des Hauses des Herrn Brumsack mit untergebracht; sie sind dementsprechend verwinkelt und zur dauernden erfolgreichen Verkaufstätigkeit absolut ungeeignet. So stehen die Ständer für Frauen- und Herren-Oberbekleidung auf den Fluren und auf dem Treppenpodest. Auslagenraum hat sich der Betrieb durch Vitrinen in Holzkonstruktion schaffen können, die entlang des Weges von der Straße durch den Vorgarten zum Ladeneingang gebaut sind. Wenn im Ladengeschäft sich mehr als fünf Kunden aufhalten, dann gehört fast turnerische Gewandtheit zur sachgemäßen Bedienung derselben.[244]

Kurt Müller stattete inkognito auch den Geschäften der Konkurrenz einen Besuch ab und stellte fest, dass sie „wegen ihrer größeren Geräumigkeit und der besseren Ausstattung überhaupt nicht mit dem Geschäft Brumsack zu vergleichen" seien.

> Der von der Entschädigungsbehörde in Ihrem Schreiben vom 3. Oktober 1958 festgestellte Tatbestand, nach dem das größte der drei Geschäfte nur 1/3 des Umsatzes und des Reingewinnes des Geschäftes Brumsack erreicht, ist mir unerklärlich. Die Vernehmung der örtlichen Konkurrenz scheint mir allerdings auch nicht der richtige Weg zu sein, Tatbestände dieser Art zu klären.[245]

Und auch er stellte nochmals umfangreiche Bilanzierungen zu Umsätzen und Reingewinnen der letzten sieben Jahre auf und empfahl dem Oberlandesgericht uneingeschränkt die Bewilligung des Darlehens von 30 000 DM zur Festigung von Julius' Geschäftsexistenz. Aber dem Richter gefiel auch dieses Gutachten nicht, also wurde der Wirtschaftssachverständige der Regierungsbehörde erneut tätig, verfasste eine Ergänzung zu seinen bisherigen Stellungnahmen und ein Gutachten über das Gutachten des Wirtschaftsprüfers Kurt Müller: „Die vom Gutachter gegebene Begründung vermag ich nicht zu teilen."[246] Und er gelangte schließlich zu einer Neubewertung seiner ehemals positiven Einschätzungen:

> Unter Hinweis auf die beiden letzten Absätze meiner Stellungnahme vom 8. Juli 1959 stelle ich fest, dass ein Darlehn zur Existenzsicherung meiner Auffassung nach nicht mehr notwendig ist. Der Gutachter, Wirtschaftsprüfer Dipl. Kaufmann Kurt Müller, Bremen, gibt im übrigen selbst zu, dass lediglich langfristige Fremdmittel zu einem Ladenausbau erforderlich sind.[247]

Ja, auch Dr. Kapp war mit dem Gutachten des Bediensteten der Regierungsbehörde jetzt endlich zufrieden: Julius sei weit besser aufgestellt als die Konkurrenz, der Rückgang der Umsätze der letzten zwei Jahre dagegen als unerheblich zu bezeichnen. Auffällig sei es jedoch, dass er 1958 nur einen Reingewinn von 19 151 DM erzielt habe, bei fast gleichbleibendem Umsatz, der Gewinn von 1957 habe dagegen 41 060 DM betragen. Das müsse er erklären. Er schloss sein Gutachten mit dem Satz ab:

> Ich bemerke noch, dass aus den Angaben des Antragsstellers nicht ersichtlich ist, mit welcher Handelsspanne er kalkuliert. Es ist durchaus möglich, dass er teilweise Waren zu Schleuderpreisen verkauft hat.[248]

Der Jude Julius Brumsack, der möglicherweise seine Waren zu Schleuderpreisen verkaufte und auf diesem Wege seine Konkurrenz ruinierte, der möglicherweise auch krumme Sachen machte und seine Bilanzen fälschte. Das Bild vom betrügerischen, geldgierigen Juden – es existierte angeblich nicht mehr.

Lachotzki schickte Gegenbeweise, sie waren enttäuscht.

Julius ließ sich durch die Arglistigkeiten der Justizvollstrecker nicht in die Knie zwingen, sondern antwortete ihnen mit der gleichen Unnachgiebigkeit. Nein, sie sollten nicht ein zweites Mal über ihn siegen. Wie Sisyphus wälzte er immer und immer wieder den Felsblock hinauf, er zerbrach nicht daran, er blieb unbeugsam und machte immer weiter. Und versuchte dennoch, ein glücklicher Mensch zu sein.

Julius war auch nach vielen Jahren des Kampfes nicht bereit aufzugeben, aber es gab auch die anderen Momente, da setzte sich in ihm die Erschöpfung fest, die Bitterkeit, die Zweifel daran, ob ihm jemals Gerechtigkeit widerfahren würde. So schrieb er – per Einschreiben – an Werner Lachotzki:

> Lieber Werner!
>
> [...] Glaub' mir, ich habe selbst schon fast die Hoffnung aufgegeben und hatte doch bislang nur Unkosten davon und viel Zeitverlust – und auf der anderen Seite sehe ich einfach k e i n e n g u t e n W i l l e n, insbesondere, was diesen Kapp anbelangt. – Aus dessen Schreiben vom 9. Juli 1959 [...] ersehe ich doch wiederum die Ansicht dieses Beamten, der n u r darauf ausgeht, mir Steine in den Weg zu legen – die Zeit weiter hinauszuzögern, damit ich endgültig dieses Rennen aufgebe, nachdem man mich zur Verzweiflung getrieben hat. Was nützte denn schließlich das Gutachten eines Sachverständigen, also eines Mannes, der doch in diesen Dingen weitaus besser Bescheid weiß als so ein Emporkömmling von Beamten, der scheinbar „päpstlicher als der Papst selbst" zu sein scheint – und der mich irgendwie „nicht riechen" kann! Ich kann mir nicht helfen, ich stehe immer wieder unter diesem Eindruck, denn sonst hätte man mir wohl schon längst den verbilligten Kredit gegeben! [...]
>
> Ich bin deshalb der Meinung, lb. Werner, daß man e n d l i c h auch einmal a u f t r u m p f e n sollte, endlich k l a r vor Gericht sagen sollte, was man von dieser j a h r e l a n g e n Hinauszögerei hält und wie man den „Anderen", oft frühere Nazis darunter, ja weitaus schneller vorwärtshilft. – Wir hätten seinerzeit sofort den Dr. Kapp ablehnen sollen, als er, wie wir ja hier lt. seinem Bericht vorliegen haben, die Unverfrorenheit hatte, meine eigenen Konkurrenten, die doch weiß Gott kein Interesse daran haben, mich vorankommen zu sehen, dieserhalb zu befragen. So etwas hat es doch noch niemals gegeben, darüber war doch sogar der Sachverständige mehr als empört [...].
>
> Und jetzt zögert und zaudert man – Ich glaube fast annehmen zu müssen, dass andere Kräfte immer noch dahinterstehen und man diese einmal aufdecken müsste!
>
> Lb. Werner, du mußt unbedingt nochmals darauf pochen, wenn immer ich das lese, dann „kocht es in mir", dann bin ich mehr als empört darüber [...]![249]

„... dass andere Kräfte immer noch dahinterstehen und man diese einmal aufdecken müsste." Für Julius war es eine gefühlte Wahrheit, er konnte sie nicht beweisen, aber er spürte, dass es dafür Gründe geben musste, für die Kälte, die Gleichgültigkeit, die mangelnde Empathie. Für die Abwehr.

So war es von Beginn an gewesen: Das, was damals für fast alle „Beteiligten“ ein willkommener Schnäppchenkauf gewesen war, galt dann nicht mehr, als Julius' sein Eigentum zurückforderte. Die Häuser waren plötzlich in schlechtem Zustand, die Grundstücke von schlechter Bodenqualität, die Fahrräder alt, das Klavier taugte nur noch zu Feuerholz, der Hausrat war abgenutzt oder beschädigt.

Julius sah sich mehr und mehr in den Strudel eines aussichtslosen Kampfes gezogen. Auch fünfzehn Jahre nach dem Krieg war sie noch immer vorhanden, die Taktik des Abwartens, des Herunterhandelns von Ansprüchen, des Vergleichens, des Reduzierens der geforderten Summen, des jahrelangen Verschleppens der Verfahren, mit ihren juristischen Haarspaltereien und hanebüchenen Argumentationen, oftmals zur Groteske gesteigert. Er spürte es in fast jedem Schriftstück, dass seine Kontrahenten immer wieder von Neuem versuchten, vorhandene Schlupflöcher bis hin zur Missachtung bestehender gesetzlicher Vorgaben optimal auszuschöpfen, zu Gunsten des Staates, zu Gunsten gestriger Überzeugungen. Jetzt, da sie nicht mehr gewünscht waren, verschafften sie sich durch die Hintertür wieder Einlass in die Gerichtssäle.

Und außerdem brauchte der neue Staat viel Geld zum Aufbau von all dem, was der alte Staat einst vernichtet hatte, zum Zahlen von Entschädigungssummen an NS-Verfolgte, an Opferorganisationen, an Israel, an die Jewish Claims Conference, ganz zu schweigen von den Reparationszahlungen an die Siegermächte.

Dr. Kapp war nicht der Einzige, der in Julius finstere Erinnerungen an alte Zeiten auslöste, der für ihn zu denjenigen gehörte, die zwischenzeitlich nur kurz abgetaucht waren und jetzt wieder munter im Strom der ehemaligen Volksgenossen mitschwammen. Als sei nichts gewesen.

Auch in Julius' Fall waren ehemalige NS-Juristen an den Rückerstattungsverfahren beteiligt. Wie hätte es auch anders sein können? Irgendwohin mussten sie nach dem Krieg verschwunden sein. Lachotzki hatte es damals vermutlich gewusst, er war ja vor seiner Flucht selbst Jurist in Deutschland gewesen. Sie tauchten, nach Ablauf der Schamfrist, die für viele gar keine gewesen war, fast alle wieder auf, abgesehen von den großen Fischen, die es nach Südamerika oder sonst wohin schafften.

Die Auszeit währte nicht lange. Es war bekannt, dass NS-belastete Richter nach dem Krieg wieder blitzschnell, oftmals sogar nahtlos, ihre Karrieren fortsetzen konnten: Im Bundesministerium der Justiz waren im Jahre 1950 51 % des Leitungspersonals ehemalige NSDAP-Mitglieder, davon 29 % in der SA. 1957 stieg der Anteil des Ex-NSDAP-Personals auf 76 %, darunter 33 % SA-Mitglieder, unter ihnen einige Schwerbelastete.[250]

Die Rückkehr ehemaliger NS-Juristen fand auf allen Ebenen der Justiz und in allen Bundesländern statt, auch in Niedersachsen. Dabei hieß es im Bundesentschädigungsgesetz:

> Bei der Besetzung der Entschädigungskammern und der Entschädigungssenate ist dem Wesen der Wiedergutmachung in geeigneter Weise Rechnung zu tragen.[251]

Dies war ein frommer Wunsch geblieben. Bereits Anfang der fünfziger Jahre überließen die Alliierten ihr Engagement für die „Wiedergutmachung" weitgehend der deutschen Rechtsprechung. Auch in ihrem Einsatz für die Entnazifizierung drückten sie nicht selten ein Auge zu. Die wenigen verfolgten Richter zogen andere Positionen vor, sie wollten sich nicht erneut mit ihrer eigenen schmerzhaften Vergangenheit konfrontiert sehen. Es herrschte großer Personalmangel.[252]

Das galt auch für das Oberlandesgericht in Celle, von den dort beschäftigten Richtern und Staatsanwälten waren, laut einer Erhebung von 1945, ca. 90 % Mitglieder der NSDAP oder einer ihrer Gliederungen gewesen. Für die Wiedergutmachungsämter mochte es ähnlich gewesen sein.[253]

Julius konnte es damals nicht wissen: dass im Jahre 1951, als er nach fast sechs Jahren zermürbenden Rechtstreits endlich sein Haus zurückerhielt, ein Richter darüber mitentschieden hatte, der nachweislich an nationalsozialistischen Verbrechen beteiligt war. Es war Otto Schmole, einer der drei Richter der Wiedergutmachungskammer beim Landgericht Hannover. In einer Personalbeurteilung urteilte der Landgerichtspräsident des Landgerichts Dresden am 17. November 1942 über ihn:

> Landgerichtsrat Dr. Schmole [...] hat sich insbesondere sowohl als Mitglied wie auch als Vorsitzender bei dem Sondergericht Dresden in jeder Beziehung bewährt. Er eignet sich gut als Vorsitzender eines Strafgerichts.
>
> Gegen seine politische Zuverlässigkeit bestehen keine Bedenken. Er beherrscht das NS-Gedankengut und ist jederzeit darauf bedacht, dieses auch zu verwirklichen. Vor allem besitzt er auch die für das Sondergericht notwendige Härte in der Strafbemessung.[254]

An „notwendiger Härte in der Strafbemessung“ schien es Otto Schmole tatsächlich nicht gemangelt zu haben. In seiner Zeit am Landgericht in Dresden von 1936 bis 1945 hatte er als Richter und Vorsitzender einer Kammer am Sondergericht Münchener Platz mehrere Todesurteile ausgesprochen, u. a. auch am 17. Dezember 1943 gegen Ilse Wagner, geb. Riemer, eine Gegnerin des Nationalsozialismus.[255]

In seinem Entnazifizierungsverfahren wurde der Landgerichtsrat als unbelastet eingestuft. Dem Justizministerium und dem Oberlandesgericht Celle lagen Abschriften von ihm unterzeichneter Todesurteile vor. Im Jahre 1966 wurde er pensioniert und erhielt eine Dankesurkunde für vierzigjährige treue Dienste.[256]

Ein anderer Richter, ebenfalls aktiver Förderer und Umsetzer des nationalsozialistischen Gedankengutes, war Dr. Karl Dermietzel, geb. 1891. Er war seit 1933 zunächst als Hilfsrichter, später als Landgerichtsrat am Kammergericht in Berlin tätig, seit der Zeit engagiertes Mitglied des Bundes Nationalsozialistischer Deutscher Juristen (BNSDJ) und des Nationalsozialistischen Rechtswahrerbundes (NSRB), seit 1934 „Förderndes Mitglied der SS“, hatte sich aktiv um die Aufnahme in die NSDAP bemüht und sich in mehreren Parteiorganisationen durch Bekleidung diverser Ämter engagiert.

Dermietzel wurde 1946 Oberlandesgerichtsrat in Celle, war zeitweise als Hilfsrichter an das OGH in Köln abgeordnet, dem Obersten Gerichtshof für die britische Zone, eine Ernennung zum ordentlichen Richter wurde ihm allerdings von der britischen Militärregierung aufgrund seiner nationalsozialistischen Aktivitäten verwehrt. Dermietzel reagierte mit Relativierung und Leugnung, die Vermerke in seiner Personalakte würden „Irrtümer“ enthalten, die Inhalte seien „tendenziös“. Mit der Auflösung des OHG war er bis zu seiner Pensionierung am OLG in Celle tätig, wo er über Verfahren zur Wiedergutmachung nationalsozialistischen Unrechts urteilte.[257]

So auch in Sachen „Land Niedersachsen gegen Brumsack“.

In dem Berufungsverfahren um Julius’ Entschädigungsforderungen im beruflichen und wirtschaftlichen Fortkommen sowie um die Gewährung des Darlehens von 30 000 DM war Karl Dermietzel Vorsitzender Richter beim 2. Zivilsenat am Oberlandesgericht in Celle.[258]

Der Vorsitzende oder einer der Beisitzer der Entschädigungskammer und der Entschädigungssenate soll dem Kreis der Verfolgten angehören. (BEG, § 208, Abs. 3)

Im Falle von Julius stammten die genannten Richter aus dem Kreis der Verfolger.

13 Laufmaschen

Aber parallel zu seinem früheren Leben entfaltete sich auch das andere, das neue Leben: Emmi, seine Frau, seine beiden Kinder, sein Geschäft. Es eilte in Riesenschritten voran.

Nachdem die Schnaars ausgezogen waren, stellte Julius den ambulanten Warenhandel ein. Die unteren Zimmer wurden zu Geschäftsräumen, bereits im Frühsommer 1951 öffnete das Textilfachgeschäft Julius Brumsack. Er nutzte die alten Geschäftsadressen und Lieferanten aus Sehnde, sofern sie den Krieg überdauert hatten, und erkannte die Bedürfnisse der neuen Zeit, war innovativ und risikobereit.

Geschäft im Wohnhaus der Familie Brumsack (1951)

Julius richtete einen Laufmaschendienst für Perlon- und Nylonstrümpfe ein. Da die Nachfrage bei Weitem nicht gestillt werden konnte, kaufte er eine Strumpfreparaturmaschine zum Aufnehmen von Laufmaschen. Emmi hielt ihn für verrückt, aber Nylonstrümpfe waren nach wie vor teuer, eine Reparatur lohnte sich. Die Investitionen erwiesen sich als äußerst erfolgreich, machten ihn mutig für weitere Geschäftsideen.

Er erwarb eine gebrauchte Nähmaschine, eine Änderungsschneiderei wurde ins Leben gerufen, stundenweise erste Angestellte eingestellt, eine zimmergroße Maschine für die Reinigung von Federbetten erweiterte den Kundenkreis, ein großräumiges ländliches Einzugsgebiet wurde nach und nach erschlossen, der Verleih und Verkauf von Zelten und Schlauchbooten erfolgreich reaktiviert. Das Geschäft lag günstig auf der Strecke zum Wollingster See, einem beliebten Ausflugsort in der Wesermünder Geest.

Das größte Erfolgsmodell nach dem Krieg waren Gardinen. Eine neue Generation wuchs heran und mit ihr ein neuer Geschmack, weg mit den gehäkelten Baumwollspitzen, dem alten Plunder der Kriegs- und Vorkriegsjahre, jetzt liebte man andere Fensterverkleidungen: die Wolkenstores, voluminöse, bogenförmige, halblange, neobarocke Gardinen in allen Varianten, mit Übergardinen, Schals, Schabracken, Steckfalten, mit Kordeln und Bommeln und Fransen, gerafft und ungerafft. Ein wahrer Wettbewerb um die Gardinenschaufenster brach aus, und dieses Buhlen um die schönsten Monumente deutscher Gemütlichkeit machte auch vor Beverstedt nicht Halt.

Julius organisierte eine Modenschau, die erste seines Lebens und auch die erste in Beverstedt seit seiner frühesten urkundlichen Erwähnung im Jahre 1228. Im Gasthaus zum Biber stolzierten echte Mannequins auf einem eigens dafür gezimmerten Laufsteg, begleitet von einem professionellen Conferencier, Herrn Kuhn, der für dieses Ereignis exklusiv aus Oldenburg anreiste. Hans war es ein Gräuel, mit seiner kleinen Schwester an der Hand Kindermoden vorzuführen, zur Belohnung gab es Schaufelbagger und Quietscheentchen. Das Publikum war begeistert und Julius und Emmi wurden Teilhaber am beginnenden Wirtschaftswunder.

Dieses andere Leben – die Familie, die Geburten der Kinder 1950 und 1955, das Geschäft – nahm in den sechziger Jahren rasant an Fahrt auf. Es waren Julius' und Emmis glücklichste Jahre. Man erweiterte und modernisierte die Geschäftsräume, irgendwann wurde es der Familie zu eng, auf dem Gartengrundstück entstand ein Bungalow, das erste Auto wurde gekauft. Die Familie machte gemeinsamen Urlaub mit Annelise und Martin, man traf sich über viele Jahre auf halber Strecke in Ostende. Martin stillte sein Heimweh nach Deutschland mit Schinken und Mettwurst aus Beverstedt, von dem Schlachter, der nicht mitgemacht hatte. Abends tranken sie auf dem Balkon des Hotels Moselwein, dazu Eierlikör von Verpoorten für Emmi und Annelise.

Und das Geschäft boomte.

Auf dem Lande wurde viel gefeiert, man benötigte fortlaufend Festkleidung für Verlobungen, grüne, silberne und goldene Hochzeiten, Konfirmationen, Schützenfeste, Feuerwehrbälle, ganze Beerdigungsgesellschaften wurden mit Trauerkleidung ausgestattet. Der Einzugsbereich der Kunden erweiterte sich ständig, in einem Nachbarort eröffnete Julius eine Filiale, und später noch eine weitere. Die Änderungsschneiderei war bald sagenumwoben, alles wurde passend genäht, das zu weite Kleid wurde enger gemacht und umgekehrt. Letzteres war häufiger der Fall.

Julius und Emmi nahmen am gesellschaftlichen Leben des Ortes nicht teil. Er wusste, dass für einen Geschäftsmann das Gegenteil von Vorteil wäre, er wusste, dass Emmi sich darüber freuen würde, aber er konnte es nicht, und er wollte es nicht. Die Beverstedter akzeptierten es, sie kauften gern bei den Brumsacks ein. Und er akzeptierte die Bitte seiner Frau: „Kein Wort im Geschäft über die Nazizeit!" Die Beverstedter wussten das zu schätzen, sie mochten Emmi, Julius weniger. Es war auch nicht sein Ansinnen.

Julius konnte es sich jetzt leisten und flog 1965 mit seinem Sohn zum ersten Mal nach London, in einer Vickers Viscount, und besuchte Annelise und Martin, Artur und Erna und Werner Lachotzki. Und Leslie. Emmi und Sabina brachten sie nach Bremen zum Flughafen und weinten beim Abschied vor Angst um ihre Liebsten.

Das Leben fühlte sich jetzt leicht an. Und das Schwere zog sich langsam zurück, es focht seine Seele nicht mehr an. Die Berufungsverfahren, die Julius und Lachotzki für weitere Jahre führten, wurden fast alle zu seinen Gunsten entschieden.

Elf Jahre nach dem Krieg erhielt er die ihm 1949 vom Kreissonderhilfsausschuss verwehrte „Soforthilfe" für Rückwanderer, jetzt war es die doppelte Summe (6 000 DM).[259] Im Jahre 1968, nach einer weiteren Neufestsetzung, erhielt er zudem eine Kapitalentschädigung von insgesamt 10 748 DM für Schäden im beruflichen Fortkommen, 1970 schließlich die ererbte Kapitalentschädigung für seine Mutter in Höhe von 8 206,92 DM[260] sowie die Neufestsetzung der „Judenvermögensabgabe" von 3 000 DM. 1958 hatte man ihn noch mit einem Vergleichsangebot von 300 DM abgespeist.[261]

Im März 1960 erhielt Julius endlich vom Land Niedersachsen das Darlehen für die „Festigung seines Betriebes" im Rahmen eines Vergleichs, statt der geforderten 30 000 DM waren es jetzt 25 000 DM, mit einer Verzinsung von 4 % Prozent, nicht 3 %, wie im Gesetz des

BEG (§ 71, Abs. 1) vorgesehen war.[262] Im Jahr 1960 wurden auch den Rückerstattungspflichtigen zunächst Darlehen zur finanziellen Überbrückung ihrer Verluste zugebilligt, später schaffte das Reparationsschädengesetz vom 12. Februar 1969 die gesetzlichen Grundlagen für weitergehende Entschädigungsanträge.[263] Ob Julius gewusst hatte, dass er erst im gleichen Jahr wie die Rückerstattungspflichtigen das Darlehen erhielt, um das er mehr als vier Jahre hatte kämpfen müssen?

Nach und nach wurden kleine und größere Summen auf sein Konto überwiesen für all das, was ihnen der Staat einst geraubt hatte: Beiträge für Lebensversicherungen, Sozialversicherungen, Sparguthaben von Grete und der Mutter, ihre eingezahlte Rente.

Julius ließ los.

Gewiss war es Emmi, vielleicht auch Werner Lachotzki, die ihm irgendwann gesagt haben mögen: „Nun ist gut, Julius, gib endlich Ruhe.“ Oder auch er selbst.

Familienausflug Pfingsten 1956

14 Nachbeben

Der Antisemitismus bedrohte schon lange nicht mehr sein Leben, aber er war immer noch da, verhüllt und unverhüllt.

Behörden, Banken, Justizinstitutionen pflegten nicht selten ihre alten Sprachgewohnheiten weiter. Auch wenn es im Zweifel nur aus Gleichgültigkeit geschah, wollte Julius dies nicht so stehen lassen.

Ermordung? Mord? Mörder? Das war die Sprache der Opfer. Die andere Sprache, die Sprache der Öffentlichkeit, die noch sehr lange existierte und den Krieg um viele Jahre überlebte, sie war täterfrei. Die Subjekte fehlten, sie waren entpersönlicht, zu Objekten geworden, sie hießen bestenfalls „man". Es gab nur zwei Varianten: „Man hatte sie evakuiert" oder „sie waren evakuiert worden". Ja, häufig sprach man auch von Deportation, aber viel häufiger nannte man es „Überbringung" oder „Überstellung".[264] Und manchmal auch schlicht und einfach: die Sache.[265]

Julius nannte die Dinge beim Namen. Doch für das, was Julius als Raub, Plünderung, Diebstahl und Diebesgut bezeichnete, fanden die Wiedergutmachungsbehörden und die „Beteiligten" andere Wörter: Kauf, Verkauf, Erwerb, unberechtigt gezogene Nutzungen, Abgabe, Verwertung, Entziehung, Pfändung, Beschlagnahme, Wegnahme, Ablieferung, Entäußerung, Sicherstellung. Und viele weitere Varianten.

Wie oft musste er lesen, was seiner Familie widerfahren sein sollte: dass sie abgereist, verzogen, nicht zurückgekehrt, dass sie evakuiert, abgemeldet oder abgeschoben worden seien, und, wie es der Bürgermeister von Beverstedt formuliert hatte: „Eine Adresse, wo sie seinerzeit bei der Auswanderung hingekommen sind, entzieht sich meiner Kenntnis." Oder sie waren „umgekommen", wie es auf dem von der Gemeinde Beverstedt errichteten Erinnerungsmal „Zum Gedenken an die in der nationalsozialistischen Zeit umgekommenen Mitglieder der Jüdischen Gemeinde" zu lesen ist.[266]

Und Salli und Paula seien „per Evakuierungsbefehl Nr. 9 nach Lüneburg abgemeldet worden", so antwortete damals der Bürgermeister von Sehnde auf Julius' dringende Anfrage über den Verbleib seiner Verwandten.[267]

Die bürokratische Gleichgültigkeit verletzte ihn, wenn er amtliche Schreiben wie diese erhielt:

> Liste der deportierten Juden, aufgestellt am 17. Januar 1963 vom Landkreis Wesermünde: Siegmund Israel, Emma Sara, Arnold Israel,

Hans Leo Israel, Rosa Sara Brumsack. Vermutliches Schicksal: Unbekannt.[268]

Es war nicht die Abschrift des Originals der Deportationsliste, diese war nie gefunden worden.

„Wwe. Emma Sarah Brumsack“, so bezeichnete auch das Niedersächsische Landesamt für die Beaufsichtigung gesperrten Vermögens im Jahre 1950 seine Mutter im Zusammenhang mit einem Sicherstellungsverfahren (Sparbuch und Schuldurkunde).[269]

So auch die Städtische Sparkasse Bremerhaven:

Im Besitz Ihres Schreibens vom 2. ds. teilen wir Ihnen höflich mit, daß wir die Entsperrung der oben bezeichneten Konten und die Löschung des Namens „Israel“ vorgenommen haben.[270]

Julius empörte sich, wenn in einem Artikel der *Nordsee-Zeitung* aus dem Jahre 1949 von „arischen“ und „jüdischen“ Rückerstattungsanträgen die Rede war und antwortete dem Verfasser:

Da dieser Artikel mich als Juden sehr interessiert und mich persönlich auch angeht, so nehme ich Bezug darauf und möchte unbedingt darauf hinweisen, daß das nazistische Wort ARISCH, denn am Schluß heißt es [in dem Artikel] wörtlich „... bei den hier vorliegenden Rückerstattungsanträgen überwiegen die der arischen gegenüber den jüdischen zahlenmäßig“, wohl heute nicht mehr angebracht sein sollte – oder hat man vor dem Nazi-Regime auch schon dieses Wort so viel gebraucht? Ich weiß nicht, wer diesen mit „a“ bezeichneten Artikel verfasst hat, erwarte jedoch eine Äußerung hierzu vom Verfasser.[271]

Julius wurde belehrt, der Verfasser sehe die Dinge erwartungsgemäß völlig anders:

Ich bin der Verfasser des mit „a“ gezeichneten Artikels über das Wiedergutmachungsamt in Stade. Bei Abfassung des Artikels habe ich mich lediglich an die mir gegebenen Informationen gehalten. Das Wort Arier ist durchaus keine Wortschöpfung des Nationalsozialismus, sondern eine uralte wissenschaftliche Rassenbezeichnung, die auch schon vor 1939 viel in Gebrauch war.

Ich hoffe, dass Ihnen mit dieser Aufklärung gedient ist.[272]

Nein, gewiss war Julius mit dieser „Aufklärung“ nicht gedient.

Und gewiss wunderte er sich auch nicht mehr darüber, dass er Briefe des Selbstbedauerns erhielt, in denen man Täter zu Opfern verklärte, man sich bei Julius beklagte, über den „reinen Wahnsinn“, über die Folgen der „Denazifizierung“ in Sehnde. So der Leiter der Volksbank:

Lieber Herr Brumsack!
[...] Zum Thema „Denazifizierung" kann ich mich nur im ungünstigen Sinne äußern. Was auf diesem Gebiet hier geschehen ist und noch geschieht, ist der reine Wahnsinn und führt dazu, daß der schwache Ast, auf dem wir noch sitzen, abbricht. Sie wissen ja, daß wir unseren Willi Reese entlassen mußten. Sein Einspruch ist bisher erfolglos geblieben. Der arme Junge ist vollkommen niedergeschlagen und arbeitet irgendwo im Moore beim Torfstechen. Vor einiger Zeit bekamen wir Anweisung, 2 weitere Angestellte zu entlassen. [...] Wenn Dr. Heuer, der seit 20 Jahren als Nachfolger seines Vaters die Zuckerfabrik geleitet hat, jetzt auf dem Kaliwerk „Hugo" als gewöhnlicher Arbeiter beschäftigt wird, nur weil er der NSDAP angehört hat, so habe ich kein Verständnis dafür. [...]
Was nun die Mitglieder und Geschäftsfreunde der Volksbank anbetrifft, so kann ich wohl sagen, waren sie fast alle gemäßigt. Daß Herr Bannier[273] im Lager sitzt und seine Familie in der Autogarage wohnt, sagte ich Ihnen wohl schon. Seine Aussonderung aus der Firma ist im Gange. Unsere meisten Geschäftsfreunde zählten ja auch zu Ihrem Kundenkreis. Ich hoffe nicht, daß einer von ihnen im Zuge der Entnazifizierung sein Geschäft verliert, nur weil er Mitläufer war. Uns als Bank hat es nie interessiert, ob dieser oder jener Kunde Pg. [Parteigenosse] war oder in der SA, HJ usw. Das waren absolut keine Bewertungsgrundlagen für einen Kredit.[274]

Aber ob dieser oder jener Kunde Jude war, das war ausschlaggebend.

Julius beobachtete die politischen Entwicklungen mit Sorge und mit Argwohn. Sein Radio lief fast ununterbrochen. Schon morgens ab sechs Uhr hörte er AFN (American Forces Network), BFBS (Britisch Forces Broadcasting Service) und NWDR, den Nordwestdeutschen Rundfunk. Er wollte es rechtzeitig erfahren, wenn sich da wieder etwas zusammenbrauen sollte.

Im Jahre 1949 wurde Veit Harlan, der Regisseur des antisemitischen Propagandafilms *Jud Süß*, der ein paar Tage vor der Deportation der Brumsacks auch in Beverstedt gezeigt wurde, in einem aufsehenerregenden Prozess am Schwurgericht Hamburg von dem Vorwurf freigesprochen, ein Wegbereiter des Holocaust gewesen zu sein. Julius war über diese Nachricht fassungslos. In einem zwei Seiten langen Brief an das Schwurgericht ließ er seiner Empörung freien Lauf, über die Justiz („Wie kann man da als Jude auch andere Urteile erwarten?"), den Richter, die Geschworenen, er spottete, es müsse sicherlich für sie ein Vergnügen gewesen sein, den Film wieder anzuschauen, eine schöne Erinnerung an bessere frühere Zeiten.

> Meine Herren Geschworenen!
> Das Urteil im Prozeß gegen Veit Harlan wurde gestern gefällt – FREISPRUCH im Sinne der Anklage!
> Sieben lange Wochen hat dieser Prozeß gedauert und hat nur einem einen besten Dienst geleistet – nämlich Veit Harlan selbst. – Man könnte fast sagen, einen „Propaganda-Film für Veit Harlan!" [...]
> Ein Veit Harlan wird „freigesprochen" – findet man da noch Worte – man muß eher glauben, daß damit den Verbrechen gegen Millionen meiner Glaubensgenossen der [sic!] Amtssiegel aufgedrückt wurde. Mit diesem Fehlurteil wird also dem Deutschen Volk ganz klar vor Augen geführt, daß ja damals die Ausrottung der Juden durch Hitler heute gerechtfertigt wird. Die antisemitische Propaganda, die diesem Volk damals tagtäglich vor Augen geführt wurde, sei es im „Stürmer" oder in Filmen wie diesem „Jud Süß" gewesen – der Zweck war stets derselbe – und er wurde hundertprozentig erfüllt.

Julius beendete seinen Brief mit den pathetischen Worten:

> Meine Herren Geschworenen des Prozesses gegen Veit Harlan – Sie haben zwar Ihr Urteil gesprochen – „GEGEN DIE JUDEN DER WELT" – aber die Welt hat ihr Urteil noch nicht gesprochen! Der Sturm der Empörung gegen diese deutsche pro-nazistische Justiz wird erst beginnen. Daß die Gerechtigkeit siegen wird, dafür wird GOTT sorgen![275]

Der Richter hieß Walter Tyrolf. Es folgte ein Revisionsprozess, wieder unter seinem Vorsitz. Der Richter argumentierte u. a., dass Juden, falls sie sich durch den Film verunglimpft fühlten, doch hätten klagen können. Belastungszeugen wurden von Zuschauern als „Judensau" beschimpft, der Richter ließ sie gewähren. Auch in der zweiten Instanz wurde Harlan freigesprochen und, von einer johlenden Menge und seinen Anhängern begleitet, auf den Schultern aus dem Gerichtssaal getragen.[276]

Die Wahrheit lag bis Ende der fünfziger Jahre unter einem Teppich von Schweigen und Lügen begraben. Dann wurde bekannt, dass der vorsitzende Richter bis 1945 am Sondergericht in Hamburg als Staatsanwalt tätig war, er hatte in mehr als achtzehn Fällen Todesurteile gefordert, von denen fünfzehn vollstreckt wurden. Darunter auch wegen Diebstahl von Kohlen und sogenannter Rassenschande. Dagegen sprach er in NS-Kriegsverbrecherprozessen Angeklagte frei, u. a. auch die im Jahre 1962 des Mordes an mindestens fünfzig Kindern mitangeklagte Euthanasieärztin Ingeborg Wetzel, die er anschließend heiratete.

Der Veit-Harlan-Skandal war nicht der einzige Fall, der Julius an die Grenzen des Verstandes brachte, vor allem an die Grenzen seines Vertrauens in das Deutschland seiner Zukunft. Er konnte nicht anders, als sich zu Wort zu melden, gegen die Verharmlosungen von Kriegsverbrechen zu protestieren, gegen die Verhöhnung der Opfer, wenn er zum Beispiel in der *Nordsee-Zeitung* über die Nürnberger Prozesse lesen musste, dass die angeklagten Kriegsverbrecher von einem Politiker der Deutschen Partei (DP), Hans Mühlenfeld, „als Männer von Nürnberg bezeichnet wurden, die nur ‚IHRE PFLICHT TATEN'. Oh, welch ein ehrbares ‚PFLICHTGEFÜHL' – Menschen foltern, peinigen und sogar töten – ein ehrbarer Beruf in der Tat, der auch heute von Herrn Dr. Mühlenfeld in der D.P. kräftig und öffentlich unterstützt werden muß."[277] So schrieb er an die Zeitung mit der Bitte um Veröffentlichung, was nicht geschehen sollte.

Und Julius wusste, dass er nicht erneut Opfer werden wollte, die Vergangenheit ihn nicht besiegen sollte. Er suchte die Kommunikation mit Menschen, die so dachten wie er. In Beverstedt waren sie rar.

Emmi und Julius lernten Propst Heinrich Grüber kennen, den evangelischen Theologen der Bekennenden Kirche in Berlin, der seinen Einsatz für Juden mit mehr als zwei Jahren Haft, mit körperlichen und seelischen Misshandlungen in den Konzentrationslagern Sachsenhausen und Dachau bezahlt hatte. Heinrich Grüber hatte ihm sein Buch geschenkt, *Erinnerungen aus sieben Jahrzehnten*,[278] mit einer Widmung für Julius und Emmi. Sie besuchten sich gegenseitig, in Beverstedt und in Berlin, er erhielt Postkarten von Heinrich und seiner Frau Margarete aus Israel, Marokko und Berlin, die Grußworte zum Neujahrswechsel 1968 mit der Liedstrophe aus Dachau: „Mit den Hirten will ich wandern / Von dem einen Jahr zum andern / Friedevoll in aller Not / In das Leben aus dem Tod."

Julius hörte alle Sendungen des Journalisten und Mitbegründers des Nordwestdeutschen Rundfunks Axel Eggebrecht, so auch seinen Beitrag vom 13. Februar 1949 „Vom Antisemitismus":

> Er [der Antisemitismus] konnte seine heutige, uns schrecklich bekannte Gestalt nur erreichen, weil nicht beizeiten, und auf rechte Weise, über ihn gesprochen wurde. [...] Mitschuldig aber daran ist jeder, der diesen Antisemiten gewähren lässt. Auch wenn er, ja – gerade wenn er den antijüdischen Aberglauben selbst überlegen belächelt. Mitschuldig ist

er nicht nur an all dem Unheil, das wir über die Juden kommen ließen. Mitschuldig ist er auch an seiner eigenen, an unser aller Erniedrigung, Entwertung, Zerstörung.

Wir haben schreckliche Lektionen bekommen. Wer heute noch versäumt, der Teufelei dieses geschichtsverfälschenden Aberglaubens entgegenzutreten, – wer sich nicht schon den halben, undeutlichen Anfängen überall widersetzt, wo er sie spürt: der ist schon wieder schuldig. Von der Verantwortung für die moralische, ethische, die menschliche Substanz in uns allen ist keiner ausgenommen.[279]

Julius war tief beeindruckt von den Worten Axel Eggebrechts, von seinem scharfsinnigen Geist. Endlich jemand, der ihn verstand, der seine Sorgen über den wachsenden Antisemitismus teilte. Unmittelbar nach der Sendung schrieb er ihm einen langen Brief:

Sehr geehrter Herr Eggebrecht!

Vor einer Stunde hörte ich mit größtem Interesse Ihren wahren Worten „Vom Antisemitismus" zu. –

Ich bin Jude – deutscher Jude –, der vor einigen Monaten aus der Immigration in seine frühere Heimat zurückkehrte, einer der ganz Wenigen, die trotz allem sich mit ihrer Heimat verbunden fühlen. –

Ihnen, werter Herr Eggebrecht, gilt heute mein ganz besonderer Dank, sind Sie doch einer der Ersten, die endlich dieses so schwerwiegende, wie heikle Thema zur offenen Sprache brachten. Es war wirklich an der Zeit, daß sich ein Deutscher fand, das Übel des „Antisemitismus" zu publizieren, denn bislang hat sich gerade der NWDR in tiefstes Schweigen gesetzt, wobei ich nur an den 9./10.11.1948 erinnern möchte, dem zehnjährigen Jahrestag der Brandstiftungen und Pogrome in Deutschland, die ich selbst miterlebte.

Es wäre sehr zu wünschen, daß damit der Anfang gemacht wurde und weitere Vorträge zu Aufklärung des deutschen Volkes über den „Antisemitismus" l a u f e n d folgen. Es kann garnicht oft genug darauf hingewiesen werden, denn ich selbst spüre den momentan noch passiven, versteckten „Antisemitismus" täglich. – KEINER will sich jetzt schuldig fühlen, KEINER wußte etwas, und – erst recht, KEINER möchte jemals dieses Thema berühren, obwohl sie ALLE, die bürgerliche Masse, damals alles stillschweigend und tatenlos geschehen ließen. Sie haben sich zumeist selbst belogen, denn gerade nur deshalb konnte der „Antisemitismus" so weit ins Extreme führen [...].

Man weiß überall im Dorf und in der Umgebung, daß meine sämtlichen Angehörigen zwangsweise nach dem Osten deportiert wurden, nachdem sie vorher viele Jahre hindurch unsagbar zu leiden hatten. Jeder Bürger ist bereits dadurch mitschuldig, daß er sich „zurückzog" – „uns" nicht mehr kannte, ja, es sogar als Verbrechen mit ansah, überhaupt mit „uns" gesehen zu werden – er distanzierte sich und ließ alle seelischen täglichen Qualen inaktiv über uns ergehen. Dieselben guten Bürger nahmen an der nachher stattfindenden Versteigerung unseres gesamten, hinterlassenen Inventars mit teil [...]. Es war doch Diebesgut, vom Nazistaat gestohlen. Ja, und zuguterletzt waren es noch Eingesessene, die unser ebenfalls vom Nazistaat gestohlenes Haus und Grundstück kauften.[280]

Julius fand Gehör. Axel Eggebrecht zitierte aus Julius' Briefen in der Sendung „Der Hörer hat das Wort".

Sehr geehrter Herr Brumsack!

Ich danke Ihnen sehr für Ihre ausführliche Äusserung zu meiner Sendung „Vom Antisemitismus". Sie haben nur zu Recht, wenn Sie darauf dringen, dass solche Dinge öfter zu Gehör gebracht werden. Ich hoffe, dass wir in der Sendung ‚Der Hörer hat das Wort' aus Ihrem Brief auch einige Worte gelegentlich zitieren dürfen? Ich denke dabei vor allem an Ihre Darlegungen über die bisher versäumte Wiedergutmachung. Gerade dass Sie Ihren Fall aus der Perspektive einer kleinen Stadt schildern, wo doch Jeder den Andern kennt, macht die Sache besonders wertvoll. Ich bin mit Ihnen der Meinung, dass dies ein sehr dunkler Punkt in unseren gegenwärtigen Verhältnissen ist, der dringend einer Regelung bedarf.

Ich danke Ihnen nochmals aufrichtig und begrüsse Sie bestens als

Ihr Axel Eggebrecht[281]

Julius ließ sie nicht gewähren, die Antisemiten. Bis zu seinem Tode gab er keine Ruhe.

War ihm am Ende Gerechtigkeit widerfahren? War seiner Auffassung nach alles „wiedergutgemacht" worden?

Ginge es allein um den materiellen Ausgleich, um die Rückerstattung des gestohlenen Besitzes, um das Haus und den Hausrat – ja, vermutlich. Größtenteils.

Ginge es darüber hinaus um die Anerkennung von immateriellen Schäden, die nicht sichtbar und greifbar waren, Schäden, die man nicht in Zahlen beziffern konnte, Schäden an seiner Freiheit, seiner Seele, seinem Menschsein – nein, ganz gewiss nicht.

Ginge es um die moralische Anerkennung von Schuld, um Verantwortung für das Geschehene, darum, den Toten ihre Würde zurückzugeben – nein, auch das nicht. In keiner Weise. Der Staat hatte sich vor der Verantwortung gegenüber allen Verfolgten des Nazi-Regimes geduckt. Julius hatte sie ihm in einem jahrzehntelangen bitteren Ringen immer wieder abtrotzen müssen.

Und nein, natürlich erst recht nicht, wenn es um die zerstörten Leben, die Auslöschung seiner Familie ging.

1972 schloss er seine letzte Akte, packte alle Ordner in den großen Schrankkoffer, mit dem er einst aus England zurückgekehrt war, und brachte ihn auf den Dachboden.

15 Leitersturz

Am letzten Tag des Jahres 1979 starb Emmi an den Folgen eines Verkehrsunfalls. Sie wurde 57 Jahre alt.

Nach ihrem frühen Tod, mehr als dreißig Jahre bevor Julius starb, war alles anders geworden. Die Leere, die sie hinterlassen hatte, wusste er nur schwer auszufüllen. Er sei kein Gesellschaftsmensch, beteuerte er stets, mit zunehmendem Alter wurde er es immer weniger.

Aber er machte wieder das, was er schon als kleiner Junge geliebt hatte, was er auch später mit seinen Kindern oft getan hatte, er stromerte durch die Natur und engagierte sich für Naturschutzprojekte in seiner Umgebung, für die Erhaltung der Feuerwehrteiche in den Dörfern, gegen die Kanalisierung der Lune. Oder er ackerte in seinem großen Garten.

Als Mitte der neunziger Jahre eine Gruppe von rechtsextremen Jugendlichen Beverstedt terrorisierte, als sie „Sieg Heil" skandierten, Bürgerinnen und Bürger beleidigten und tätlich angriffen, als Julius schließlich auf seinem Briefkasten den Aufkleber fand mit der Aufschrift „Wer dem Judenpack glaubt, dem wird das Gehirn geraubt", da geriet sein Vertrauen in den Staat und seine Mitmenschen erneut ins Wanken. Er spürte wieder Angst. In dem Haus, in dem er seit dem Tode von Emmi allein gewohnt hatte, fühlte er sich wieder unsicher. Sein Sohn übernachtete für einige Tage bei ihm, er wohnte für eine kurze Zeit bei seinen Kindern in Oldenburg. Als der *Spiegel* über die rechtsradikalen Vorkommnisse berichtete, schrieb ich – seine Schwiegertochter – einen Brief an die recherchierende Journalistin. Diese bat Julius um ein Interview, er lehnte ab. Wir wussten, warum.

Julius überstand auch diese Geschehnisse, aber mit zunehmendem Alter wurde er verwundbarer. Doch seine Botschaft des „Nie wieder!" jungen Menschen mitzuteilen, war ihm wichtig, ein Leben lang. Er nahm an Friedensmärschen und Gedenktagen teil. Vor allem hielt er bis ins hohe Alter Vorträge an Schulen. Wenn er erzählte, was er erlebt hatte, als er in dem Alter derjenigen war, die jetzt vor ihm saßen, dann wurde es mucksmäuschenstill im Klassenraum. Und er hörte nicht auf, streitbare Lesebriefe zu schreiben.

Julius besuchte häufig Tochter und Sohn in London und in Göttingen, später in den USA und in Oldenburg, und reiste zu seiner Cousine Ruth nach Florida. Sie hatte das KZ, im Gegensatz zu ihrem Bruder Günther, überlebt und Deutschland nach dem Krieg verlassen.

Er bekam regelmäßig Besuch von ein paar wenigen Freunden, für ein paar Jahre auch von einer Freundin, mit ihnen verbrachten er seine Urlaube in seinem Ferienhaus und war dankbar für die Unterbrechung seines Einsiedlerlebens. Umgekehrt nahm er seltener Einladungen zu Geburtstagsfeiern und Festen an. Mit zunehmendem Alter wurde er ein einsamer Kauz.

„Mein Haus verlasse ich nur als Leiche!“, hatte Julius immer wieder zu seinen Kindern gesagt.

Er hatte seinen Sohn und mich stets angeraunzt, wenn wir bei unseren Besuchen in Beverstedt auch nur die leisesten Andeutungen über seine Wohnsituation machten. Irgendwann wussten wir, dass es nicht mehr so weitergehen konnte mit ihm, dass das Leben in seinem Haus, das er über sechzig Jahre bewohnt hatte, unmöglich werden würde.

Eines Tages kam er auf die Idee, für sich allein Chanukka zu feiern, stellte Kerzen auf das Fensterbrett, die Gardine fing Feuer, fast hätte er das ganze Haus abgefackelt. Es war der Nachbar Bernie Roenicke, der ihn rettete. Er wohnte gegenüber, von seiner Küche konnte er direkt durch das große Fenster in Julius' Wohnzimmer schauen. Für Bernie war die Verantwortung für Julius mehr als das Abtragen der Schuld seiner Mutter. Sie war Fürsorge und Freundschaft.

Bei Julius' Rundgängen durch Haus und Garten stolperte er eines Abends im Mai mit seinem Handstock über eine Rasenkante, er konnte nicht mehr aufstehen, blieb bis in die Nacht auf dem Rücken im Gras liegen, wie ein Maikäfer auf glattem Untergrund. Es war wiederum Bernie, der ihn bei seinem nächtlichen Toilettengang, verwundert über das hell erleuchtete Haus, um 4 Uhr aus der misslichen Lage befreite.

Warum Julius seinen Notrufpieper nicht bei sich getragen habe, wollten Hans und ich von ihm wissen, als wir nach siebzig Kilometern hektischer Fahrt in Beverstedt angekommen waren. Er habe eigentlich nur die Sterne beobachten und Sternschnuppen zählen wollen. Mindestens zehn seien es gewesen, dazu die Planeten Venus, diesen hellsten und schönsten aller Abendsterne, und Mars, rötlich schimmernd. Und dann die vielen Satelliten, wie sie mit rasender Geschwindigkeit aus allen Richtungen hin- und her gedüst seien, sogar die ISS, heller als die Venus. Eine einzigartige Nacht, der Himmel wolken- und mondlos, ein wahres Schauspiel, wie man es nur selten beobachten könne. Aber so ärgerlich, dass er sein Fernglas nicht dabeigehabt habe. Es sei ihm nur ein bisschen kalt im Rücken geworden.

Ob er keine Angst gehabt habe, dass man ihn nicht finden würde?

Nein, natürlich nicht. „So ein Quatsch." Er habe schon ganz andere Sachen überlebt.

Mit 87 Jahren stieg er einmal auf eine Leiter und fiel herunter, als er die tags zuvor von seinem Sohn durchgeführten Reinigungsarbeiten an der Dachrinne kontrollieren wollte. Sein Starrsinn hatte ihm fast das Genick gebrochen.

Zwei Tage nach seinem Unfall erwachte er in einer Oldenburger Klinik aus seiner Bewusstlosigkeit. Sein erster Satz galt der Feststellung, dass sein Sohn die Dachrinne keinesfalls zu seiner Zufriedenheit gereinigt habe, dass unbedingt nachgebessert werden müsse.

„Fahr doch am besten gleich morgen nach Beverstedt."

Hans war erleichtert.

„Diesmal war es ja wirklich haarscharf", sagte Julius, dazu sein bübisches Lachen.

Es klang wie: Sieg. Noch einmal davongekommen. Ätsch.

Die anschließenden Reha-Wochen in Oldenburg waren gut für ihn und gut für uns. Julius erholte sich von seinem Sturz und wir von den Betreuungseinsätzen der vergangenen Monate.

Doch einige Tage nach seinem Erwachen stellte sich eine kuriose Veränderung ein: Julius sprach nur noch Englisch. Wer auf Deutsch antwortete, der wurde von ihm ungläubig angeschaut und mit Missachtung gestraft. Das galt für seine Kinder und Enkelkinder ebenso wie für das Pflegepersonal und die Bewohner. Schließlich sprachen alle Pflegekräfte Englisch, und wenn sie Fehler machten, wurden sie von ihm freundlich korrigiert. Und auch auf einem englischen Frühstück beharrte er, genauso wie er und seine Familie es seit seiner Rückkehr aus England, also seit 1948, ohne nennenswerte Varianten und ohne Widerstand seitens Frau und Kindern täglich zelebrierten: Cornflakes, Toast, Butter, Poached Egg, Orangenmarmelade, eine halbe, bereits von der Schale getrennte und filetierte Grapefruit, englischer Tee mit Milch. Nachdem er tagelang ständig den Satz „Darlin', I am missing my poached eggs" wiederholte, brachte Hans schließlich auch die über 50 Jahre alte Poached-Egg-Pfanne in das Pflegeheim und das Personal servierte ihm täglich ein im Wasserbad pochiertes Vier-Minuten-Ei. Julius lobte die englische Höflichkeit der Bewohner und des Pflegepersonals, den guten *five o'clock tea*, die *short biscuits*, die seine Tochter regelmäßig aus England schickte.

Nur wunderte er sich darüber, dass der Joghurt, den man ihm servierte, einen deutschen Produktnamen trug, wie auch die Produktangaben in deutscher Sprache abgefasst waren, und das Fernsehprogramm, abgesehen von den BBC-Nachrichten, in deutscher Sprache ausgestrahlt wurde.

Die Reise in die Vergangenheit dauerte mehr als zwei Monate.

Doch mit Julius' Rückkehr nach Beverstedt entwickelte sich sein Leben zu einem Desaster. Nach 88 Jahren wurde er wieder zu einem kleinen Kind, das die Kontrolle über seinen Körper verloren hatte. Er musste Vorlagen tragen, verschüttete mehr Essen als er zu sich nahm, hinterließ auf dem kurzen Weg von der Küche zum Wohnzimmer eine breite Spur von Nahrungsresten und brachte die Pflegekräfte, die ihn einige Stunden am Tag versorgten, an den Rand der Erschöpfung.

Einzig seinem Sohn erlaubte er, ihn einmal die Woche zu baden und zu rasieren. Haushälterin und ambulanter Pflegedienst standen unter ständiger Alarmbereitschaft. Ihre Einsätze erfolgten in immer kürzeren Abständen, die Fahrten von Oldenburg nach Beverstedt wurden immer häufiger.

Er war wieder einmal im Pyjama zur Bank gegangen und hatte sich anschließend auf dem Rückweg verirrt, er war gestürzt und musste ins Krankenhaus, er hatte vergessen, den laufenden Wasserhahn wieder abzudrehen und die Küche überschwemmt. Seine Bank rief an, weil er sein Konto überzogen hatte. Er hatte wieder einmal seine sporadisch auftauchende Freundin mit mehr als dem letzten Euro seiner kärglichen Rente beschenkt.

Julius sah keinen Grund, über seine Zukunft zu sprechen. Auf Hans' Frage, ob er sich vorstellen könne, in eine Unterkunft für ältere Menschen zu ziehen, nach Oldenburg, nur ein paar hundert Meter von seinen Kindern entfernt, gab er immer nur eine Antwort:

„Ich habe das Haus von den Nazis zurückerobert! Ich geh hier nicht weg, basta!"

Wenn sein Hausarzt und sein Sohn mit ihm über eine Patientenverfügung und seine weitere Lebensplanung sprechen wollten, dabei Unwörter wie „Pflegeheim" oder „Seniorenheim" vermieden und durch Begriffe wie „Versorgung", „Unterstützung" und „Betreuungseinrichtung" ersetzten, fiel Julius darauf nicht herein. Er lachte nur, drückte auf die Bedienung seines Fernsehapparates und sagte: „Tschüss Herr Doktor, bis zum nächsten Mal, vielen Dank, dass Sie da waren." Und zu seinem Sohn: „Hattest du nicht gesagt, dass du jetzt wieder zurück nach Oldenburg fahren wolltest? Du willst doch sicherlich nicht im Dunkeln ankommen."

Die großen und kleinen Katastrophen häuften sich zusehends. Es gab nur noch Abstürze, ein finsteres Tal, Aufstieg ausgeschlossen. Und zwischendurch Erinnerungen an längst vergangene, bessere Tage.

Es dauerte, ehe wir Julius überreden konnten, in ein Pflegeheim nach Oldenburg zu ziehen. Wirklich überzeugt war er jedoch nicht.

Er wollte nichts mitnehmen, nur seine Fotos, ein paar Briefe und Aufzeichnungen, keine Möbel, nur das Nötigste an Kleidung.

„Ich komme doch wieder. In ein paar Wochen bin ich zurück."

Am Tag seiner Ankunft im Büsingstift hatte sein Sohn Julius' Sachen bereits größtenteils eingeräumt, auf dem Tisch stand eine Vase, in der die ganze Blütenpracht seines geliebten Gartens versammelt war: Margeriten, Glockenblumen, Frauenmantel, Katzenminze, Rittersporn, Rosen.

Die Balkontür war halb geöffnet. Er stand am Fenster und hielt sich mit zittrigen Händen an seinem Rollator fest, ein sehr kleiner und sehr dünner Mann, er war 163 cm groß, so stand es auch in seinem Personalausweis, aber jetzt sah er geradezu winzig aus.

„Hier bin ich nun, muss ja wohl sein. Altern ist einfach scheiße."

Es war das einzige Mal, dass wir dieses Wort aus seinem Munde gehört hatten.

Als wir uns an der Tür von ihm verabschiedeten, sagte er ganz leise: „Psst! Hört ihr die Amsel? Hört mal, wie schön sie singt! Wie schön!"

16 Dämonen

Julius verließ selten sein Zimmer im Pflegeheim. Wenn mein Mann und ich ihn besuchten, gewöhnlich kurz vor dem Abendessen, saß er fast immer in seinem großen Sessel vor dem Fenster. Oft sah er fern, mit Vorliebe Natur- und Tiersendungen, manchmal schaute er stundenlang aus dem Fenster, beobachtete die Vögel, die auf dem Rasen nach Würmern suchten oder auf seinem Balkon an den Meisenknödeln pickten. Wenn wir ihn fragten, was er tagsüber gemacht habe, lautete die Antwort meistens: „Nichts!"

Er weigerte sich, an den Mahlzeiten im Speisesaal teilzunehmen. Obwohl wir und auch das Pflegepersonal ihn dazu ermunterten, aß er allein in seinem Zimmer. Auch von den wöchentlichen Angeboten – der Morgengymnastik, dem Chor, dem Gedächtnistraining, den „Erzähl-mir-was-von-früher-Stunden" – wollte er nichts wissen. „Muss ich mir diese Geschichten anhören?"

Ob er nicht doch einmal donnerstags zum Kaffeetreff für die Bewohner und deren Angehörige mitkommen wolle?

„Nein, danke. Kein Interesse."

Nur einziges Mal, es war die Weihnachtsfeier 2010, konnte sein Sohn ihn überreden, daran teilzunehmen. Während die greisen Männer und Frauen mit vergnügter Stimme in den vielstimmigen Gesang einstimmten, saß Julius zusammengesunken in seinem Rollstuhl, die Augen geschlossen, den Kopf auf die Brust geneigt. Kaffee und Kuchen rührte er nicht an. „Ich will zurück in mein Zimmer." Und nach einer Pause sagte er zu seinem Sohn: „Wer weiß, wie viele alte Nazis hier noch rumsitzen."

Wir ahnten die Fragen. Die Fragen, die für ihn niemals verjähren würden. Ob wohl einer von denen, die hier fröhlich ihre Weihnachtslieder sangen, dabei gewesen sein mochte? *Damals.* Als seine Familie in Bremen in einen Viehwagen verladen wurde. Ob wohl einer von denen, die es sich jetzt bei Christstollen und Glühwein gut gehen ließen, in einem KZ seinen Dienst versehen haben könnte? Wie viele ehemals Hauptschuldige und Belastete, Minderbelastete, Mitläufer, Entlastete mochten hier sitzen? Oder waren sie alle ohne Schuld?

Sein Sohn bereute es, Julius überredet zu haben.

Als wir am nächsten Tag Julius' Zimmer betraten, saß er im Bett, auf dem Kopf trug er eine Kippa. Dabei lächelte er uns triumphierend an und sagte „Schalom". Von diesem Tag an setzte er sie nicht mehr ab und trug sie fortan sogar nachts, nur beim Duschen machte er eine Ausnahme. Er setzte ein Zeichen.

In seinem Nachtschrank bewahrte er eine ganze Kollektion farbenfroher Kippa-Exemplare: eine aus gehäkelter hellgrauer Baumwolle mit blau gesticktem Davidstern, eine schlichte aus dunkelblauem Samt, eine schwarze aus Satin mit weißem Davidstern, und mehrere leuchtend bunte in den Farben rot, grün, gelb und orange. Seine Kinder fanden sie äußerst kitschig, aber für Julius waren sie am allerschönsten. Wenn wir in Berlin unsere Tochter Lea, Julius' Enkelin, besuchten, brachten wir ihm manchmal eine Kippa als Souvenir mit. Wir kauften sie in der Oranienburger Straße, nahe der Neuen Synagoge. Er freute sich wie ein Kind über die bunten Farben.

Jahrzehntelang hatte er sie nur freitagabends aufgesetzt, es fehlten die Gelegenheiten dafür, es gab keine Familie, es gab keine Verwandten mehr, mit denen er Bar Mizwa, Hochzeiten und Chanukka hätte feiern können. Bis auf zwei Ausnahmen. Die Hochzeit von Sylvia, der Tochter von Annelise. Und das Begräbnis ihrer Mutter. Wen hätte man auch sonst bestatten sollen? Von den Ermordeten gab es keine Leichname. Sie waren in Luft aufgelöst worden.

Julius und Emmi ließen ihre 1950 und 1955 geborenen Kinder Hans und Sabina christlich taufen. Das zu akzeptieren, war Julius unsagbar schwergefallen. Es war ein Liebesbeweis an seine Frau, aber gleichzeitig haderte er mit sich. Es fühlte sich an wie Verrat, ein Leugnen seiner jüdischen Identität, wie ein Einknicken gegenüber all denjenigen, die ihren Antisemitismus nach dem Krieg weiterlebten, als sei nichts geschehen. Aber Emmi verlangte Normalität, sie wollte ihren Kindern nicht die Bürde des jüdischen Glaubens zumuten. Und zudem war es auch praktischer, denn wo hätten sie in ihrer Religion unterrichtet werden können?

Am 10. November 2010 nahm Julius an dem Oldenburger Erinnerungsgang teil. Ich hatte ihn ein paar Tage zuvor gefragt, er zögerte keine Sekunde: „Ja, selbstverständlich komme ich mit."

Er saß bereits in seinem Rollstuhl, als ich ihn an jenem Mittwochnachmittag abholte, auf dem Kopf trug er eine rot-grün-gelbe Kippa, in der Hand hielt er seine schwarze Schirmmütze. Und den Flyer.

Es war der Flyer zum „Erinnerungsgang anlässlich des 72. Jahrestages der Novemberpogrome 1938". In Gedenken an die jüdischen Männer, die am 10. November verhaftet, durch Oldenburgs Straßen getrieben und anschließend deportiert wurden, fand seit 1982 in jedem Jahr ein Schweigemarsch statt.

Auf dem Flur begegneten wir einem Mitbewohner, er schob seinen Rollator mit schnellen Trippelschritten in Richtung Fahrstuhl. Was er denn für eine bunte Mütze aufhabe, fragte er Julius. Der verdrehte seine Augen und schaute demonstrativ an die Decke, als hätte er seine Frage nicht gehört.

Dann sagte Julius mit angespitzter Stimme: „Schönen Tag auch. Ich geh jetzt mit meiner Schwiegertochter zu einer Gedenkveranstaltung für die ermordeten Juden."

Draußen Nebel und Kälte. Es fing an zu regnen. Wie es wohl gewesen sein mochte an diesem 10. November 1938, vor 72 Jahren?

Das Wetter hatte auch damals nicht mitgemacht, dafür aber umso mehr zahlreiche Oldenburger Bürgerinnen und Bürger. „Mittlere Temperatur um 8,2 Grad, meist stark bewölkt mit etwas Regen." So sagt es der historische Wetterkalender über Oldenburg an diesen Tag.

Die Oldenburger hatten keine Mühen gescheut, um den 10. November 1938 ordnungsgemäß für die Nachwelt zu dokumentieren. Es existieren zahlreiche Fotos von jenem Tag, an dem 43 jüdische Männer von der Polizeikaserne zum Landgerichtsgefängnis durch die Oldenburger Innenstadt gejagt wurden. Alte Männer mit Handstock, junge Männer, Kinder noch. Der Jüngste war fünfzehn Jahre alt, der Älteste achtzig. Nicht auf direktem Wege, sondern auf Umwegen durch die Innenstadt, der heutigen Fußgängerzone, vorbei an den schicken Wohnhäusern der Oldenburger Bürger, von denen nicht wenige vormals ihnen gehört hatten, vorbei an den Ruinen der Synagoge, die am Abend zuvor in Rauch und Flammen aufgegangen war.[282]

Auf dem Flyer sah man, wie sie durch die Stadt getrieben wurden, auf beiden Seiten bewacht von Polizisten, SA und Gestapo, flankiert von schwarzen Limousinen mit SS-Männern, umsäumt von einer gaffenden Menschenansammlung. Im Vordergrund zwei junge Frauen, sie hatten sich eingehakt, sie lachten fröhlich in die Kamera, als seien sie Zaungäste des alljährlich stattfindenden Oldenburger Kramermarkt-Umzuges. Sie schienen sich zu amüsieren, wie viele andere Bürger auch, sogar Lehrer darunter, die mit ihren Schulklassen dabei waren.

Aber es war kein Kramermarkt, der hatte bereits Ende September stattgefunden, und es wurden an diesem Tag auch keine Kamellen in die umstehende Zuschauermenge geworfen. Einige der Männer schauten mit ernstem, erhobenem Gesicht in die Menschenansammlungen, einige wenige hatten ihren Kopf gesenkt, andere blickten geradewegs in das Auge der Kamera, sie trugen Hüte, schwere Wollmäntel und dicke Wollschals, manche dunkle Krawatten und weiße Hemden, in allerbester Sonntagskluft. Sie sahen so würdevoll aus, als hätten sie sich für einen Festtag angezogen. Einer von ihnen hieß Leo Trepp, er war seit 1936 Landesrabbiner in Oldenburg gewesen.[283] Sie wurden alle nach Sachsenhausen gebracht. Wie Hans Leo, Julius' Cousin. Mit dem Sonderzug.

„Gut möglich, dass sie sich kennengelernt haben", sagte Julius. „Hans Leo und der andere Leo."

Mein Schwiegervater und ich reihten uns ein in den langen Marsch der Schweigenden, die meisten von ihnen Schülerinnen und Schüler mit ihren Lehrerinnen und Lehrern, ein paar ältere Menschen. In der Peterstraße, am Mahnmal für die Vertreibung und Ermordung der Oldenburger Juden, hielt der Menschenzug an.

Auf der Webseite zum Oldenburger Erinnerungsgang sieht man auf einem der Fotos auch Julius und mich, wir beide im dunkelroten Anorak, Julius hatte die schwarze Schirmmütze über Kippa und Stirn gezogen, daneben ein kleines Kind, ebenfalls im roten Anorak, nicht weit entfernt davon der Bürgermeister und die junge Rabbinerin, die das Kaddisch für die ermordeten jüdischen Bürgerinnen und Bürger der Stadt sprach. Und direkt hinter ihr, im schwarzen Mantel mit einem langen blauvioletten Schal, die damalige Vorsitzende der jüdischen Gemeinde.[284]

Es gibt Erinnerungen, die sind wie in Stein gehauen. Zwei Tage nach der Gedenkveranstaltung, als Hans und ich am frühen Abend Julius' Zimmer betraten, fanden wir ihn dort nicht wie gewöhnlich vor. Wir riefen nach ihm, keine Antwort. Die Balkontür stand offen, die Badezimmertür war ein paar Zentimeter geöffnet, das Licht jedoch aus. Plötzlich eine schwache Stimme. „Hans Leo?" Und noch einmal im Flüsterton: „Hans Leo? Bist du es?"

Wir öffneten die Badezimmertür, machten das Licht an. Dort stand er, dieser kleine, spindeldürre alte Mann, in langer Wollunterhose und Unterhemd, in der Ecke des Badezimmers, beide Hände an die Rippen der Zentralheizung geklammert.

„Ihr seid es!" Er flüsterte die Worte fast. „Na endlich!" Und dann lauter: „Das wurde aber wirklich höchste Zeit!"

Wir dachten an einen Schwächeanfall.

„Die Gestapo ist gekommen. Die wollte mich abholen. Aber Gott sei Dank! Ich bin ihnen entwischt. Noch mal gut gegangen.“

Wir schauten ihn verwundert an, tauschten ratlose Blicke aus, unfähig zu einer Reaktion.

„Hans, weißt du etwas von unserer Familie? Was hast du herausgefunden? Was ist mit Grete? Und wo ist Hans Leo?“

Stille.

„Sie waren noch so jung. Und Hans Leo, dieser Sturkopf, warum hat er nicht auf mich gehört?“

„Es gibt keine Gestapo hier. Niemand hat dich verfolgt, Papa, es ist doch alles längst vorbei.“

Julius wich zurück, schaute uns an, ein zorniger Blick. „Wie könnt ihr so etwas sagen? Nein, es ist nicht vorbei. Nichts ist vorbei.“

Wir hätten es beide wissen müssen. Nein, nichts war vorbei. Jahrzehntelang hatten Angst und Schrecken eine Pause gemacht. Aber jetzt waren sie zurückgekehrt. Mit aller Wucht und in aller Regelmäßigkeit. Julius' Erinnerungen, sie mischten sich mit Wachträumen, Albträumen, Endlosschleifen von Schreckensbildern. Wie oft hatte er seinen Kindern davon erzählt. Von seinen Feinden. Von den Gespenstern, den Dämonen, von den Gestalten mit ihren Fratzen, speckschwartig glänzend, die ihn jagten, vor sich hertrieben. Um im richtigen Moment zuzuschlagen. Sie klopften an seine Tür, nicht nur in wachen Nächten, auch am helllichten Tage richteten sie sich in seiner Wohnung ein, bewachten seine Balkontür, machten sich auf Sessel und Bettdecke breit, in immer kürzer werdenden Abständen, polternd, brüllend, in ihren schweren Ledermänteln und blankgeputzten schwarzen Stiefeln. Um ihn zu verhören. Um ihn zu verhöhnen. Und jedes Mal stürzte er danach in ein bodenloses schwarzes Loch, wie von einem Strudel angesaugt, immer tiefer und immer steiler, in eine Dunkelheit, die alles Licht schluckte.

Jetzt hielten die Dämonen der Vergangenheit Julius fest in ihren Klauen. Sie brachten sein Herz zum Rasen, sein gesundheitlicher Zustand schien bedrohlich. Hans beschloss, Julius in der nahen Klinik untersuchen lassen, der Krankenwagen wurde gerufen.

„Ich bin ein Überlebender der Shoah“, stellte sich Julius vor, als der Sanitäter ihn in den Krankenwagen schieben wollte. Der machte ein ratloses Gesicht: „Was sind Sie?“

„Shooo-aaah“, wiederholte Julius.

„Shooo-aaaah? Nie gehört! Mit Fremdwörtern kenne ich mich nicht so aus.“

Julius schüttelte den Kopf.

„Die haben heutzutage alle keinen Serchel mehr."

„Was, bitte?", fragte ich.

„Keinen Verstand!"

Julius wurde in den Rollstuhl gesetzt. Wir schoben ihn durch die langen düsteren Flure in Richtung Ambulanz.

„Nein, bitte umkehren, dort will ich nicht hin, auf keinen Fall."

„Aber Papa, wir wollen doch nur checken lassen, was mit dir los ist."

„Nichts ist mit mir los. Ich will hier weg, das sieht hier aus wie im Gestapo-Hauptquartier am Adolf-Hitler-Platz. Na, ihr wisst schon, wie in Hannover. Und da hinten", er zeigte in Richtung Treppenaufgang, „da geht's doch zum Verhör."

„Aber Papa, wir sind hier im Krankenhaus."

Eine junge Ärztin begrüßte uns. Julius war nicht zu beruhigen.

„Wollen Sie mich hier festhalten? Ich habe nichts getan."

„Nun erzählen Sie mal, Herr Brumsack, was führt Sie zu uns?"

„Gar nichts."

Sie warf Hans einen Blick zu: „Sind Sie Angehöriger?"

„Mein Vater hat Angstzustände und Herzrasen, wir sind etwas beunruhigt. In letzter Zeit erlebt er wieder die Albträume seiner Jugend. Er war Nazi-Verfolgter."

„Ach so, tut mir leid, sieht also ganz nach einer PTBS aus. Die Ereignisse", so drückte sie es aus, „liegen ja doch schon sehr lange zurück."

Hans schaute die Ärztin an.

„Bitte, nach was sieht es aus?"

„Na ja, nach PTBS, posttraumatische Belastungsstörung. Oder aber auch Demenz, unter Umständen beides."

„Danke für Ihre Schnelldiagnose. Wir sind allerdings nicht hier, um die posttraumatische Belastungsstörung oder die Demenz unseres Vaters behandeln zu lassen. Wir befürchten, dass er ein massives Kreislaufproblem hat."

Die Ärztin schob ihre Brille bis zur Nasenspitze hinunter und zog ihre Augenbrauen hoch.

„Okay." Und noch einmal ein lang gezogenes „Okaaaay".

Sie legte Julius die Blutdruckmanschette an.

„Zu hoch. 160 zu 100. Wir schicken Ihren Vater jetzt in die Kardiologie, dann sehen wir weiter."

Zwei Stunden später verließen wir mit Julius die Klinik, schoben ihn in Richtung Pflegeheim und lösten ein Rezept in der Apotheke ein.

„Die Medikamente werde ich nicht nehmen, auf gar keinen Fall."

„Aber warum nicht? Wenigsten die gegen deine Herzrhythmusstörungen."

Julius schaute Hans an und verzog seinen Mund:

„Das solltet ihr doch eigentlich längst wissen. Gegen meine Krankheit helfen keine Pillen."

17 Das Begräbnis

Wochenlang hatten wir mit seinem Tod gerechnet. Sabina, seine in England lebende Tochter, kam für längere Zeit nach Oldenburg, jede freie Stunde saßen wir abwechselnd an seinem Bett, hielten ihm die schwarz geäderte Hand, die nicht loslassen wollte.

Sein tief ins Federkissen vergrabener Kopf, die scharf geschnittene Nase, die spitzen Wangenknochen, die Augen, die in ihren dunklen Höhlen zu verschwinden drohten. Seine Ohren flügelgleich. Unter der Bettdecke die harten Konturen eines menschlichen Gerüsts, der winzige Rest eines Lebens.

In der Luft lag der Duft von Quitten. Es waren die letzten Früchte aus seinem Herbstgarten.

Julius Brumsack starb am 22. Oktober 2011 im Alter von 96 Jahren.

In den Tagen nach seinem Tod waren wir mit den Vorbereitungen zur Beerdigung beschäftigt: dem Verfassen der Todesanzeige, der Benachrichtigung von Verwandten und Freunden, der Form des Begräbnisses.

Sein Sohn führte Gespräche mit der Gemeinde in Oldenburg, deren Mitglied Julius seit seinem Umzug ins Pflegeheim war, mit dem jungen Rabbiner-Ehepaar und der Vorsitzenden. Man empfahl ihm ein örtliches Bestattungsinstitut, das sich mit jüdischen Beerdigungen auskannte.

Julius hatte nur einen einzigen Wunsch gehabt: Er wollte auf dem Jüdischen Friedhof in Beverstedt, seinem Heimatort, begraben werden. Bereits Anfang der sechziger Jahre hatte er sich dafür stark gemacht, dass der im Nationalsozialismus von der Gemeinde „sichergestellte“ Friedhof wieder in den Besitz des Landesverbandes der Jüdischen Gemeinden von Niedersachsen kam. Wie auch der Jüdische Friedhof in Sehnde-Bolzum.

Über Tod und Beerdigung wollte er nicht sprechen. „Wozu?“ Es klang wie: „Was hat das mit mir zu tun?“

Lange bevor Julius starb, hatten sich seine Kinder mit jüdischen Trauer- und Bestattungsritualen vertraut gemacht. Hans wusste, dass man einem Juden nach seinem Tode nicht die Hände über der Brust faltet, sondern sie parallel neben seinen Körper legt, dass ein Jude in einem weißen Totenhemd begraben wird. Und mit dem Tallit, dem Gebetsschal. Sylvia, die Tochter von Annelise, hatte ihn vor vielen Jahren bei ihrem Besuch aus London mitgebracht. Ein weißer Schal aus gechintzter Baumwolle mit kobaltblauen Querstreifen. An den vier Ecken die Zizit-Fäden, die Schaufäden, die den Gläubigen an seine religiösen Pflichten erinnern sollen. Er hatte ihn nie getragen. Aber auch ohne ihn, ohne die Erinnerung durch die Zizits, hatte er in den letzten Jahren mehrmals am Tag gebetet. Und Hans wusste auch, dass er die Fäden, jetzt, da sie keine Funktion mehr hatten, an den vier Ecken des Schals abzuschneiden hatte.

Julius wurde in das Beerdigungsinstitut überführt, mit ihm das Totenhemd, seine Lieblingskippa mit dem leuchtend orange-grünen Muster, der Gebetsschal, ohne Fäden. Dort erfolgte die rituelle Waschung, vorgenommen von der Chewra Kadischa, der Beerdigungsbruderschaft, die aus zehn ehrenamtlichen Mitgliedern der Gemeinde bestand.

Vier Tage nach seinem Tod fand in der Andachtshalle des alten jüdischen Friedhofs in Oldenburg die Trauerfeier statt. Am Eingang stand ein Mitglied der Beerdigungsbrüderschaft und bot jedem männlichen Trauergast eine Kippa an.

Alle waren gekommen. Unsere Kinder aus Berlin und Düsseldorf mit ihren Partnern und Ella, seinem ersten Urenkelkind. Sabina, Julius' Tochter, ihr Mann und die zwei Kinder, auch die drei Söhne von Leslie. Sylvia, ihr Mann und einer ihrer Söhne. Alle waren aus England angereist. Aus Beverstedt der ehemalige Bürgermeister, eine langjährige Angestellte und ihr Ehemann. Und Bernie Roenicke, sein treuer Freund und Nachbar.

Rechts, neben dem Rednerpult, war der Sarg von einer großen schwarzen Decke mit Davidstern fast vollständig bedeckt. Helles, ungehobeltes Kiefernholz. Keine Nägel, kein Metall. Daneben ein großer siebenarmiger Leuchter, die Menora.

Der Rabbiner sprach das Schma Israel, hielt eine kurze Ansprache auf Julius. Dann das Kaddisch, das Totengebet, er sang es eher, mit weicher rhythmischer Stimme, wehklagend und heiter zugleich, ein helles Vibrato durchflutete den Raum.

Hans hielt die Trauerrede, sprach über das Leben seines Vaters und über die Frage, die man Julius in seinem langen Leben wohl hundertfach gestellt hatte: Warum war er nach dem Krieg zurückgekehrt? Nach alledem? Es hatte nicht nur einen Grund gegeben, es gab mehrere dafür: Weil er seinen Feinden nicht das letzte Wort überlassen wollte. Weil Beverstedt immer seine Heimat geblieben war. Trotz alledem.

Um seinen Toten näher zu sein. Und, natürlich, wegen Emmi. Sie war seine Fügung.

Hans erinnerte daran, dass die Oldenburger Nazis vor über siebzig Jahren auch vor diesem Ort nicht Halt gemacht hatten, dass man damals, am 10. November 1938, hier alles, was brennbar gewesen war, die Türen, die Bänke, die Balken, herausgerissen, auf einen Haufen geschichtet, mit Benzin übergossen und angezündet hatte. Der massive Sandsteinbau überlebte die Verwüstungen. Wie auch der Friedhof. Jedoch nicht die Synagoge und die jüdische Gemeinde. Erst im Jahre 1992 gelang im zweiten Versuch ihre Neugründung, damals waren es achtzehn, nun war sie auf über dreihundert Gemeindemitglieder angewachsen.

Knapp einen Monat nach Julius' Trauerfeier würde man in der *Nordwest-Zeitung* lesen, dass mit Sturmhauben maskierte junge Männer in Springerstiefeln und Bomberjacken sechs Gräber mit weißer Farbe beschmiert hatten. Wie auch in den folgenden Jahren 2013 bis 2016 weitere Schändungen geschehen sollten. Die Staatsanwaltschaft kam zu der Einschätzung, dass ein politischer Hintergrund nicht auszuschließen sei.[285]

An der Frontseite, unterhalb eines Fensters, die Inschrift:

Groß wie das Meer ist deine Wunde. Wer wird dich heilen?

Klagelieder Jeremias 2,13

Der Blick in die achtseitige Kuppel mit ihren Rundbogenfenstern. Das tiefdunkle Grün einer Efeuranke, die sich durch die Ritzen eines Fensterrahmens gearbeitet hatte, der Hauptstrang mit zwei Trieben auf beiden Seiten, gleich einer Eidechse mit sehr kurzen Beinen.

Sabina trug ein Gedicht von Mascha Kaléko vor, seine Kinder hatten es für die Traueranzeige ausgesucht. Es befand sich in dem Aktenordner „Briefe Emmi und Julius", darin Liebesbriefe, von ihm verfasste Gedichte sowie mehrere Texte der jüdischen Lyrikerin. Er hatte sie alle abgetippt und Emmi geschickt, während seiner Zeit als Besatzungssoldat in Norddeutschland und später aus London. Er kannte Mascha Kalékos Lebensgeschichte, auch sie ein Flüchtling, Zeit ihres Lebens eine „Fremde im Dorf".

Die frühen Jahre

Ausgesetzt
In einer Barke von Nacht
Trieb ich
Und trieb an ein Ufer.

An Wolken lehnte ich gegen den Regen.
An Sandhügel gegen den wütenden Wind.
Auf nichts war Verlaß.
Nur auf Wunder.
Ich aß die grünenden Früchte der Sehnsucht,
Trank von dem Wasser das dürsten macht.
Ein Fremdling, stumm vor unerschlossenen Zonen,
Fror ich mich durch die finsteren Jahre.
Zur Heimat erkor ich mir die Liebe.[286]

Julius wurde im Bestattungswagen nach Beverstedt gefahren. Die Trauergäste folgten ihm wenig später.

Der jüdische Friedhof liegt am Rande des Ortes, inmitten einer Neubausiedlung, umgeben von einem grünen Schutzwall aus sehr alten und hohen Buchen und Eichen, Lebensbäumen, dichten Sträuchern. Ein stiller Totenhain auf knapp dreihundert Quadratmetern. Es gibt 21 Grabmale, der erste Jude wurde hier im Jahre 1857 begraben. Und heute, am 26. Oktober 2011, der letzte Jude von Beverstedt.

Am Eingang der Gedenkstein für die „in der nationalsozialistischen Zeit umgekommenen Mitglieder der Jüdischen Gemeinde", so lautet die Inschrift. Einige Grabsteine weisen Risse auf, mit Zementmörtel grob zusammengeflickt. Die Schändungen während der Nazizeit waren die ersten gewesen und blieben nicht die letzten. In den Jahren 1993, 2003 und gleich mehrfach im Jahre 2006 setzten „Unbekannte", so hieß es in den Polizeiberichten, die Schandtaten ihrer Vorgänger fort.[287]

Die Erinnerungen an das Begräbnis:

An die Zeremonie, an die Gebete. Daran, wie die feuchte Herbsterde schwer auf den Sargdeckel prasselte, drei Schaufeln von jedem Trauernden, ein Geräusch wie ein Platzregen im Dreivierteltakt.

An die Psalmen, das abschließende Kaddisch des Rabbiners. An die Urenkeltochter in ihrem Buggy, die sich im Rhythmus des Gesangs hin- und herwiegte und fröhlich in die Hände klatschte.

An die zwei jungen Männer der Beerdigungsbrüderschaft, die an der Pforte, beim Verlassen des Friedhofs, aus einer Plastikflasche Wasser auf Haushaltstücher träufelten. Zum rituellen Reinigen der Hände.

An die Rückfahrt nach Oldenburg, unser Schweigen. Diese Fahrten nach Beverstedt würde es nie mehr geben.

Ein Jahr später sollte der allerletzte Akt vollzogen werden. Die Steinsetzung. Julius' fast vollständige Mischpoche, auch die New Yorker, und auch alle anderen Trauergäste des Vorjahres trafen wieder zusammen. Und natürlich der Rabbi.

Auf Julius' Grabstein steht: „Er kam zurück."

EPILOG

Von Paula und Salli, den Geschwistern Königheim-Schragenheim, seinem Onkel und seiner Tante, waren außer den Fotos, die Julius nach England rettete, zwei Dinge übriggeblieben. Der Kaufvertrag mit der eidesstattlichen „Freiwilligkeitserklärung". Und das Stillleben mit Früchten.

74 Jahre später, am 12. April 2016, machten wir uns auf den Weg nach Sehnde, um das Gemälde in die Familie zurückzuholen. Das Wetter war wie unsere Stimmung, weiße und grauschwarze Wolken jagten durch den eisblauen Frühlingshimmel.

Wir betraten das Büro des Anwalts, die Sekretärin schaute uns streng an. „Sie kommen fast zehn Minuten zu spät. Jetzt ist er schon wieder im Gespräch. Also dann müssen Sie eben warten." Sie zog ihre Lesebrille bis auf die äußerste Nasenspitze herunter, taxierte uns über den Rand ihrer Augengläser und presste ihre Lippen zusammen.

„Bitte", sagte sie und zeigte in Richtung Wartezimmer. Regina, mein Mann und ich setzten uns auf die Stühle und fühlten uns wie beim Arzt. Dass wir überhaupt von der Existenz des Bildes wussten und hier jetzt saßen, hatten wir ihr, Regina, zu verdanken. Und einem Zufall.

Sie, die Geschichtslehrerin, hatte vor vielen Jahren mit ihren Schülern ein Unterrichtsprojekt über die Sehnder Juden durchgeführt, Recherchen angestellt, Zeitzeugen befragt.[288] Auch eine ehemalige Nachbarin von Salli und Paula wurde von den Schülern als Zeitzeugin interviewt, sie saßen im Wohnzimmer, Regina fragte nach dem Bild über dem Sofa, und die freundliche alte Dame war hoch erfreut über das Interesse an dieser Geschichte. Das Bild habe einst Salli Schragenheim und Paula Königheim gehört, sie habe es von den beiden erhalten, im Tausch gegen Lebensmittel. Das sei wahrscheinlich Ende 1941 gewesen, ein paar Monate, bevor die Geschwister nach Theresienstadt „verzogen" seien.

Das Protokoll ihrer Enteignung, der Prozess ihrer Entmenschlichung ist gut dokumentiert. Im Niedersächsischen Landesarchiv kann man den staatlich verordneten Raub des Besitzes der Geschwister Königheim-Schragenheim durch die Devisenstelle des Oberfinanzpräsidiums in Hannover in allen Einzelheiten nachlesen.[289]

Die Plünderungsprogramme, genannt Sicherungsanordnungen, liefen bereits unmittelbar nach der Reichspogromnacht auf Hochtouren, das gesamte Betriebsvermögen, Wertpapiere, Bank- und Sparguthaben, die „Judenvermögensabgabe", der Pachtbetrag wurden auf „Sicherungskonten" des Oberfinanzpräsidenten überwiesen, bis auf den letzten Pfennig. Kunstgegenstände, Schmuck, Silber und Gold hatten sie bereits vorher beim Stadtleihamt in Hannover abgeben müssen. Was ihnen blieb, war ein „Freibetrag" von monatlich 150 RM, eigentlich wären es 200 RM gewesen, aber Salli bat um Erlaubnis, der Oberfinanzpräsident möge von diesem Betrag monatlich 50 RM an seinen Bruder Moritz überweisen, zum Kauf von Lebensmitteln. Er war am 22. April 1942 nach Izbica deportiert worden, das Durchgangsghetto auf dem Weg nach Belzec oder Sobibor oder Treblinka. Wie lange Moritz die Vorhölle und Hölle überlebt hatte, wussten wir nicht. Nur dass er die monatliche Überweisung seines Bruders niemals bekommen hatte, dessen waren wir sicher. Moritz Schragenheim war höchstwahrscheinlich noch im April 1942 ermordet worden.

Die Tür des Anwaltszimmers öffnete sich und ein blankrasierter Mittfünfziger trat heraus, kobaltblauer Anzug, eng geschnürte Krawatte, hellblau gestreiftes Hemd. Er kam mit forschen Schritten auf uns zu, das Signal, das er sendete, war eindeutig: „Dafür habe ich jetzt eigentlich gar keine Zeit."

Unterm Arm das Bild. „Ob Sie denn einmal kommen wollen? Ich kann Sie leider nicht per Handschlag begrüßen." Er wies auf die offene Tür seines Zimmers, ohne uns dabei anzuschauen.

„Ich denke, das können wir verschmerzen", sagte ich. Mein Mann raunte mir zu: „Lass das doch bitte."

Der Anwalt stellte das Bild an die Wand, spitzte seine Lippen und lächelte uns an: „Hier haben Sie also Ihr Meisterwerk, bitte schön."

Ja, wir wussten, dass es kein Meisterwerk war, wir wussten, dass der Geldwert gering war, der Künstler unbekannt, darum ging es uns nicht.

Der Anwalt riss die Folie herunter und stellte fest: „Hoppla, der Rahmen ist ein bisschen beschädigt, aber das können Sie sicherlich kleben. Hab' ich so vom Eigentümer bekommen." Ein paar Holzsplitter fielen auf den Teppich.

Die Beschädigung spürten wir fast körperlich. Mein Mann schaute mich an, ich wusste, was er dachte, wir dachten es gemeinsam. Dass es für den heutigen Termin viele Jahre gebraucht hatte: Nachforschungen, unbeantwortete Briefe, hanebüchene Telefonate und einen Anwalt. Und dass wir heute die Kanzlei nicht ohne dieses Bild verlassen würden. Dass Reginas Beharrlichkeit nicht vergeblich gewesen sein sollte.

„Für das Meisterwerk hat Ihr Mandant immerhin 2700 € gefordert und bekommen", sagte Hans jetzt ganz ruhig, obwohl er eigentlich nichts sagen wollte.

„Ich habe mit der ganzen Sache nichts zu tun, ich bin völlig neutral. Ich habe nur den Auftrag meines Mandanten ausgeführt."

Der Mandant war der Sohn der verstorbenen Zeitzeugin, er hatte das Bild von seiner Mutter geerbt. Seine Mutter habe die jüdische Familie „wohl" auf dem Dachboden versteckt, sie mit Lebensmitteln versorgt und anschließend zur Flucht verholfen, die Überlassung des Gemäldes an seine Mutter sei ihr Dank dafür gewesen. So stand es in dem Brief, den wir von dem Mandanten über den Rechtsanwalt erhielten.

Aber die Schragenheims waren nicht auf dem Dachboden versteckt worden, waren auch nicht geflohen, wie auch alle anderen Juden in Sehnde weder auf dem Dachboden versteckt wurden noch geflohen waren. Dem Überwachungsapparat der Gestapo war niemand entkommen, nicht für einen einzigen Tag. Von den Sehnder Juden hatte einzig die damals 21-jährige Gerda Rose[290] das Konzentrationslager überlebt.

Wir unterließen jeden Kommentar, der uns dreien sofort eingefallen wäre. Wir wollten das Bild zurückhaben.

„Ich bin ja, wie Sie sehen, nicht so für alte Schinken. Ich mag nur moderne Kunst", sagte der Anwalt. Dabei zeigte er in Richtung der beiden Kunstdrucke, die an der Wand hinter seinem Schreibtisch hingen.

Hans und ich schauten das Bild an, ein Stillleben mit Früchten, Äpfeln, Birnen, mit weißen und blauen Trauben in einer Glasschale mit leicht geschwungenem Sockel, daneben eine Korbflasche und ein gefülltes Weinglas, im Hintergrund, an die Wand gelehnt, ein seladongrüner Tonteller, alles arrangiert auf einem dunkelroten, in Falten gelegten Tuch über einem Holztisch. Ölfarbe auf dunkler Leinwand.

Der Anwalt ging zu seinem Schreibtisch, er kam mit einem Formblatt zurück.

„Die Empfangsbestätigung. Ob Sie denn bitte hier unterschreiben wollen?"

Wir legten wortlos die Folie um das Bild, wickelten die Holzsplitter vorsichtig in ein Papiertaschentuch und verließen mit kurzem Nicken und schnellen Schritten die Kanzlei. Dann legten wir es, eingewickelt in die dicke Wolldecke aus Julius' ehemaligem Warenlager, sehr behutsam in den Kofferraum unseres Autos, es passte in Länge und Breite gerade hinein.

Wir fuhren zu Reginas Haus, sie holte Sekt aus dem Kühlschrank, der Himmel war jetzt wolkenlos, wir gingen in ihren Garten, wickelten das Bild aus und stellten es an die Rückenlehne der Gartenbank. Und da stand es nun, vor einem Beet mit weißen und rosa Tulpen, verblühenden Osterglocken und wild wucherndem Vergissmeinnicht. Ein Stillleben im Stillleben. „Man glaubt es kaum", sagte mein Mann. Ich fragte ihn: „Und wie fühlst du dich jetzt?"

Er nickte. „Es ist gut, dass wir es gemacht haben. Auf Paula und Salli und auf Julius."

Das Bild wurde fotografiert und auf Facebook gestellt, damit es in die Welt hinausging zu den Nachfahren von Julius und Annelise. Zu ihren Kindern, Enkeln und Urenkeln, nach Berlin, Düsseldorf, London, New York, nach Blackpool, Manchester und Medan. Darunter stand: „Back home after 74 years!"

Textverweise und Quellen

Die in dem Text aufgeführten Dokumente entsprechen in Orthografie, Grammatik, Syntax und Zeichensetzung der Schreibweise des Originals; Anpassungen wurden ggf. aus Gründen des besseren Verständnisses vorgenommen.

Für die im Buch verwendeten Prozessunterlagen zu den Wiedergutmachungsverfahren von Julius Brumsack wurden zum größten Teil Dokumente aus seinem persönlichen Nachlass (NJB) genutzt. Zu den Themen „Rückerstattung" und „Wiedergutmachung" befinden sich ebenfalls Akten im Bestand des Niedersächsischen Landesarchivs, Abteilung Stade; hier wurden u. a. ergänzende Quellen zu dem gerichtsinternen Schriftverkehr über entsprechende Verfahren herangezogen, insbes. bezogen auf das Kapitel 12 „Gegen den Staat". Es handelt sich um folgende Signaturen: NLA ST, Rep. 171 (Rückerstattung), Nr. 22 und Nr. 33; NLA ST, Rep. 210 (Wiedergutmachung), Nr. 1549–1552. Dokumente zu Paula und Salli Schragenheim stammen zum Teil aus dem Niedersächsischen Landesarchiv, Abteilung Hannover: NLA HA, Hann. 210, Acc. 2004/025, Nr. 1943, Nr. 1959, Nr. 3949, Nr. 4477.

Darüber hinaus wurden Auszüge aus den Tagebüchern von Julius Brumsack (24. April 1939 bis 23. Juni 1940) verwendet, ebenso seine „Aufzeichnungen eines Heimkehrers", Ende der siebziger Jahre verfasst, wie auch Tondokumente.

Verwendete Literatur

Adler, H. G.: Der verwaltete Mensch. Tübingen 1974

Aly, Götz.: Hitlers Volksstaat: Raub, Rassenkrieg und nationaler Sozialismus. Frankfurt a. M. 2005

Arendt, Hannah: Wir Flüchtlinge. Stuttgart 2016 (Erstausgabe 1943)

Arntz, Joachim / Haferkamp, Hans-Peter / Szöllösi-Janze, Margit: Justiz im Nationalsozialismus – Positionen und Perspektiven. Hamburg 2006

Ausschuß für Deutsche Einheit: Wir klagen an! 800 Nazi-Blutrichter – Stützen des militaristischen Adenauer-Regimes. Berlin 1959

Becker, Ingeborg (Hg.): Avantgarde für den Alltag. Jüdische Keramikerinnen 1919–1933 (Bröhan-Museum). Berlin 2013

Boschwitz, Ulrich Alexander: Der Reisende. Stuttgart 2018

Brumsack, Elfriede: „Er kam zurück" – der Lebensweg von Julius Brumsack (1915–2011) aus Beverstedt, in: Jahrbuch der Männer vom Morgenstern, Bd. 92/93 (2013/14). Bremerhaven 2015

Eggebrecht, Axel: Vom Antisemitismus. Manuskript der Sendung im NWDR vom 13.02.1949. Hamburg 1949

Fritsche, Christiane / Paulmann, Johannes: „Arisierung" und „Wiedergutmachung" in deutschen Städten. Köln, Weimar, Wien 2014

Fry, Helen: The King's Most Loyal Enemy Aliens: Germans Who Fought for Britain in the Second World War. Stroud, Gloucestershire 2007

Görtemaker, Manfred / Safferling, Christoph: Die Akte Rosenburg – Das Bundesministerium der Justiz und die NS-Zeit. München 2016

Goschler, Constantin: Schuld und Schulden. Die Politik der Wiedergutmachung für NS-Verfolgte seit 1945. Göttingen 2005

Goschler, Constantin / Lillteicher, Jürgen (Hg.): „Arisierung" und Restitution. Die Rückerstattung jüdischen Eigentums in Deutschland und Österreich nach 1945 und 1989. Göttingen 2002

Grieß, Martin: „Im Namen des Rechts". Der Oberste Gerichtshof für die Britische Zone als Höchstgericht in Zivilsachen zwischen Tradition und Neuordnung. Tübingen 2015

Grüber, Heinrich: Erinnerungen aus sieben Jahrzehnten. Köln 1968

Grumblies, Florian: Rückerstattung und Entschädigung. Die Praxis der „Wiedergutmachung" nationalsozialistischen Unrechts am Beispiel der Juden der Stadt Hannover 1945–1965. Hannover 2021 (Dissertation)

Haase, Norbert / Paul, Gerhard (Hg.): Die anderen Soldaten. Wehrkraftzersetzung, Gehorsamsverweigerung und Fahnenflucht im Zweiten Weltkrieg. Frankfurt am Main 1997

Happe, Katja: Viele falsche Hoffnungen: Judenverfolgung in den Niederlanden 1940–1945. Paderborn 2017
Heim, Susanne (Bearb.): Die Verfolgung und Ermordung der europäischen Juden durch das nationalsozialistische Deutschland 1933–1945. Bd. 2: Deutsches Reich 1938 – August 1939. München 2009
Jähner, Harald: Wolfszeit – Deutschland und die Deutschen 1945–1955. Berlin 2019
Kaléko, Mascha: Die paar leuchtenden Jahre. München 2003
Kießling, Friedrich / Safferling, Christoph: Staatsschutz im Kalten Krieg: Die Bundesanwaltschaft zwischen NS-Vergangenheit, Spiegel-Affäre und RAF. München 2021
Klemperer, Victor: LTI – Notizbuch eines Philologen. Leipzig 1996 (Erstausgabe 1947)
Krauss, Marita: Heimkehr in ein fremdes Land. Geschichte der Remigration nach 1945. München 2001
Leighton-Langer, Peter: X steht für unbekannt. Deutsche und Österreicher in den britischen Streitkräften im Zweiten Weltkrieg. Berlin 1999
Lillteicher, Jürgen: Raub, Recht und Restitution. Die Rückerstattung jüdischen Eigentums in der frühen Bundesrepublik. Göttingen 2007
Longerich, Peter: Davon haben wir nichts gewusst! Die Deutschen und die Judenverfolgung 1933–1945. München 2006
Münkel, Daniela: Nationalsozialistische Agrarpolitik und Bauernalltag. Frankfurt a. M. 1996
Rentrop, Petra: Tatorte der „Endlösung". Das Ghetto Minsk und die Vernichtungsstätte von Maly Trostinez. Berlin 2011
Rohdenburg, Günther (Hg.): „... sind Sie für den geschlossenen Arbeitseinsatz vorgesehen ..." „Judendeportationen" von Bremerinnen und Bremern während der Zeit der nationalsozialistischen Gewaltherrschaft. Bremen 2009
Röpcke, Andreas / Rohdenburg, Günther (zusammengestellt): Es geht tatsächlich nach Minsk: Texte und Materialien zur Erinnerung an die Deportation von Bremer Juden am 18.1.1941 in das Vernichtungslager Minsk. Bremen 1992
Roseman, Mark: In einem unbewachten Augenblick. Eine Frau überlebt im Untergrund. Berlin 2002
Rübsam, Rolf: Sie lebten unter uns. Zum Gedenken an die Opfer der „Reichskristallnacht" 1938 in Bremen und Umgebung. Bremen 1988
Runge-Beneke, Regina: Spuren.Suche – Ein Ort für die Ewigkeit (Der Jüdische Friedhof Bolzum). Sehnde 2020

Schmid, Hans-Dieter (Hg.): Ahlem – Die Geschichte einer jüdischen Gartenbauschule. Bremen 2017

Senator für Justiz und Verfassung der Freien Hansestadt Bremen (Hg.): „Reichskristallnacht" in Bremen – Vorgeschichte, Hergang und gerichtliche Bewältigung des Pogroms vom 9./10. November 1938. Bremen 1988

Trepp, Leo: Die Oldenburger Judenschaft. Bild und Vorbild jüdischen Seins und Werdens in Deutschland. Oldenburg 1973

Ungerson, Clare: Four Thousand Lives. The Rescue of German Jewish Men to Britain, 1939. Stroud, Gloucestershire 2014

Von der Lühe, Irmela / Schildt, Axel / Schüler-Springorum, Stefanie (Hg.): „Auch in Deutschland waren wir nicht wirklich zu Hause". Jüdische Remigration nach 1945. Göttingen 2008

Abbildungsnachweis

Die in diesem Buch verwendeten Abbildungen befinden sich im Privatbesitz der Familie Brumsack, mit Ausnahme des Propagandaplakates „Juden sind in Beverstedt nicht erwünscht“ (S. 167). Ich danke D. Reimers für die freundliche Überlassung der Kopie der Abbildung.

Dank

Das Schreiben der Lebensgeschichte von Julius Brumsack war ein viele Jahre dauernder Prozess. Dass ich diese jetzt veröffentlichen kann, dafür danke ich folgenden Personen:

Bettina Schöne-Seifert, Märle Poser, Peter Welfers, Stefan Vomstein und Rudolf Schönfelder für das kritische Lesen der frühen Manuskriptentwürfe, für ihre Gespräche und Anregungen.

Regina Runge-Beneke, die seit vielen Jahren über das Schicksal der Sehnder Jüdinnen und Juden forscht, verdanke ich nicht nur wertvolle Informationen, sondern auch den entscheidenden Hinweis, durch den das Bild von Salli und Paula wieder in unseren Familienbesitz zurückgelangen konnte. Mein Dank gilt ebenfalls dem ehemaligen Beverstedter Bürgermeister Martin Bensen für sein Engagement bei der Aufklärung des Schicksals der Verfolgten des Nazi-Regimes in Beverstedt. Axel Behne vom Archiv des Landkreises Cuxhaven gab mir allererste Impulse für die Nachforschungen zu meinem Schwiegervater.

Bodo Kirchhoff und Hajo Steinert haben mir Mut gemacht, diese Geschichte aufzuschreiben.

Regina und Peter Molden, meinen Agenten, danke ich für ihre Bereitschaft, das Buchmanuskript in ihre Hände zu nehmen. Sie haben mir unverzichtbare Impulse gegeben und mich darin bestärkt, das Thema der „Wiedergutmachung" in diesem Buch ausführlicher zu behandeln als ursprünglich geplant. Mein Lektor Philipp Hartmann war ein ungemein kompetenter und liebenswürdiger Begleiter bei der Gestaltung der finalen Version dieses Buches.

Für ihre fortwährende emotionale und inhaltliche Unterstützung danke ich meinen Kindern Moritz Markus Brumsack und Lea Emma Rosa Brumsack, meinen Schwiegerkindern Simone Schrouff und Ole Seidenberg; sie haben mich immer ermuntert, diese Familiengeschichte aufzuschreiben. Lea danke ich außerdem für ihr großartiges Engagement bei der Umschlaggestaltung.

Mein ganz besonderer Dank gilt Inge Schönfelder. Sie hat jede Zeile der Manuskriptfassungen gelesen, sie war meine kritische Freundin in jeder Phase der Entstehung dieses Buches. Für die unzähligen Stunden, die sie „Julius" gewidmet hat, für ihre unschätzbaren Anregungen, für ihre Ausdauer und Geduld bin ich ihr zutiefst dankbar.

Zuallerletzt und zuallererst: Mein allerherzlichster Dank gilt Hans, meinem Ehemann. Er hat die Geschichte seines Vaters mit mir geteilt.

Ohne ihn wäre dieses Buch nicht entstanden, ohne ihn hätte ich seine Kindheit nicht lebendig werden lassen können. Er hat mir die Türen zu Julius' Schicksal geöffnet.

Anmerkungen

1 Nachlass Julius Brumsack (im Weiteren: NJB), Aufzeichnungen.
2 NJB, Öffentlicher Brief von JB an die Beverstedter, verfasst am 09.04.1946.
3 Sebald, W. G.: Austerlitz, Frankfurt a. M. ^{2}2003, S. 38 f.
4 NJB, Telegramm vom 19.01.1915 an Paula und Salli Schragenheim in Sehnde.
5 Vgl. Runge-Beneke, Regina: Spuren.Suche – Ein Ort für die Ewigkeit (Der Jüdische Friedhof Bolzum). Sehnde 2020.
6 NJB, Aufzeichnungen, S. 6.
7 Busch, Wilhelm: Die fromme Helene. Hg. von Friedrich Bohne. Zürich 1986 (1. Kapitel: Lenchen kommt aufs Land).
8 Ebd. (5. Kapitel: Plisch und Plum).
9 NJB, Aufzeichnungen, S. 6.
10 Ebd., S. 9.
11 Ebd., S. 10.
12 Ebd., vgl. auch: https://zukunft-heisst-erinnern.de/orte-der-verfolgung/geburtshaus-herschel-gruenspan-lang/ [zuletzt abgerufen am 05.05.2023].
13 Vgl. Münkel, Daniela: Nationalsozialistische Agrarpolitik und Bauernalltag. Frankfurt a. M. 1996, S. 351 ff.
14 NJB, Brief von Siegmund Brumsack an das Finanzamt Wesermünde, 08.09.1935, Ergänzungen des beschädigten handschriftlichen Originals im Transkript in Klammern. Die erwähnten fünf Brüder sind, neben Siegmund, Arnold und Markus, Arthur (gest. 29.03.1931 in Lehrte) und Rudolf (gest. 08.05.1942 in Köln).
15 Ebd., S. 11.
16 Ebd., S. 12.
17 NJB, Brief der Gestapo, Adolf-Hitlerplatz, Hannover, an JB, 21.11.1938.
18 Ebd., S. 12.
19 Ergebnisse des Rechercheauftrages (Fam. Brumsack) vom 15.10.2014 durch ITS (International Tracing Service Arolsen), heute: Arolsen Archives, International Center on Nazi Persecution.
20 NJB, Brief von Siegmund Brumsack an das Finanzamt Wesermünde, 08.09.1935, S. 13 f.
21 Trepp, Leo: Die Oldenburger Judenschaft. Bild und Vorbild jüdischen Seins und Werdens in Deutschland. Oldenburg 1973, S. 340.

22 Akten Salli Schragenheim / Paula Königheim: NLA HA, Hann. 210, Acc. 2004/025, Nr.1943, Nr. 1959, Nr. 3949, Nr. 4477.

23 Gedenktafel der Künstlerin Rahel Bruns für die siebenunddreißig verfolgten und ermordeten jüdischen Menschen in Sehnde zur Zeit des Nationalsozialismus: https://www.sehnde.de/portal/seiten/gedenktafel-scherben-gegen-das-vergessen-915000419-22550.html [zuletzt abgerufen am 05.05.2023].

24 Schmid, Hans-Dieter (Hg.): Ahlem – Die Geschichte einer jüdischen Gartenbauschule. Bremen 2017, S. 24.

25 Ebd., S. 158.

26 Ebd., S. 175 f.

27 NJB, Brief an Mr. Watson, 10.02.1939.

28 NJB, Brief an Mr. Watson, 20.02.1939.

29 NJB, Oberbürgermeister der Stadt Hannover, Steuerkasse, an Julius Israel Brumsack, Cellerstraße 21, 01.04.1939.

30 NJB, Tagebuch I, erster Eintrag am 24. April 1939, letzter Eintrag am 14. Februar 1940. Die folgenden Inhalte basieren auf Tagebucheintragungen und Aufzeichnungen von JB.

31 Weitere Informationen zu Heinz Baruch und seinen Eltern: https://collections.arolsen-archives.org/de/search/person/130254934?s=Baruch,%20Heinz&t=532841&p=1 [zuletzt abgerufen am 05.05.2023];
ebenso: http://www.robbertbaruch.nl/dat-nu-al-beschadigde-namen-monument/ [zuletzt abgerufen am 05.05.2023];
https://www.joodsmonument.nl/en/page/234299/heinz-baruch [zuletzt abgerufen am 05.05.2023].

32 Vgl. http://www.tenhumbergreinhard.de/transportliste-der-deportierten/transportliste-der-deportierten-1942/transport-15071942-amsterdam.html [zuletzt abgerufen am 05.05.2023].
Vgl. auch Happe, Katja: Viele falsche Hoffnungen: Judenverfolgung in den Niederlanden 1940–1945. Paderborn 2017, S. 100 ff.

33 http://www.tenhumbergreinhard.de/transportliste-der-deportierten/transportliste-der-deportierten-1942/index.html [zuletzt abgerufen am 05.05.2023].

34 https://www.emden.de/fileadmin/media/stadtemden/PDF/Stolpersteine/neu/april_15/van_der_wyk_hanna.pdf [zuletzt abgerufen am 05.05.2023].

35 NJB, Aufzeichnungen, S. 17.

36 NJB, Tagebuch I, 2. Mai 1939.

37 NJB, Aufzeichnungen, S. 16.

38 Ebd., S. 17.

39 NJB, While you are in England, Helpful Information and Guidance for every Refugee. Issued by The German Jewish Aid Committee, Woburn House, Upper Woburn Place, London (o. J.), S. 1–24.

40 NJB, Tagebuch I, 9. Mai 1939.

41 NJB, Aufzeichnungen, S. 18.

42 NJB, Tagebuch I, 22. August 1939.

43 NJB, Aufzeichnungen, S. 19.

44 NJB, Zeitungsausschnitt (Name der Zeitung unbekannt) vom 4. September 1939: Latest News – Britain declares war.

45 NJB, Tagebuch I, 3. September 1939.

46 NJB, Tagebuch I, 10. November 1939, Aufzeichnungen, S. 18.

47 Vgl. Namensverzeichnisse im Gedenkbuch (https://www.bundesarchiv.de/gedenkbuch/ [zuletzt abgerufen am 05.05.2023]).

48 NJB, Brief des Aliens Registration Department, 2nd October, 1939: Tribunals have been appointed by the Secretary of State to examine the position of all Germans and Austrians over the age of 16 exempted from internment and which of those exempted from internment by the Aliens Order on enemy aliens, i. e., the restrictions on travelling without a travel permit, on change of residence without the permission of the police, and on the possession without a police permit of certain articles including motor cars, cameras, etc.

49 NJB, Brief des Aliens Registration Department, Glasgow Police, 2nd of October, 1939: Your case will be considered by the tribunal … Friday, 3rd November, 1939 at 10 a. m.; ebenso Mitteilung vom Scottish National Council for Refugees (o. D.): „It is your own interest that you should have a friend of British nationality who will speak to your character and well being while you have been here."

50 NJB, Brief von Helen Dunlop, 03.11.1939, an das Aliens Registration Departement, Glasgow.

51 NJB, Brief des Aliens Registration Department [wie Anm. 49 und 50].

52 NJB, Tagebuch I, 30. November 1939, ebenso: Aufzeichnungen, S. 21.

53 NJB, Tagebuch I, 14. Februar 1940.

54 Das AMPC wurde am 17.10.1939 gegründet, im November 1940 in Pioneer Corps (PC) umbenannt und am Ende des Krieges zum Royal Pioneer Corps (RPC).

55 Vgl. Leighton-Langer, Peter: X steht für unbekannt. Deutsche und Österreicher in den britischen Streitkräften im Zweiten Weltkrieg. Ber-

lin 1999; weitere ausführliche Informationen zum Kitchener Camp: https://kitchenercamp.co.uk/research/the-kitchener-camp-review/kitchener-camp-review-may-1939/ [zuletzt abgerufen am 05.05.2023]; https://wienerholocaustlibrary.org/exhibition/the-kitchener-camp/ [zuletzt abgerufen am 05.05.2023].

56 Vgl. Ungerson, Clare: Four Thousand Lives. The Rescue of German Jewish Men to Britain. Stroud, Gloucestershire 2014. Für wertvolle Hinweise zu der Anlage des Kitchener Camp sei C. Ungerson an dieser Stelle herzlich gedankt.

57 Ebd., S. 53: „The first to come – rather unfortunately called Adolf, but thereafter always referred to as ‚Refugee Number One‘ – had been in Britain for some time …“

58 Vgl. ebd., S. 84 ff.

59 NJB, Tagebuch II (15. Februar 1940 bis 23. Juni 1940), 27. Februar 1940.

60 Ebd., März 1940.

61 Ungerson [wie Anm. 56], S. 104.

62 Ebd., S. 50.

63 Ebd., S. 121.

64 Ebd., S. 117 ff.

65 Leighton-Langer [wie Anm. 55]: Bildanhang, 1. Seite, 2. Foto.
Erst Jahre später fand die Familie Brumsack im Nachlass von JB das Originalfoto.

66 NJB, Tagebuch II, 9. April bis 13. Juni 1940.

67 Ungerson [wie Anm. 56], S. 192.

68 Fry, Helen: The King's Most Loyal Enemy Aliens: Germans Who Fought for Britain in the Second World War. Stroud, Gloucestershire 2007.

69 Jeder Pioneer Corps Soldier hatte folgende Erklärung zu unterschreiben: „I hereby certify that I understand the risks, which have been fully explained to me, to which I, and my relatives, may be exposed by my employment in the British Army outside the United Kingdom. Notwithstanding this I certify that I am willing to be employed in any theatre of war“ (Bentwich, Norman: I Understand the Risks. London 1950, zit. nach Ungerson [wie Anm. 56], S. 159).

70 NJB, Tagebuch II, 25. April 1940.

71 Ebd., 16. Juni 1940.

72 NJB, Aufzeichnungen, S. 25.

73 NJB, Tagebuch II, 17. Juni 1940.

74 NJB, Aufzeichnungen, S. 26.

75 Ebd., S. 27.

76 Vgl. https://www.deutschlandfunk.de/luftangriff-auf-coventry-1940-schutzlos-deutschen-bomben-100.html [zuletzt abgerufen am 05.05.2023].

77 Der Begriff „coventrieren" gehörte zum Propaganda-Wortschatz der nationalsozialistischen Kriegsführung nach der Bombardierung der englischen Stadt Coventry am 14. November 1940, vermutlich von Joseph Goebbels geprägt. Vgl. Klemperer, Victor: LTI – Notizbuch eines Philologen. Leipzig 1996 (Erstausgabe 1947), S. 135 ff.

78 NJB, Aufzeichnungen, S. 27; vgl. Mitteilung an JB: „This is to certify that 13801417 Julius Brumsack changed his Army Number and name to 13046568 Jeffrey Barclay whilst serving with H. M. Forces on 20th July, 1943, under the provisions of A.C.I., 475/43."

79 NJB, Aufzeichnungen, S. 30.

80 Ebd.

81 Celan, Paul: „Wolfsbohne", in: Ders.: Die Jahre von dir zu mir, Berlin 2013, S. 13.

82 NJB, Aufzeichnungen, S. 31.

83 Ebd.

84 NJB, Antwortbrief an JB vom 9. April 1945: War Organisation of the British Red Cross Society, Clarence House, St. James London, ebenso: Suchdienst Rotes Kreuz, 10.04.1947.

85 NJB, Aufzeichnungen, S. 31.

86 NJB, Brief an Vorgesetzten: J. Barclay to the O. C. 102 Pnr.Group, 01.10.1945.

87 NJB, JB, alias Joseph Braun, an das Einwohnermeldeamt Beverstedt, 19.10.1945.

88 NJB, Antwort von Bürgermeister Reichers an JB, 26.10.1945.

89 NJB, Antwort des Bürgermeisters an J. Braun (alias Julius Brumsack), 09.11.1945.

90 NJB, Der Bürgermeister (Sehnde) an JB, 03.11.1945, ebenso: Der Bürgermeister (Sehnde) an JB, 02.03.1946: „Die Genannten mußten sich am 18. Juli laut Evakuierungsbefehl Nr. 9 der Regierung Lüneburg in Lüneburg melden. Die Abmeldung erfolgte ebenfalls von hier am 18. Juli 1942."

91 NJB, JB an den Bürgermeister (Sehnde), 31.10.1945.

92 Zitiert nach: https://www.statistik-des-holocaust.de/list_ger_nwd_420723.html (NLA HA, Hann. 210 Acc. 160/98, Nr. 17).

93 Adler, H. G.: Der verwaltete Mensch. Tübingen 1974, S. 831 (Auszug „Heimeinkaufsvertrag H“).

94 NJB, Erklärung von W. Wessler zur „Freiwilligkeit des Verkaufs“, übermittelt durch Rechtsanwalt und Notar Goldmann, Lehrte, an JB (Julius Barclay, London), 31.07.1948.

95 NJB, Wiedergutmachungsamt bei dem Landgericht in Hildesheim an JB, 15.04.1950.

96 NJB, Aufzeichnungen, S. 32.

97 Ebd., S. 34 ff.

98 NJB, „An die Einwohner von Beverstedt und Umgebung“, 09.04.1946 (wie Anm. 2).

99 „Schulchronik“ Beverstedt (Transkript vom 03.10.1980), Verfasser Ludwig Behrens; das Original befindet sich im Archiv des Landkreises Cuxhaven (Signatur SCX 0012); sie wurde erst 1980 von einem jungen Lehrer auf dem Dachboden der Schule entdeckt.

100 „Schulchronik“ II, S. 74.

101 „Schulchronik“ II, S. 4 (unten); im Jahre 1954 schließt der Dorfschullehrer seine Chronik mit den Worten ab: „Ich habe nur wahrheitsgemäß Tatsachen berichtet und für die Nachwelt aufgeschrieben.“

102 Roseman, Mark: In einem unbewachten Augenblick. Eine Frau überlebt im Untergrund. Berlin 2002, S. 14, 335, 342, 363 f., 366, 370 f., 387, 443.

103 JB berichtete seinen Kindern davon, dass der Name seines Vaters Markus vom Kriegerdenkmal entfernt worden sei; wann und auf wessen Veranlassung dieser dort wieder hinzugefügt wurde, ist nicht bekannt.

104 https://www.weser-kurier.de/landkreis-osterholz/auf-befehl-der-nazis-ermordet-doc7e39ahj4mg2zyhoq16h [zuletzt abgerufen am 05.05.2023].

105 NJB, Brief an Emmi, 4. Juli 1946.

106 Zum Schicksal der genannten Familien vgl. https://www.teufelsmoor.eu/region/ritterhude/ter-berg-familie/ [zuletzt abgerufen am 05.05.2023].

107 NJB, Handschriftliches Protokoll in englischer Sprache, 04.07.1946 (vgl. Brief an Emmi, 4. Juli 1946).

108 Heim, Susanne (Bearb.): Die Verfolgung und Ermordung der europäischen Juden durch das nationalsozialistische Deutschland 1933–1945. Bd. 2: Deutsches Reich 1938 – August 1939. München 2009, S. 388 ff. (Dok. 134: „SA-Männer aus Lesum erschießen in der Nacht vom 9. zum 10. November drei Juden in ihren Wohnungen“), hier insbes. S. 391;

vgl. ebenfalls: https://www.weser-kurier.de/politik/er-gab-die-befehle-zu-den-morden-doc7e45nvektiajxy49ib [zuletzt abgerufen am 05.05.2023].

109 Köster arbeitete ab 1953 in der Zentrale des Horten-Konzerns in Düsseldorf und später, bis zu seinem Ruhestand 1973, als Berater der Lürssen-Werft in Vegesack.

110 NJB, JB an Wohnungskommission des Kreises Wesermünde, 04.11.1946.

111 NJB, JB an High Court of Justice, Court-Summons for Maintenance of wife and child (gerichtliche Vorladung wg. Unterhaltsverpflichtung), Camarthen, 17.03.1947.

112 NJB, Brief von Hanna (Camarthen) an JB (London), 09.07.1948.

113 Zu der schwierigen Rückkehr der Verfolgten des Nazi-Regimes, insbes. der „rassisch Verfolgten", siehe die ausführliche Darstellung von Krauss, Marita: Heimkehr in ein fremdes Land. Geschichte der Remigration nach 1945. München 2001, S. 62 ff.

114 Von der Lühe, Irmela / Schildt, Axel / Schüler-Springorum, Stefanie (Hg.): „Auch in Deutschland waren wir nicht wirklich zu Hause". Jüdische Remigration nach 1945, Göttingen 2008, insbes. das Kapitel: Ursula Büttner: „Schwierige Rückwanderung nach Hamburg. Wie Briten und Deutsche den jüdischen Flüchtlingen im Wege standen", S. 40 ff.

115 Ebd., S. 24: Der Antisemitismus-Report der amerikanischen Militärregierung kommt 1947 zu folgenden Ergebnissen: 18 % radikale Antisemiten, 21 % Antisemiten, weitere 22 % Rassisten, 19 % Nationalisten, nur 20 % sind als weitgehend frei von Ressentiments zu betrachten.

116 Ebd., S. 44 ff., vgl. auch NJB, Aufzeichnungen, S. 36.

117 NJB, Brief (Nr. 391) von JB an Emmi, 10. September 1948.

118 NJB, JB, London, an The Home Office, Alien Department, High Holborn, 22.07.1948.

119 NJB, JB, London, an K. Schnaars, August 1948 (ohne Datum).

120 NJB, Aufzeichnungen, S. 39.

121 „Schulchronik" [wie Anm. 99], S. 84.

122 Ebd., 25.11.1941, S. 88.

123 NJB, Bericht des Polizeimeisters Toskowski vor dem Wiedergutmachungsausschuss Wesermünde, 28.12.1948.

124 Vgl. http://www.chronik.lunestedt.de/nazichr.html [zuletzt abgerufen am 05.05.2023].

125 NJB, Aufzeichnungen, S. 39.

126 „Schulchronik" [wie Anm. 99], S. 43.

127 Ebd., S. 65.
128 Ebd., S. 67.
129 Vgl. Auszug aus der Meldekartei Beverstedt Nr. 11–16: Arnold Israel, Hans Leo Israel, Siegmund Israel, Grete Sara, Emma Sara, Rosa Sara Brumsack.
130 Vgl. Rohdenburg, Günther (Hg.): „… sind Sie für den geschlossenen Arbeitseinsatz vorgesehen …" „Judendeportationen" von Bremerinnen und Bremern während der Zeit der nationalsozialistischen Gewaltherrschaft. Bremen 2009, S. 43.
131 Vgl. ebd., insbes. das Kapitel: „Die letzten 26 Tage in Bremen", S. 27 ff.; nicht vollständige Deportationsliste, erstellt am 04.02.1946 von der Israelitischen Gemeinde in Bremen, 492 Personen sind namentlich bekannt, die Familie Brumsack ist nicht aufgeführt. Rosa Brumsack wurde am 07.04.1943 in Riga ermordet; die Umstände ihres Todes sind nicht bekannt.
132 Vgl. Weidemann, Jürgen: „Hunger, Krankheit und Tod waren allgegenwärtig. Vom Leben in Minsk und danach", in: Rohdenburg [wie Anm. 130], S. 47 ff., vgl. auch: http://www.stolpersteine-bremen.de/glossar.php?id=1 [zuletzt abgerufen am 05.05.2023].
133 Zitiert nach Rentrop, Petra: Tatorte der „Endlösung". Das Ghetto Minsk und die Vernichtungsstätte von Maly Trostinez. Berlin 2011, S. 188 f: Der Generalkommissar für Weißruthenien (Kube) an den Reichskommissar für das Ostland, Geheime Staatssache!, 16.12.1941, LHA Koblenz, Best. 584,1, Nr. 3555, Bl. 793.
134 Schreiben des Generalkommissars Kube an seinen Vorgesetzten, Reichskommissar Hinrich Lohse, 31.07.1942, über die „Partisanenbekämpfung und Judenaktion im Generalbezirk Weißruthenien", zitiert nach: Röpcke, Andreas / Rohdenburg, Günther (zusammengestellt): Es geht tatsächlich nach Minsk: Texte und Materialien zur Erinnerung an die Deportation von Bremer Juden am 18.01.1941 in das Vernichtungslager Minsk. Bremen 1992, Quellenanhang Nr. 34, S. 158.
135 Vgl. *Der Spiegel* 21/1966 (15.05.1966), https://www.spiegel.de/politik/der-nerven-wegen-a-899270e7-0002-0001-0000-000046407284 [zuletzt abgerufen am 05.05.2023].
136 NJB, Mitteilung des Finanzamts Wesermünde-Stadt, Dienststelle für Einziehung von Vermögenswerten an Heinrich Jäger, Beverstedt, 27.11.1941.
137 NJB, Bericht des Polizeiwachtmeisters Toskowski an JB, ebenso an das Wiedergutmachungsamt in Stade, 28.12.1948.

138 NJB, JB an das Wiedergutmachungsamt in Stade, 25.11.1949.

139 NJB, Verhandelt vor dem Wiedergutmachungsamt in Stade (Wg.A. 37/49): In der Wiedergutmachungssache des Kaufmanns Julius Brumsack in Beverstedt, Antragssteller, gegen den Rechtsbeistand Heinrich Jäger in Beverstedt, Antragsgegner, 14.12.1949.

140 „Schulchronik“ I [wie Anm. 99], S. 43.

141 NJB, „Verzeichnis über die in Beverstedt – Meyerhof Nr. 2 am 8. Dezember 1941 verkauften Sachen“ (Nr. 1–333).

142 NJB, „Verzeichnis über die am 7.4.1942 im Auftrage des Finanzamts Wesermünde im Hause Beverstedt-Meyerhof 2 verkauften Sachen“ (Nr. 1–52).

143 NJB, Finanzamt Burgdorf an JB, 16.05.1946.

144 NJB, JB an die Gemeindeverwaltung Sehnde, 17.11.1949.

145 NJB, JB an die Gemeindeverwaltung Sehnde, 08.01.1950.

146 NJB, Hoffmann, Sehnder Bürgerin, an JB, 28.01.1950.

147 NJB, Brief von Fritz Israel Levy an JB, Berlin-Schöneberg, Herbertstraße 11, 24. Juni 1939.

148 Vgl. Gedenkbuch im Bundesarchiv.

149 Vgl. Transportliste der Gestapo: https://www.statistik-des-holocaust.de/OT1-1.jpg [zuletzt abgerufen am 05.05.2023]; Fritz Levy: https://www.statistik-des-holocaust.de/OT1-28.jpg [zuletzt abgerufen am 05.05.2023] (Liste 32, Nr. 419).

150 Eva Zeisel (1905–2011), aus einer jüdischen Familie stammend, war Keramikerin und Designerin des genannten Geschirrs, hergestellt für die Schramberger Majolika-Fabrik zwischen 1928 und 1930. Sie wanderte 1932 in die Sowjetunion aus, wurde beschuldigt, als Mitverschwörerin an einem Attentat auf Stalin beteiligt gewesen zu sein und verbrachte anderthalb Jahre in stalinistischen Gefängnissen. Nach einem Selbstmordversuch wurde sie nach Österreich abgeschoben, floh 1938 nach England, siedelte in die USA über und wurde eine international erfolgreiche Keramikerin. Vgl. auch Becker, Ingeborg (Hg.): Avantgarde für den Alltag. Jüdische Keramikerinnen 1919–1933 (Bröhan-Museum). Berlin 2013, S. 78 ff.

151 In Niedersachsen nahmen ab dem 1. Oktober 1949 an den Landgerichten elf Wiedergutmachungsämter ihre Arbeit auf, u. a. Stade; vgl. Grumblies, Florian: Rückerstattung und Entschädigung. Die Praxis der „Wiedergutmachung“ nationalsozialistischen Unrechts am Beispiel der Juden der Stadt Hannover 1945–1965. Hannover 2021 (Dissertation), S. 76.

152 https://voris.wolterskluwer-online.de/browse/document/35ec10d4-d00e-397c-bdd5-232bf264cc4c [zuletzt abgerufen am 05.05.2023].
153 NJB, Der Vorsitzende des Kreissonderhilfsausschusses (im Folgenden KSHA) des Landkreises Wesermünde, Dr. Obernauer, an JB, 13.08.1949.
154 Gesetz über Gewährung von Sonderhilfe für Verfolgte der nationalsozialistischen Gewaltherrschaft (Personenschaden) vom 22. September 1948, § 7, Abs. 2.
155 NJB, Protokoll der Sitzung des KSHA vom 24.09.1949, anwesend: Rechtsanwalt Dr. Obernauer, Pastor Gerd von Busch, Willi Tautorat, 03.10.1949.
156 Gesetz über Gewährung von Sonderhilfe für Verfolgte der nationalsozialistischen Gewaltherrschaft (Personenschaden) vom 22. September 1948, § 1, Abs. 2.
157 NJB, JB an Pastor Gerd von Busch, 16.10.1949.
158 NJB, Pastor von Busch, Ringstedt, Krs. Wesermünde, an JB, 19.10.1949.
159 NJB, JB an KSHA, Herrn Linnhoff, 23.10.1949.
160 NJB, KSHA (Dr. Obernauer) an JB, 07.11.1949.
161 Staatl. Gesundheitsamt Langen, Amtsarzt an den Vorsitzenden des KSHA in Bremerhaven, 26.07.1950 (NLA ST, Rep. 210, Nr. 1551).
162 Sitzung des KSHA (Protokoll), 26.08.1950 (NLA ST, Rep. 210, Nr. 1551).
163 NJB, JB an den Vorsitzenden des KSHA, 10.10.1950. Wann JB die Mitteilung über die Ablehnung des Darlehens erhielt, lässt sich aus den Dokumenten nicht ersehen.
164 Vgl. Münkel [wie Anm. 13], S. 100 ff.
165 Vgl. Lillteicher, Jürgen: Raub, Recht und Restitution. Die Rückerstattung jüdischen Eigentums in der frühen Bundesrepublik. Göttingen 2007, insbes. Kapitel I, 5: Die verspätete Regelung der Rückerstattung in der britischen Zone und Berlin, S. 68 ff.
166 Grumblies [wie Anm. 151], zum „Zentralamt für Vermögensverwaltung" in Bad Nenndorf, S. 59 ff.
167 Vgl. Militärregierungsgesetz Nr. 59 vom 10. November 1947 mit Ausführungsvorschriften, erläutert von Reinhard und Hans Freiherr von Godin. Berlin 1948 (Guttentagsche Sammlung Deutscher Reichsgesetze Nr. 232), siehe: https://www.degruyter.com/document/doi/10.1515/9783111585994/pdf. [zuletzt abgerufen am 18.05.2023]. Die Fassung des Gesetzes Nr. 59 für die Britische Besatzungszone (12.05.1949) unterscheidet sich kaum von der amerikanischen Fassung.

168 NJB, Niedersächsisches Landvolk (Kreisverband Wesermünde) an Wiedergutmachungsamt in Stade, 17.01.1950.

169 NJB, Georg Joost, Grundstücks- und Hypothekenmakler, an Marie Busch, 19.05.1947.

170 NJB, H. Nöhring, Anwalt von Marie Busch, an JB, 01.02.1950. Die Eheleute Busch werden später vom „Bund für loyale Rückerstattung" mit ihrer Interessenswahrnehmung (durch von Schaper) beauftragt: Mitteilung Lachotzki an JB, o. D.

171 NJB, Niedersächsisches Landvolk, Dr. Eicke, an das Wiedergutmachungsamt beim Landgericht in Stade, 16.03.1950.

172 NJB, Niedersächsisches Landvolk an das Nds. Landesamt für die Beaufsichtigung gesperrten Vermögens, Außenstelle Cuxhaven, 28.03.1949.

173 NJB, JB an das Wiedergutmachungsamt Stade, 26.03.1950.

174 Vgl. Lillteicher [wie Anm. 165], S. 137 ff.

175 Goschler, Constantin / Lillteicher, Jürgen (Hg.): „Arisierung" und Restitution. Die Rückerstattung jüdischen Eigentums in Deutschland und Österreich nach 1945 und 1989. Göttingen 2002, S. 111; vgl. Fußnote 31: Offener Brief an Mitglieder der Bundesregierung, unterzeichnet: „Tausende völlig Schuldlose, schwer bedrängte – von der Regierung im Stich gelassene – sogenannte ‚Rückerstattungs-Pflichtige' in der Vereinigung für gerechte Restitution" (25.01.1951).

176 NJB, vgl. Versteigerungsliste (Gretes Schlafzimmer) vom 07.04.1942, Nr. 11.

177 NJB, JB an den Landrat des Landkreises Wesermünde, 28.06.1948.

178 NJB, JB an den Herrn Vorsitzenden des Parlamentarischen Rates (Dr. Konrad Adenauer), Bonn, 27.01.1949.

179 NJB, Bericht (Eigentum Schnaars) von Hinrich Reichers (Vermögensverwalter) an den Property Control Officer H. Q. Mil. Gov., Stade, 12.06.1947. Ab 08.04.1949 wird „als vorsorgliche Maßnahme sofort die Einrichtung eines Mietsperrkontos veranlasst", auf die JB weiterhin die Miete zahlt (Mitteilung Nds. Landesamt für die Beaufsichtigung gesperrten Vermögens (Außenstelle Wesermünde) an JB, 08.04.1949.

180 NJB, Bericht (Eigentum Busch) von Hinrich Reichers (Vermögensverwalter) an den Property Control Officer H. Q. Mil. Gov., Stade, 11.06.1947.

181 Ebd.

182 NJB, Niedersächsisches Landvolk, 16.03.1950 [wie Anm. 171].

183 NJB, JB an Nds. Landesamt für die Beaufsichtigung gesperrten Vermögens, Bezirksamt Stade, 09.03.1949.

184 NJB, JB an das Wiedergutmachungsamt beim Landgericht in Stade, 01.02.1950.
185 NJB, JB an das Wiedergutmachungsamt beim Landgericht in Stade, 18.08.1950.
186 NJB, Beschluss der Wiedergutmachungskammer beim Landgericht Hannover (gez. Altmann, Mundt, Dr. Schmole), 08.12.1950.
187 NJB, *Nordsee-Zeitung*, 14.07.1950 (Jg. 56, Nr. 161).
188 NJB, Brief von JB an den Vereinsvorsitzenden Hölling, 15.07.1950.
189 NJB, Antwort des Schriftführers Thomfohrde an JB, 20.07.1950.
190 NJB, Mitteilung von JB an Schützenverein, 27.07.1950.
191 Entnazifizierungsakte Friedrich Teschen, NLA ST, Rep. 275 II, Nr. 7865.
192 Ebd., Mitteilung der Geschäftsstelle der Entnazifizierungsberufungskammer an den Kreis-Entnazifizierungsausschuss Wesermünde, 21.11.1946.
193 Ebd., Entscheidung des deutschen Entnazifizierungsgerichts des Kreises Wesermünde, 24.05.1946; ebenso: Mitteilung der Entnazifizierungsberufungskammer für den Regierungsbezirk Stade, 13.01.1947.
194 NJB, Beschwerdebrief von JB an Oberkreisdirektor Dr. Arps über den mangelnden Aufklärungswillen der Kreisverwaltung Wesermünde, 09.04.1950.
195 Ebd., Entnazifizierungsakte Teschen: Polizeistation Beverstedt, Ermittlungsbericht (Polizeiwachtmeister Jahn), 22.06.1949. Aus der Akte ‚Teschen' wird nicht ersichtlich, ob dieser aus seiner Tätigkeit als Viehhändler entlassen wurde. Es ist jedoch davon auszugehen, dass dies nicht geschah, das bestätigten auch spätere Aussagen von JB.
196 Ebd., Eidesstattliche Erklärung der Unterzeichner vom 04.01.1947.
197 NJB, JB an den „Entnazifizierungs-Ausschuß des Landkreises Wesermünde", Bremerhaven, 01.05.1949, mit Bezug auf sein Einschreiben vom 10.02.1949.
198 NJB, Antwort von Dr. Horst Berkowitz, 08.11.1949, auf das Schreiben von JB, 06.11.1949; zur Biografie von Berkowitz (1898–1983) vgl. https://pogrome1938-niedersachsen.de/hannover/ [zuletzt abgerufen am 05.05.2023].
199 NJB, Vorsteher des Finanzamts Wesermünde-Bremerhaven an JB, 12.02.1947.
200 NJB, Zentralamt für Vermögensverwaltung (Britische Zone), Bad Nenndorf an JB, 10.09.1949.
201 BrREG: Amtsblatt der Militärregierung Deutschland – GESETZ Nr. 59 zur Rückerstattung feststellbarer Vermögensgegenstände an Opfer der

nationalsozialistischen Unterdrückungsmaßnahmen, Britisches Kontrollgebiet Nr. 28, S. 1169–1187 (Anhang 2).

202 NJB, Wiedergutmachungsamt beim Landgericht in Stade: In der Sache Brumsack/Peters u. A. (Formblatt), 25.11.1949 an JB.

203 Das Board of Review für die Britische Zone, die oberste Rechtsmittelinstanz bei Streitigkeiten um Rückerstattung, wurde 1949 in Herford eingerichtet.

204 NJB, E. Kugel an Wiedergutmachungsamt Stade (Wg.A. 20/50), 19.05.1950.

205 NJB, Johanna Hanneken an das Wiedergutmachungsamt Stade (Wg.A. 74/49), 28.03.1951.

206 NJB, Johann Grahl an das Wiedergutmachungsamt in Stade (Wg.A 85/49), 14.01.1950.

207 NJB, Wiedergutmachungsamt Stade an JB, 17.03.1950.

208 NJB, Wiedergutmachungsamt Stade an JB, 10.04.1952.

209 Ebd.

210 NJB, Paula Roenicke an das Wiedergutmachungsamt Stade, 24.03.52.

211 NJB, Die Wiedergutmachungskammer II des Landgerichts Hannover, Beweisbeschluß (33 WgK 21/53), an JB zur Kenntnis, 13.02.1953.

212 NJB, Beschluss. In der Rückerstattungssache des Kaufmanns Julius Brumsack / Annelise Stone gegen das Deutsche Reich, vertreten durch den Niedersächsischen Minister der Finanzen, 01.06.1953.

213 Ebd.

214 Ebd.

215 NJB, Beschluss. In der Rückerstattungssache Julius Brumsack in Beverstedt, gegen das Deutsche Reich, vertreten durch den Niedersächsischen Minister der Finanzen, 02.06.1953.

216 Ebd.

217 Ebd.

218 NJB, Beschluß in der Rückerstattungssache Julius Brumsack gegen den vereidigten Versteigerer Jäger, Beverstedt, 21.02.1952.

219 Drittes Gesetz zur Änderung des Bundesergänzungsgesetzes zur Entschädigung für Opfer der nationalsozialistischen Verfolgung vom 29.06.1956. Bundesgesetzblatt Teil I, Nr. 31, S. 559 ff.

220 NJB, JB an das Wiedergutmachungsamt in Stade, 4.01.1952.

221 NJB, Wiedergutmachungsamt in Stade an JB (Wg.A 107/52), 10.12.1952.

222 NJB, Entschädigungsbehörde Stade an die Oberfinanzdirektion Hannover, 14.06.1958 (NLA ST, Rep. 210, Nr. 1552).

223 NJB, Entschädigungsbehörde Stade an Dr. Lachotzki, 17.09.1958.

224 NJB, Wiedergutmachungsamt in Stade an JB [wie Anm. 221].

225 W. Lachotzki hatte für JB zunächst einen Darlehensantrag von 50 000 DM (max. Summe gemäß § 28 BEG) gestellt, später auf 30 000 DM reduziert.

226 Reg. Präs. an den Minister des Innern, 12.08.1955 (Auskunft NSDAP-Mitgliedschaft), 17.08.1955 (Auskunft Strafregister), NLA ST, Rep. 210, Nr. 1549.

227 NJB, Klage des Kaufmanns Julius Brumsack, Klägers, Verfahrensbevollmächtigter Rechtsanwalt Dr. Werner Lachotzki gegen das Land Niedersachsen, vertreten durch den Herrn Regierungspräsidenten-Entschädigungsbehörde in Stade, Beklagten, 31.12.1957.

228 NJB, Im Namen des Volkes! Entschädigungsrechtstreit des Kaufmanns Julius Brumsack gegen das Land Niedersachsen, 12.05.1958.

229 Ebd.

230 Hinrich Wilhelm Kopf war vom 11. April 1947 bis zum 9. Juni 1948 und vom 19. November 1957 bis zum 12. Mai 1959 Niedersächsischer Innenminister, danach, bis zu seinem Tode, wieder Niedersächsischer Ministerpräsident.

231 NJB, Der Reg. Präs. (Entschädigungsbehörde) an das Oberlandesgericht (2. Zivilsenat) in Celle, Entschädigungsstreit Julius Brumsack gegen das Land Niedersachsen, Berufung, 06.06.1958.

232 NJB, Der Reg. Präs. (Entschädigungsbehörde) an das Oberlandesgericht (2. Zivilsenat) in Celle: Berechnung des „Einkommens bei der Wehrmacht“, 08.12.1958; ebenso (in deutscher Übersetzung): Kriegsministerium, Personalaktenstelle, Hayes, MIDDX: „Einzelheiten des Militärdienstes des Soldaten Jeffrey Barclay, früher Julius Brumsack genannt“, 11.12.1958.

233 NJB, OLG (Der Berichterstatter) an Dr. Lachotzki, „In Sachen Land Niedersachsen gegen Brumsack“, 13.06.1959.

234 NJB, Der Reg. Präs. (Entschädigungsbehörde) an das Oberlandesgericht (2. Zivilsenat) in Celle, Land Niedersachsen gegen Brumsack, Nr. III des Beweisbeschlusses, 08.12.1958.

235 NJB, Der Regierungspräsident der Entschädigungsbehörde an das Oberlandesgericht – 2. Zivilsenat Celle, 06.06.1958.

236 NJB, Bescheid des Regierungspräsidenten Hannover – Entschädigungsbehörde an JB durch Dr. Lachotzki, 04.10.1957.

237 Der Reg. Präs. Stade, Entwurf zum Endbescheid, 02.10.1957 (NLA ST, Rep. 210, Nr. 1549); der zit. Satz taucht in dem Original zum Endbescheid nicht mehr auf.

238 Dilt, Hans: „Die Gerechtigkeit ist unteilbar", in: *Die Restitution* I (1950), H. 7, 119, zitiert nach Von der Lühe / Schildt / Schüler-Springorum [wie Anm. 114], S. 33, vgl. auch Fußnote 54.

239 NJB, Dr. Werner Lachotzki an das Oberlandesgericht in Celle, 27.08.1958: „In der Entschädigungssache Brumsack/Niedersachsen beantrage ich als Verfahrensbevollmächtigter die Berufung des Beklagten kostenpflichtig zurückzuweisen."

240 Industrie- und Handelskammer des Regierungsbezirks Stade an den Herrn Regierungspräsidenten-Entschädigungsbehörde, 15.07.1957 (NLA ST, Rep. 210, Nr. 1549).

241 Wirtschaftssachverständiger an Reg. Präs. (Entschädigungsbehörde), Dez. 10, 19.08.1957 (NLA ST, Rep. 210, Nr. 1549).

242 NJB, Entschädigungsbehörde an das OLG Celle, Julius Brumsack gegen das Land Niedersachsen, 20.10.1958.

243 NJB, Entschädigungsbehörde Stade an Herrn Wirtschaftssachverständigen Rimkeit, 16.10.1958, unter Bezugnahme auf die Stellungnahme vom 17.08.1957 (Bl. 92) mit der Bitte um Stellungnahme, wie die %-Zahlen von 10 und 7,1 berechnet sind.

244 NJB, An den Herrn Reg. Präs. Stade: „Auf Grund des Auflagen- und Beweisbeschlusses des OLG Celle in dem Rechtsstreit Land Niedersachsen gegen den Kaufmann Julius Brumsack erstatte ich (Kurt Müller) folgendes Gutachten ...", 10.06.1959.

245 Ebd., S. 3.

246 NJB, Stellungnahmen zu dem Gutachten des Wirtschaftsprüfers Dipl. Kaufmann Kurt Müller, 08.07.1959.

247 NJB, „Abschliessende Stellungnahme zu dem Antrag Julius Brumsack, Beverstedt", 21.03.1960.

248 Ebd., S. 2.

249 NJB, JB an Werner Lachotzki, 27.09.1959.

250 Görtemaker, Manfred / Safferling, Christoph: Die Akte Rosenburg – Das Bundesministerium der Justiz und die NS-Zeit. München 2016, S. 262 ff.

251 Vgl. Bundesentschädigungsgesetz (BEG) vom 29.06.1956, § 208, Abs. 3 [wie Anm. 219].

252 Vgl. Grumblies [wie Anm. 151], S. 485 ff.

253 Ebd., Kap. III, 3, Erste Gerichtsinstanz: Die Wiedergutmachungskammern am Landgericht Hannover, S. 86 ff., insbes. S. 89: Nahezu alle Richter des OLG konnten nach 1945 ihre Arbeit unbehindert fortsetzen.

254 Zitiert nach Ausschuß für Deutsche Einheit: Wir klagen an! 800 Nazi-Blutrichter – Stützen des militaristischen Adenauer-Regimes. Berlin 1959, S. 147 f.

255 Ebd., S. 148.

256 Zur nationalsozialistischen Vergangenheit von Otto Schmole siehe Grumblies [wie Anm. 151], S. 92 f.

257 Vgl. Grieß, Martin: „Im Namen des Rechts". Der Oberste Gerichtshof für die Britische Zone als Höchstgericht in Zivilsachen zwischen Tradition und Neuordnung. Tübingen 2015, S. 162 ff.

258 NJB, vgl. Öffentliche Sitzung des 2. Zivilsenats des Oberlandesgerichts Celle, 26.09.1958: Oberlandesgerichtsrat Dermietzel als Vorsitzender, ebenso 10.10.1958 (Auflagen- und Beweisbeschluß).

259 NJB, Bescheid des Reg. Präs. – Entschädigungsbehörde Stade – an JB, 06.10.1956.

260 NJB, Bescheid des Reg. Präs. Hannover, an JB, 23.06.1970.

261 NJB, Entschädigungsbehörde Stade an Dr. Werner Lachotzki, 18.09.1958.

262 JB an Reg. Präs. Hannover, 28.08.1965; das Darlehen wurde JB am 23.03.1960 gewährt.

263 Vgl. Lillteicher [wie Anm. 165], S. 463–500 (Kapitel IX): Die Entschädigung für Rückerstattungspflichtige im Rahmen des Reparationsschädengesetzes.

264 NJB, Brief von Rechtsanwalt u. Notar Goldmann, Lehrte/Hannover an Julius Barclay, 31.07.1948.

265 NJB, vgl. Dr. E. Silomon an Gemeindeverwaltung Beverstedt (o. Anrede), 30.04.1949 (vermutl.): „[…] wie die Sache damals gehandthabt ist (Sammellager?) […]."

266 Gedenkstein auf dem Jüdischen Friedhof von Beverstedt, von der Gemeinde Beverstedt errichtet (vermutlich Anfang der achtziger Jahre).

267 NJB, JB, 31.10.1945, an den Bürgermeister von Sehnde (03.11.1945, ebenso 02.03.1946).

268 NJB, Liste der deportierten Juden (mit Anschreiben des Landkreises Wesermünde), 17.01.1963; das Dokument befindet sich ebenfalls in den Arolsen Archives, ehemals ITS (International Tracing Service), unter: Teilbestand 1.2.5.1, DOC ID 12854390.

269 NJB, Niedersächsisches Landesamt für die Beaufsichtigung gesperrten Vermögens, Außenstelle Cuxhaven, an JB, 09.01.1950.
270 NJB, Städt. Sparkasse Bremerhaven an JB, 07.01.1950.
271 NJB, JB an den Redakteur der *Nordsee-Zeitung*, Bremerhaven, 01.12.1949.
272 NJB, Antwort des Verfassers des Artikels *(Nordsee-Zeitung)*, 17.12.1949.
273 Zu Emil Bannier: vgl. https://pogrome1938-niedersachsen.de/sehnde/ [zuletzt abgerufen am 05.05.2023].
274 NJB, H. Rust, Leiter der Volksbank Sehnde, an JB, 11.07.1946.
275 NJB, Brief JB an das Schwurgericht Hamburg, Betrifft: Prozess gegen Veit Harlan, 24.04.1949.
276 Vgl. https://www.zukunft-braucht-erinnerung.de/der-veit-harlan-prozess-1949 [zuletzt abgerufen am 05.05.2023]; https://www.deutschlandfunkkultur.de/ns-regisseur-veit-harlan-vor-gericht-ein-zweifelhafter-100.html [zuletzt abgerufen am 05.05.2023].
277 NJB, JB an die *Nordsee-Zeitung* mit der Bitte um Veröffentlichung, 26.04.1949.
278 Grüber, Heinrich: Erinnerungen aus sieben Jahrzehnten. Köln 1968.
279 NJB, Axel Eggebrecht, Vom Antisemitismus. Manuskript der Sendung im NWDR vom 13.02.1949; erschienen im Jüdischen Gemeindeblatt, 3. Jg., Nr. 37, 11.03.1949, S. 6.
280 NJB, Brief an Axel Eggebrecht, 13.02.1949.
281 NJB, Axel Eggebrecht an JB, 15.02.1949.
282 Vgl. https://www.erinnerungsgang.de [zuletzt abgerufen am 05.05.2023]. Der jährlich stattfindende Erinnerungsgang am 10. November wird seit 1982 auf der Webseite dokumentiert (Arbeitskreis Erinnerungsgang in Zusammenarbeit mit der Stadt Oldenburg).
283 Vgl. Trepp [wie Anm. 21], S. 326 ff.
284 Vgl. https://www.erinnerungsgang.de/der-erinnerungsgang/2010-2/ [zuletzt abgerufen am 05.05.2023].
285 https://www.alemannia-judaica.de/images/Images%20318/Oldenburg%20PA%2021112011.pdf [zuletzt abgerufen am 05.05.2023]; https://www.nwzonline.de/oldenburg/politik/rat-verurteilt-schaendung-des-juedischen-friedhofs_a_10,4,3096112709.html [zuletzt abgerufen am 05.05.2023].
286 Kaléko, Mascha: Die paar leuchtenden Jahre. München 2003, S. 231.
287 https://dserver.bundestag.de/btd/16/141/1614122.pdf [zuletzt abgerufen am 05.05.2023]: Nr. 191, S. 26: Täter unbekannt; https://www.

apabiz.de/archiv/material/Chronologien/Antisemitismus_2006.pdf [zuletzt abgerufen am 05.05.2023]: S. 8: Täter unbekannt.

288 Vgl. zu den Nachforschungen über die Sehnder Juden (Arbeitskreis Stolpersteine/ Regina Runge-Beneke u. a.), https://www.sehnde.de/leben/erinnerungskultur/ [zuletzt abgerufen am 05.05.2023].

289 Vgl. zu weiteren Details der Enteignung insbes. NLA HA, Hann. 210, Acc. 2004/025, Nr. 1943, Nr. 1959, Nr. 3949, Nr. 4477.

290 Gerda Rose starb, fast hundertjährig, im April 2020 in New York, wohin sie nach dem Krieg auswanderte.

Die Deutsche Nationalbibliothek verzeichnet diese Publikation in der Deutschen Nationalbibliografie; detaillierte Daten sind im Internet über https://portal.dnb.de/ abrufbar.

© 2023 Hentrich & Hentrich Verlag Berlin Leipzig
Inh. Dr. Nora Pester
Capa-Haus
Jahnallee 61
04177 Leipzig
info@hentrichhentrich.de
http://www.hentrichhentrich.de

Gestaltung Umschlag: Lea Emma Rosa Brumsack
Umschlagabbildung: Julius Brumsack im Hause Schragenheim,1936, Familienbesitz
Gestaltung Inhalt: Michaela Weber
Druck: Winterwork, Borsdorf

1. Auflage 2023
Alle Rechte vorbehalten
Printed in Germany
ISBN 978-3-95565-618-8